本书为广西民族大学中国—东盟研究中心招标立项课题（项目编号：201218）研究成果，由广西民族大学法学院资助出版

RESEARCH ON THE COORDINATION OF
INTELLECTUAL PROPERTY RIGHTS
BETWEEN CHINA AND ASEAN

中国-东盟
知识产权协调研究

朱继胜 ◎ 著

中国社会科学出版社

图书在版编目（CIP）数据

中国—东盟知识产权协调研究／朱继胜著.—北京：中国社会科学出版社，2020.12

ISBN 978-7-5203-7541-2

Ⅰ.①中… Ⅱ.①朱… Ⅲ.①知识产权—研究—中国、东南亚国家联盟 Ⅳ.①D923.404②D933.034

中国版本图书馆 CIP 数据核字（2020）第 237842 号

出 版 人	赵剑英
责任编辑	刘凯琳　李凯凯
特约编辑	侯聪睿
责任校对	王佳玉
责任印制	王　超

出　　版	中国社会科学出版社
社　　址	北京鼓楼西大街甲 158 号
邮　　编	100720
网　　址	http://www.csspw.cn
发 行 部	010-84083685
门 市 部	010-84029450
经　　销	新华书店及其他书店

印　　刷	北京君升印刷有限公司
装　　订	廊坊市广阳区广增装订厂
版　　次	2020 年 12 月第 1 版
印　　次	2020 年 12 月第 1 次印刷

开　　本	710×1000　1/16
印　　张	15
插　　页	2
字　　数	239 千字
定　　价	86.00 元

凡购买中国社会科学出版社图书，如有质量问题请与本社营销中心联系调换
电话：010-84083683
版权所有　侵权必究

自　序

自 2008 年国际金融危机爆发以来，世界经济复苏乏力、发展分化，各国都面临着严峻的发展问题，国际贸易、投资的格局和规则酝酿深刻调整。而随着中国经济的发展，美国在世界贸易组织（简称 WTO）和亚太经合组织（简称 APEC）等的话语权有被削弱之势，于是美国另起炉灶，构建跨太平洋伙伴关系协定（简称 TPP）和跨大西洋贸易与投资伙伴协议（简称 TTIP），意图用 TPP 取代 APEC，用 TPP 和 TTIP 架空 WTO。

2013 年 9 月和 10 月，中国国家主席习近平在出访中亚和东南亚国家期间，先后提出共建"丝绸之路经济带"和"21 世纪海上丝绸之路"（简称"一带一路"倡议）。2014 年北京 APEC 会议，中国力推亚太自贸区和"一带一路"倡议，以此强化 APEC 的作用，进而整合亚欧大陆经济，以应对 TPP 和 TTIP 的不利影响。

"一带一路"不仅指向地理上、物理上有形的互联互通，而且意味着理解和适用各国具有差异性的法律制度，意味着文化、规范和行为上的互动与协调。要落实"一带一路"倡议，必须强化多边合作机制，包括上海合作组织（SCO）、亚太经合组织（APEC）、中国—东盟"10 + 1"、大湄公河次区域（GMS）经济合作等。从地图上看，"一带"的重点，是畅通中国到东南亚、南亚、印度洋；中国经中亚、西亚到波斯湾、地中海；中国经中亚、俄罗斯到欧洲（波罗的海）。"一路"的重点方向，是从中国沿海港口经南海到印度洋，延伸至欧洲；从中国沿海港口经南海到南太平洋。而无论是在"一带"抑或"一路"中，东南亚都是核心区域和节点地区，可谓重中之重。

自 WTO 成立以来，区域经济一体化与经济全球化并行、交融，成为一种发展趋势，自由贸易协定（FTA）日益勃兴。而随着美国逐渐走上逆全球化之路，原来由美国主导的经济全球化演变为区域竞争的全球化，FTA 的地位日益重要。FTA 的稳定、有序运行，离不开法律制度的保障，否则难以持久。在知识经济时代，知识产权的地位可谓举足轻重，而作为知识产权客体的知识信息具有共享性，这与知识产权的地域性存在矛盾。因此，如何协调成员国之间的知识产权制度，就成为 FTA 建设和发展当中的一项重要内容。

2010 年 1 月 1 日，中国—东盟自由贸易区（CAFTA）正式建立，迄今中国—东盟在经贸、投资及次区域等领域的合作发展迅速，成就举世瞩目，但在知识产权协调上却明显滞后，这带来了两个不利影响：在中国—东盟内部，知识产权纠纷不断增加，影响了彼此之间的技术转移及其他知识产权贸易，非常不利于双方合作深化尤其是打造 CAFTA 升级版；在对外关系上，双方很难基于共同利益对外发出一致声音，对传统知识、遗传资源和民间文学艺术的保护，就是典型例子。事实上，在近年来签订的各种 FTA 当中，几无不涉及知识产权协调者，原因无他，协调成员国之间的知识产权，实系 FTA 建设和发展的内在要求。

鉴于此，本书将"中国—东盟知识产权协调"作为研究对象，根据中国—东盟知识产权协调的背景和动因，基于这一协调的理论基础、国内法基础和国际法基础以及 CAFTA 的区域实际和各方的主观诉求，合理确定协调的目标、基本原则和协调模式，进而找到切合实际的法律进路，以期于 CAFTA 的升级和深化合作有所裨益，而于"一带一路"框架下国际知识产权新秩序的构建有所贡献。

本书在撰写过程中，曾将陆续形成的一些观点写成文章，发表在《环球法律评论》《河北法学》等期刊上。在文章的编审过程中，外审专家和责任编辑曾提出宝贵的修改意见，使文章的观点得到完善，论证更加严谨，对于专家和责编的辛勤劳动，在此敬致谢忱！本书作为广西民族大学中国—东盟研究中心招标立项课题的成果，直接得到该研究中心资助，并得到广西民族大学法学院出版资助，在此致以诚挚谢意！本书的出版得到中国社会科学出版社的支持，该社李凯凯编辑及编辑部同仁为本书的编辑、校对尽心尽力、备尝辛苦，在此谨致谢意！

感谢所有曾给我帮助的老师、同行和朋友，在一个氛围良好的学术场中，总是不乏情感的愉悦和生命的意义，而彼此之间的对话和交流，亦常予我以深刻的启迪。感谢我的妻子黄碧珍女士，没有她的鼎力支持和悉心关照，本书的撰写和完成是不可想象的。感谢我的女儿朱黄晓卓，是她的存在使一切富有意义，并常常构成我写作灵感的源泉。

中国—东盟知识产权协调是一件非常复杂的事，其中既有路径依赖的因素，更需要根据本区域的客观实际和各方的主观诉求进行路径创新。由于作者的能力、精力有限，加之资料较为匮乏，本书的缺点和错误恐在所难免。恳请学界前辈、师长、同仁海涵并赐教。

是为序。

朱继胜

2020年6月13日

于相思湖畔8坡1栋1003室

目 录

绪 论 …………………………………………………………… (1)
　第一节　FTA 的内在要求 ……………………………………… (2)
　　一　FTA 的 EPA 化及其盛行 ………………………………… (2)
　　二　知识产权协调是 FTA 的内在要求 ……………………… (4)
　第二节　概念的界定 …………………………………………… (6)
　　一　关于"中国—东盟" ……………………………………… (6)
　　二　关于"知识产权" ………………………………………… (8)
　　三　关于"协调" ……………………………………………… (9)
　第三节　研究的现状 …………………………………………… (10)
　　一　关于东盟诸国知识产权制度的研究 …………………… (10)
　　二　关于东盟内部知识产权协调的研究 …………………… (13)
　　三　关于中国—东盟知识产权协调的研究 ………………… (14)
　　四　现有研究的问题与本书的创新之处 …………………… (16)
　第四节　研究方法与逻辑构架 ………………………………… (18)
　　一　研究方法 ………………………………………………… (18)
　　二　本书的逻辑构架 ………………………………………… (19)

第一章　背景和动因 …………………………………………… (21)
　第一节　背景 …………………………………………………… (21)
　　一　经济背景:区域经济一体化与经济全球化并行发展 …… (21)
　　二　制度背景:知识产权的全球协调与区域协调 …………… (23)
　　三　地缘背景:中国—东盟政治经济关系的历史与现实 …… (27)

第二节　动因 …………………………………………………… (33)
　　一　经济动因：中国—东盟区域经济一体化深入发展
　　　　的需要 …………………………………………………… (33)
　　二　法律动因：中国—东盟知识产权制度的协调化 ………… (34)
　　三　争端解决：中国—东盟知识产权争端暗流涌动 ………… (35)

第二章　理论基础：合作博弈分析 …………………………… (37)
　第一节　合作型法律博弈的概念 …………………………………… (38)
　　一　何为博弈 ……………………………………………………… (38)
　　二　博弈的类型 …………………………………………………… (39)
　　三　法律协调与合作型法律博弈 ………………………………… (42)
　第二节　合作型法律博弈的要素及其组合 ……………………… (43)
　　一　博弈的主体 …………………………………………………… (43)
　　二　博弈的目标 …………………………………………………… (47)
　　三　博弈的规则 …………………………………………………… (48)
　　四　博弈的策略 …………………………………………………… (49)
　　五　上述要素的组合 ……………………………………………… (51)
　第三节　合作型法律博弈的路径 ………………………………… (52)
　　一　建立定期对话和磋商机制 …………………………………… (52)
　　二　设立专门的知识产权协调机构 ……………………………… (53)
　　三　建立 CAFTA 知识产权特别审查机制 ……………………… (53)
　　四　建立 CAFTA 知识产权区域执法合作机制 ………………… (54)
　　五　善用 CAFTA 争端解决机制 ………………………………… (55)

第三章　国内法基础 ……………………………………………… (56)
　第一节　中国知识产权制度 ………………………………………… (56)
　　一　立法体系 ……………………………………………………… (56)
　　二　保护体系 ……………………………………………………… (61)
　第二节　东盟"老成员国"知识产权制度 ………………………… (64)
　　一　新加坡知识产权制度 ………………………………………… (64)
　　二　马来西亚知识产权制度 ……………………………………… (67)

三　印度尼西亚知识产权制度 …………………………………(69)
　　四　菲律宾知识产权制度 …………………………………(72)
　　五　泰国知识产权制度 ……………………………………(73)
　　六　文莱知识产权制度 ……………………………………(77)
  第三节　东盟"新成员国"知识产权制度 …………………………(79)
　　一　越南知识产权制度 ……………………………………(79)
　　二　柬埔寨知识产权制度 …………………………………(81)
　　三　缅甸知识产权制度 ……………………………………(83)
　　四　老挝知识产权制度 ……………………………………(85)

第四章　国际法基础(1):TRIPS ………………………………………(88)
  第一节　意旨、特点、基本原则和缺陷 ……………………………(88)
  第二节　知识产权保护标准 ………………………………………(89)
　　一　版权与邻接权 …………………………………………(90)
　　二　商标 ……………………………………………………(93)
　　三　地理标志 ………………………………………………(96)
　　四　工业品外观设计 ………………………………………(98)
　　五　专利 ……………………………………………………(99)
　　六　集成电路布图设计(拓扑图) …………………………(105)
　　七　未披露信息 ……………………………………………(106)
　　八　许可协议中限制竞争行为的控制 ……………………(107)
  第三节　知识产权的实施 …………………………………………(108)
　　一　一般义务 ………………………………………………(108)
　　二　民事程序与行政程序及救济 …………………………(109)
　　三　临时措施 ………………………………………………(111)
　　四　与边境措施有关的特殊要求 …………………………(112)
　　五　刑事程序 ………………………………………………(114)
  第四节　知识产权的取得、维持及相关程序 ……………………(115)
  第五节　争端的防止和解决 ………………………………………(116)
　　一　争端的防止——透明度 ………………………………(116)
　　二　争端解决 ………………………………………………(117)

第六节　过渡性安排、机构安排和最后条款……………………（118）
　　一　过渡性安排…………………………………………………（118）
　　二　机构安排……………………………………………………（118）
　　三　最后条款……………………………………………………（118）

第五章　国际法基础（2）：东盟知识产权协调……………………（122）
第一节　东盟知识产权内部协调…………………………………（122）
　　一　《东盟知识产权合作框架协议》及其
　　　　行动计划……………………………………………………（123）
　　二　《关于获取生物和遗传资源的东盟框架协定（草案）》……（136）
　　三　东盟知识产权内部协调的主要成果………………………（138）
第二节　东盟知识产权外部协调…………………………………（139）
　　一　东盟与澳大利亚、新西兰的知识产权协调………………（139）
　　二　东盟与日本的知识产权协调………………………………（142）

第六章　目标、基本原则与模式……………………………………（143）
第一节　现状和问题………………………………………………（143）
　　一　协调的现状…………………………………………………（143）
　　二　需要解决的问题……………………………………………（147）
第二节　目标和基本原则…………………………………………（150）
　　一　中国—东盟知识产权协调的目标…………………………（150）
　　二　中国—东盟知识产权协调的基本原则……………………（153）
第三节　模式………………………………………………………（156）
　　一　知识产权国际协调的几种模式……………………………（156）
　　二　中国—东盟知识产权协调的模式选择……………………（160）

第七章　法律进路（1）：完善基础性设施与基于TRIPS协调……（163）
第一节　完善基础性设施…………………………………………（164）
　　一　完善定期对话和磋商机制…………………………………（164）
　　二　设立专门协调机构…………………………………………（165）
　　三　建设高水平信息平台………………………………………（168）

第二节　基于TRIPS协调 (170)
一　立法层面的协调 (170)
二　执法层面的协调 (174)

第八章　法律进路(2)：实施PPH (176)
第一节　PPH及其优势 (176)
一　PCT：专利申请手续的简化 (176)
二　PPH：一种加快审查机制 (178)
三　PPH的优势 (180)
第二节　实施PPH的可行性 (181)
一　关于能力问题 (181)
二　关于动力问题 (182)
第三节　实施PPH的操作策略 (183)
一　影响策略选择的因素 (183)
二　现行操作策略下的合作模式 (185)
三　下一步实施PPH的策略选择 (186)

第九章　法律进路(3)：构建新型"TRIPS-plus"规则 (188)
第一节　新型"TRIPS-plus"规则的制度意蕴 (188)
一　以TRIPS为基础，提高传统知识、遗传资源等的保护水平 (188)
二　重建利益平衡，促成公平正义回归 (191)
第二节　构建新型"TRIPS-plus"规则的实体问题 (192)
一　法律依据：TRIPS的制度目标、非歧视原则与弹性条款 (193)
二　制度内容：提高传统资源的保护水平 (197)
三　规则架构：一般条款与特殊条款相结合 (199)
第三节　构建新型"TRIPS-plus"规则的程序问题 (200)
一　动力的发掘 (201)
二　环境的塑造 (202)
三　立法机制的完善 (202)
四　策略的选择 (204)

第十章 法律进路(4):完善争端解决机制 …………… (206)
  第一节 评判的基准 ………………………………………… (206)
    一 RTA 争端解决机制的品格 …………………………… (207)
    二 CAFTA 的个性 ………………………………………… (208)
  第二节 并不存在的"缺陷" ………………………………… (210)
    一 关于适格主体的扩展 ………………………………… (211)
    二 关于仲裁制度的争议 ………………………………… (212)
    三 关于救济措施的争议 ………………………………… (214)
  第三节 应予完善的缺陷 …………………………………… (215)
    一 管辖权重叠之处理 …………………………………… (215)
    二 在仲裁庭组成上独任仲裁员的确定与仲裁庭
      主席的指定 ……………………………………………… (217)
    三 仲裁裁决的作出 ……………………………………… (221)

参考文献 ……………………………………………………… (223)

绪 论

自世界贸易组织（简称WTO）1995年成立以来，区域经济一体化与经济全球化并行、交融，成为一种发展趋势，自由贸易协定（Free Trade Agreement，简称FTA）也随之勃兴、盛行于世。FTA的稳定、有序运行，离不开法律制度保障，否则难以持久。[①] 在知识经济时代，知识产权的地位举足轻重，但作为知识产权客体的知识信息具有共享性，这与知识产权的地域性存在矛盾。于是，如何协调好成员国之间的知识产权，就成为FTA建设和发展当中一项不可忽视的内容。

2010年1月1日，中国—东盟自由贸易区（简称CAFTA）正式建成，[②] 此后双方在贸易、投资及次区域等领域的合作发展迅速，成就举世瞩目，[③] 但在知识产权协调方面却明显滞后，由此带来两个不利影响：其一，在中国—东盟内部，知识产权纠纷不断增加，[④] 影响了彼此之间的技

[①] 这是因为，唯有形成一定的规则和运作机制，并体现于法律制度层面，对各成员国加以整体约束，才能使多边与区域合作持久，并有效地扩大和深化。参见代中现《中国区域贸易一体化法律制度研究——以北美自由贸易区和东亚自由贸易区为视角》，北京大学出版社2008年版，第2页。

[②] 东盟是"一个东盟，两组成员"，CAFTA建成的时间不一：在中国与东盟6个老成员国之间，于2010年1月1日建成；在中国与另外4个新成员国之间，则延至2015年1月1日方始建成。

[③] 中国已经连续10年成为东盟最大贸易伙伴；东盟则超过日本，成为中国第三大贸易伙伴，超过欧盟，成为中国第二大外来直接投资来源地。王玉主、张蕴岭：《中国发展战略与中国—东盟关系再认识》，《东南亚研究》2017年第6期，第8页。

[④] 据统计，从2014年至2016年，涉东盟成员国的知识产权案件呈增长趋势，2015年较2014年增长33.3%，2016年较2015年增长约25%，主要涉及5个领域，即商标权、专利权、反不正当竞争、著作权和综合程序，其中涉商标权的案件最多，占案件总量的93.13%。高洁、席敏：《大数据看中国—东盟深化司法交流合作方向》，新华网，http://www.xinhuanet.com/2017-06/09/c_1121117967.htm，访问时间：2019年6月23日。

术转移及其他知识产权贸易,非常不利于双方合作深化尤其是打造CAF-TA升级版;① 其二,双方在对外关系上,很难基于共同利益发出一致声音,对传统知识、遗传资源和民间文学艺术等的保护,就是典型例子。

滞后的根本原因,在于现有协调机制是一种软约束安排,致使协调一直处于较低层次、较低水平,且难以提高。随着CAFTA的升级,双方的经贸、投资合作日益深化,协调的升级是必然的,构建刚性的协调机制,势在必行。要构建刚性的协调机制,必须对中国—东盟知识产权协调的背景和动因,协调的理论基础、制度基础等进行深入的研究,在此基础上,根据CAFTA的区域实际和各方的主观诉求合理确定协调的目标、基本原则和模式,进而找到切合实际的法律进路。上述几个方面的内容,正是笔者为本书设定的研究任务。

而要对上述内容进行系统、深入的研究,首先必须搞清楚以下四个问题:CAFTA何以需要协调知识产权?这一研究的对象、范围如何界定?研究的现状如何?其方法论特色是怎样的?

第一节　FTA的内在要求

在CAFTA运行当中,之所以必须进行知识产权协调,是缘于FTA的内在要求。事实上,在晚近以来签订的各种自由贸易协定(FTA)中,几无不涉及知识产权协调者,原因无他,协调成员国之间的知识产权制度,实系FTA建设和发展的内在要求。

一　FTA的EPA化及其盛行

FTA是英文Free Trade Agreement的简称,中文译作"自由贸易协定"。EPA,即"经济合作协定",英文写作Economic Partnership Agreement,简称EPA。FTA是区域经济一体化的产物,属于区域贸易协定

---

① 2015年11月,CAFTA升级版——《关于修订〈中国—东盟全面经济合作框架协议〉及项下部分协议的议定书》正式签署,并于2016年7月1日生效。孙韶华:《中国—东盟自贸区升级版正式签署》,中国政府网,http://www.gov.cn/zhengce/2015-11/23/content_2970662.htm,访问时间:2019年8月4日。

(Regional Trade Agreement，简称 RTA）的一种类型。按照合作程度由浅入深的顺序，可以将区域经济一体化的组织形式分为四种类型，即 FTA、关税同盟、共同市场和经济联盟。[①] FTA 意味着，两个或两个以上的国家或独立关税地区通过签署有关协定，在 WTO 最惠国待遇的基础上，相互进一步开放市场，分阶段取消绝大部分货物的关税和非关税壁垒；在服务领域改善市场准入条件，从而在所有成员的全部关税领域实现贸易和投资自由化。[②] 由 FTA 的缔约方所形成的区域，称为"自由贸易区"。

在区域经济一体化的 FTA 阶段，缔约方之间相互取消贸易中的关税壁垒和非关税壁垒（如进口数量限制等），而对非缔约方，则维持程度不一的关税壁垒。当缔约方之间不仅取消关税壁垒，而且设定统一的对外关税时，就转变为"关税同盟"。在完全的关税同盟内，各缔约方还会对数量限制、出口补贴以及其他贸易扭曲进行协调，而在与其他国家的贸易谈判中，则以同一种声音出现。在共同市场内部，缔约方之间除商品、服务自由流动外，还涉及生产要素的流动，如劳动力、资本等，因而属于更深层次的一体化。如果在商品、服务和生产要素的自由流动之外，再加上国家经济政策的统一以及政治上的联合，就构成"经济联盟"。经济联盟的典型，是欧洲联盟（简称 EU）。

值得注意的是，自 20 世纪 90 年代以来，FTA 成为最流行的 RTA，被各经济大国广泛采用。何以如此？一个重要的原因在于，FTA 已经突破了它的传统含义——缔约方之间相互取消货物贸易关税和非关税壁垒，其内涵发生了很大变化，不仅包括货物贸易自由化，而且涉及服务贸易、投资、知识产权保护、政府采购、标准化等，成为事实上的"经济合作协定"（Economic Partnership Agreement，简称 EPA）。[③]

采用 FTA 的合作方式，对各缔约方的直接好处是，大家都能获得贸易利益，因为关税、非关税壁垒的降低或拆除，具有贸易转移效应甚至

[①] 申华林：《中国—东盟自由贸易区知识产权法律制度研究》，广西人民出版社 2011 年版，第 43 页。
[②] 朱洪：《自由贸易协定——中国与发展中国家南南合作的新桥梁》，《国际贸易》2009 年第 9 期，第 8 页。
[③] 代中现：《中国区域贸易一体化法律制度研究——以北美自由贸易区和东亚自由贸易区为视角》，北京大学出版社 2008 年版，第 10—11 页。

贸易创造效应，从而使区域内贸易额增加。除了贸易利益，FTA还能带来以下几方面的积极效果：（1）促进各缔约方加速、扩大直接投资；（2）促进各缔约方内部经济结构改革；（3）促进各缔约方在不同经济制度间进行协调；（4）保持经贸、投资自由化的发展势头。[①]这些好处和效果，对于缔约方防范和化解经济全球化的风险，无疑是非常有利的。

除上述好处外，对于缔约方中的强国，FTA还能带来额外的利益——强国一旦获得了区域内的主导权，它就不仅可以获得区域合作的内部收益，而且能够将FTA作为多边贸易谈判中的筹码，谋求区域合作的外部收益；而与合作程度更深的关税同盟等相比，FTA又避免了对成员国采取自主贸易政策的束缚，可谓两全其美。而对于缔约方中的弱国，其考虑的优先因素是获得市场准入机会，使其产品能进入强国的市场，FTA显然能够满足这一诉求。正是因为FTA具有上述种种优点，因而在后WTO时代，FTA发展迅猛、盛行于世，几乎所有的WTO成员国都参加了一个或多个FTA。

二 知识产权协调是FTA的内在要求

知识产权协调之所以成为FTA的内在要求，这是由FTA的内容、知识产权在当今时代所处的地位、知识产权自身的特点及其在南北国家之间分布失衡所决定的。

从FTA的视角看，当今的FTA作为区域经济合作的一种形式，发生了两点重要变化：一是在内容上，FTA已经成为事实上的EPA，合作内容非常广泛，而各项内容如贸易、投资、政府采购和标准化等，无一不与知识产权保护相关；二是突破了地缘上的相邻性，跨区域的FTA屡见不鲜，更重要的是，许多FTA都是在发达国家与发展中国家之间签订，而彼此之间的知识产权保护水平高低不一，优先保护的项目差别甚大。因此，无论是在建设FTA过程中，还是在FTA的运行中，知识产权保护都是一个敏感问题。要使FTA能够健康、稳定地运行、发展，避免因为知识产权争端而产生消极影响，除了对成员国之间的知识产权进行协调，

---

① 参见代中现《中国区域贸易一体化法律制度研究——以北美自由贸易区和东亚自由贸易区为视角》，北京大学出版社2008年版，第4页。

别无他法。

从知识产权的视角看,协调各缔约方的知识产权之所以成为一个不容回避的问题,一方面,与知识产权在产业竞争中的地位日益重要有关;另一方面,则与知识产权本身的特点及其在南北国家间分布失衡有关。概言之,这是由以下四个方面的原因共同决定的。

首先,知识产权是当今社会的核心资源,最为稀缺。在知识经济时代,无论是在科学思想上,还是在经济事实中,都是以信息过程主导物质、能量过程。与其他生产要素相比,知识产权最为稀缺。一国拥有知识产权的多与少,品质的高与低,直接影响到该国的生产力发展水平,与该国的生存和发展生死攸关。对于知识产权强国来说,在国际经贸投资中其知识产权能否得到有效保护,直接决定着其产业竞争力与贸易优势地位能否得以维持,因而是其核心利益,不容忽视。

其次,知识产权不仅是直接的贸易对象,而且广泛渗透到国际货物贸易、服务贸易与国际投资中。随着经济全球化的深入发展,一国要闭关锁国、孤立发展在事实上已经不可能,对外开放、融入全球经济,是各国的不二选择。融入的方式,无非是贸易与投资。在国际投资中,广泛涉及知识产权保护问题,自不待言。而国际贸易,主要有三种形式,即货物贸易、服务贸易和知识产权贸易。知识产权不仅自身是贸易的直接对象,如技术转移、商标许可使用等,而且深深地渗透到货物贸易和服务贸易之中。以货物贸易为例,知识产权保护一直是其中的一个焦点问题。为了解决这一问题,发达国家与发展中国家激烈博弈,最终签订了著名的《与贸易有关的知识产权协定》(简称 TRIPS),作为世界贸易组织(WTO)法律框架中附件 1C 部分。而在后来签订的诸多 FTA 中,发达国家更是不断谋求确立保护水平更高的"TRIPS-plus"规则[1]。

再次,知识信息的流动性、共享性与知识产权保护的地域性存在矛盾。与物权等其他财产权相比,知识产权的最大特点在于,它的客体是信息,而信息具有流动性、共享性,它一经发布,就很容易传播开来,

---

[1] 对于"TRIPS-plus"规则,学界并无统一界定,但有两点共识:其一,"TRIPS-plus"标准是高于 TRIPS 的标准;其二,"TRIPS-plus"规则主要存在于发达国家与发展中国家或者最不发达国家之间签订的自由贸易协定中,且以提高后者的知识产权保护标准为目的。

并能在同一时间为不同的人共享而互不干扰。同时,知识产权的保护具有强烈的地域性,各国的知识产权制度都以"不承认他国法律"为原则,这就导致依一国法律产生的知识产权不能当然地在另一国得到保护,要使知识产权人的利益在本国之外得到保护,只能通过国际协调,建立知识产权国际保护制度。[①] 这是知识产权制度国际协调的内在动因。

最后,知识产权在南北国家间的分布严重失衡。对于现代知识,从整体上说,发达国家在经济、科技和文化上占有绝对优势,垄断了绝大多数知识创新的资源,是知识产权的主要拥有者。相反,广大发展中国家不仅知识产权较少,而且严重缺乏知识创新能力。对于发展中国家占优势的传统知识、民间文学艺术和遗传资源等,以 TRIPS 为中心的现行规则仅给予极为有限的保护,甚至不予保护。这就构成 FTA 需要进行知识产权协调的外在动因。

总之,无论是从 FTA 的视角,还是从知识产权的视角,在 FTA 中确立何种知识产权保护水平,都是一个十分敏感而又不容回避的议题,如果不能妥善解决,极有可能使 FTA 胎死腹中,即使能够建成,其运行也面临很大困难。因此,对各缔约方的知识产权制度进行协调,就成为 FTA 的内在要求。

第二节 概念的界定

本书以"中国—东盟知识产权协调"为研究对象。但要使研究能够顺利展开,还必须对研究对象、研究范围进一步明确,因而有必要对"中国—东盟""知识产权"及"协调"三个核心概念做出清晰界定。

一 关于"中国—东盟"

东盟(ASEAN),是东南亚国家联盟(Association of Southeast Asian Nations)的简称,于 1967 年 8 月成立。最初成员国为印度尼西亚、马来西亚、泰国、菲律宾和新加坡,文莱于 1984 年加入,这六国通常称为东盟的"老成员国"。后来,越南于 1995 年、缅甸和老挝于 1997 年、柬埔

[①] 李琛:《论知识产权法的体系化》,北京大学出版社 2005 年版,第 83—84 页。

寨于1999年相继加入，这四国通常称为东盟的"新成员国"。至此，山水相连的东南亚十国均成为东盟成员国。

"中国—东盟"是一个省略语，从字面上看，可以有三种理解：其一，理解为中国—东盟自由贸易区（简称CAFTA），即由东盟十国与中国组成的自由贸易区，所谓"10＋1"。其二，理解为中国与东盟自由贸易区，即一方为中国，另一方为由东盟十国组成的东盟自由贸易区（简称AFTA），"—"相当于"和""与"，意在表明，两个主体之间是并列的逻辑关系。其三，理解为中国与东盟十国，即一方为中国，另一方为东盟十国，"—"也是相当于"和""与"，其表达的是，中国与东盟诸国的关系。①

本书研究的意旨，是要探讨在中国—东盟自由贸易区中，如何协调各方的知识产权制度，以使各国在经贸、投资等合作中，彼此的知识产权都能得到合理保护，从而减少纠纷，促进合作。基于此，本书的"中国—东盟"一语，主要取上文中的第一种理解，即CAFTA，但并不排斥第二、第三种理解。原因很简单，研究CAFTA中的知识产权协调，必须以东盟诸国和AFTA的知识产权制度为基础，离开对东盟诸国知识产权制度的考察，离开对AFTA已有的知识产权协调成果的吸收，几乎是不可能的。

中国—东盟自由贸易区（CAFTA）的组建，肇始于2000年11月，由时任中国总理朱镕基提出设想，2001年11月，中国和东盟领导人做出决定，2002年11月，以《中国—东盟全面经济合作框架协议》的签署为标志，正式启动建设进程。由于东盟的构成很特殊，是"一个东盟，两组成员"，故CAFTA建成的时间不一：在中国与东盟6个老成员国之间，于2010年1月1日建成；在中国与另外4个新成员国之间，则延至2015年1月1日方始建成。又因东盟具有特殊的合作传统，一直秉持"自愿、协商一致、不干预、非正式"四项原则，故而"中国—东盟知识产权协调研究"需要同时在两个层面展开：其一，为中国与东盟（ASEAN）层面；其二，为中国与东盟诸国层面。

---

① 宋志国等：《中国—东盟知识产权保护与合作的法律协调研究》，知识产权出版社2014年版，"前言"第6—7页。

二 关于"知识产权"

从理论上说,知识产权是以客观化的知识产品为客体的私权。客观化的知识产品有两层含义:其一,它是一种具有创造性的"社会信息";[①]其二,它已经客观化,或以语言符号来表征,或内含于"科技黑箱",属于波普尔的"世界三"——客观化的精神意向世界。历史地看,知识产权是一个开放的体系,随着科学技术和经济文化的发展,其种类不断增加、范围不断拓展。

依照现行法(包括国内法和国际法),可将知识产权保护的对象分为三种类型,它们分别形成相应的知识产权:(1)创造性智力成果,包括作品、对既有作品进行再创作并加以传播中获得的成果和发明创造(专利技术),它们分别构成知识产权中的著作权、邻接权和专利权。(2)工商业标记,包括商标、商号、域名、地理标志和特殊标志等。(3)其他具有商业价值的知识产权,包括传统知识、集成电路布图设计和植物新品种等。[②]

有人认为,知识产权在外延上有狭义和广义之分。狭义的知识产权,即传统意义上的知识产权,包括著作权(含邻接权)、专利权和商标权三个主要组成部分。广义的知识,包括著作权、邻接权、商标权、商号权、商业秘密权、地理标记权、专利权、植物新品种权、集成电路布图设计权等各种权利。[③]其实,随着文化、科技的发展,狭义的知识产权早已不具有实际意义,而所谓广义的知识产权,在不同的国际公约中亦有不同的规定,以下试以当今最主要的两个知识产权国际公约的规定来说明。

1967年签订的《建立世界知识产权组织公约》规定,"知识产权"包括有关下列项目的权利:(1)文学、艺术和科学作品;(2)表演艺术家的表演以及唱片和广播节目;(3)人类一切领域内的发明;(4)科学

[①] 从信息论的角度看,知识产品的内容指向"物质运动状态",是对"物质运动状态"的认识。这种信息的发生,表现为人类通过认识活动而获得的成果,它的获取需要人类为之付出劳动,是人类的"智力成果",因而我们称为"社会信息",以区别于"自然信息"——对"物质运动状态"的表达。

[②] 朱继胜:《知识财产论》,广西师范大学出版社2016年版,第186—189页。

[③] 吴汉东主编:《知识产权法学》(第六版),北京大学出版社2014年版,第4—5页。

发现；(5) 工业品外观设计；(6) 商标、服务标记以及商业名称和标志；(7) 制止不正当竞争；(8) 在工业、科学、文学或艺术领域内由于智力活动而产生的一切其他权利。① 概括起来，该公约规定的知识产权包括版权（著作权），邻接权，发明专利权及发明奖励意义上的发明权，发现权，外观设计专利权，商标权，商号权，反不正当竞争权，以及在工业、科学、文学或艺术领域由于智力活动而产生的一切其他权利。

在1994年签订的《与贸易有关的知识产权协定》（TRIPS）中，第二部分"关于知识产权的效力、范围及使用的标准"为知识产权划定的范围是：著作权及其相关权利（即邻接权），商标权，地理标志权，工业品外观设计权，专利权，集成电路布图设计权，未公开信息专有权（即商业秘密权）等。②

TRIPS所规定的知识产权的范围，大体上与1883年《保护工业产权巴黎公约》及1886年《保护文学艺术作品伯尔尼公约》总括的类别相当；而《建立世界知识产权组织公约》所规定的知识产权范围更为宽泛，尤其是包括了科技奖励制度中的发明权、发现权。本书旨在探讨如何协调CAFTA的知识产权制度，以促进各方的经贸、投资合作，因而书中的"知识产权"一语，其外延除包括TRIPS所涉及的知识产权外，还根据CAFTA自身的特点，扩及于TRIPS尚不保护或保护不充分的传统知识、遗传资源和民间文学等，以回应CAFTA各缔约方的知识产权利益关切。

三 关于"协调"

"协调"一语，属于"关系"范畴。根据《现代汉语词典》的解释，"协调"有两个意思：一是"配合得适当"；二是"使配合得适当"。③ 前者指称某种状态，后者指称某种行为。本书的"协调"概念，兼采上述两种意思，即通过协调中国—东盟的知识产权，使CAFTA的知识产权保

---

① 中国人民大学知识产权教学与研究中心等编：《知识产权国际条约集成》，清华大学出版社2011年版，第111—112页。

② 中国人民大学知识产权教学与研究中心等编：《知识产权国际条约集成》，清华大学出版社2011年版，第373—383页。

③ 中国社会科学院语言研究所词典编辑室编：《现代汉语词典》（修订本），商务印书馆1996年修订第3版，第1392页。

护制度达到某种协调状态，以促进 CAFTA 各方在知识产权领域的合作，进而促进各方的经贸、投资合作，使 CAFTA 健康发展。

CAFTA 在《中国—东盟全面经济合作框架协议》第 3 条第 8 款涉及知识产权协调。该款规定了各缔约方之间关于建立涵盖货物贸易的中国—东盟自贸区谈判还应包括但不限于的事项，其（h）项规定："基于 WTO 及世界知识产权组织（简称 WIPO）现行规则和其他相关规则，便利和促进对与贸易有关的知识产权进行有效和充分的保护。"这一规定为中国—东盟知识产权协调提供了法律依据，具体包括两层含义：（1）CAFTA 的知识产权协调，应以 WTO 和 WIPO 的现行规则和其他相关规则为基础，不可与之背离，实际上就是要以 TRIPS 规则作为协调的基础；（2）协调的方向和目的，是使与贸易有关的知识产权得到有效和充分的保护。然而，它并没有涉及知识产权协调的实质内容，这就为中国—东盟知识产权协调及其研究提供了广阔空间。

据此，本书所指称的中国—东盟知识产权"协调"，应在中国与东盟、中国与东盟诸国两个层面进行，内容包括两个方面：一是对于现代知识，应以 TRIPS 规则作为协调基础，抵制发达国家推行的"TRIPS-plus"规则侵蚀，使 CAFTA 维持合适的知识产权保护水平；二是对于 TRIPS 规则尚不保护或保护水平不高，而 CAFTA 缔约国具有优势的传统知识、遗传资源和民间文学等，应通过协调纳入法律保护，或提高其保护水平。协调的目标是，通过中国与东盟、中国与东盟诸国两个层面的协调，使 CAFTA 知识产权制度达到协调状态，形成区域知识产权秩序。

第三节　研究的现状

中国—东盟知识产权协调涉及两个层面，即中国与东盟层面、中国与东盟诸国层面。据此，可以将研究这一问题的学术文献分为三个方面：研究东盟诸国的知识产权者；研究东盟内部知识产权协调者；研究中国—东盟知识产权协调者。下面分别阐述其研究现状。

一　关于东盟诸国知识产权制度的研究

对于东盟诸国的知识产权制度，学界的研究比较薄弱，成果以介绍和比较为主，不仅成果很少，层次较低，而且对于各国的研究分布很不平衡。除对新加坡的研究成果较多外，对其余九国的研究，均只有寥寥数篇论文，有的甚至只有一篇，如缅甸、柬埔寨和文莱等。

比较而言，对于新加坡的知识产权制度学界研究成果最多，其中既有全面的研究、专题研究，也有一些比较研究。（1）全面的研究，主要有李小伟的《新加坡知识产权法律制度初探》[《苏州大学学报》（哲学社会科学版）1995年第1期]，张英的《新加坡知识产权保护体系及我国企业的应对措施》（《科学与管理》2007年第6期），以及蒋琼等的《新加坡知识产权保护制度研究与启示》（《理论月刊》2011年第4期）。（2）专题研究，内容涉及专利检索、商标注册、知识产权文化建设等，主要成果有潘瑛的《新加坡专利检索简介》（《中国发明与专利》2014年第9期），陈宗波的《新加坡商标注册制度的最新发展及其对中国的启示》[《广西师范大学学报》（哲学社会科学版）2009年第6期]，陈瑜等的《新加坡知识产权文化建设概况》（《中国发明与专利》2013年第12期）等。（3）比较研究，主要是将中国的专利制度、商标制度与新加坡的相关制度进行比较，代表性成果有刘少威的《中国和新加坡商标法比较》（《法制与经济》2006年第4期），蒋慧的《中国与新加坡专利法之比较研究》（《改革与战略》2007年第5期）等。

对于马来西亚、菲律宾、泰国、印度尼西亚、越南和老挝知识产权制度的研究，均只有寥寥数篇论文，以下分别叙述。

对于马来西亚的研究，主要涉及其知识产权法在21世纪的新发展和知识产权文化建设等，代表性成果有宋志国、高兰英的《马来西亚知识产权法在21世纪的新发展》（《东南亚纵横》2010年第6期），周玲的《马来西亚知识产权文化建设概况》（《中国发明与专利》2013年第12期）。

对于菲律宾的研究，主要有肖中华、付晓雅的《中菲知识产权刑法立法比较研究》（《法学杂志》2012年第11期），柳福东的《缅甸和菲律宾的商标制度》（《中华商标》2005年第4期）。

对于泰国的研究，主要成果有赵琪、曹阳的《泰国传统药物知识产权保护研究》（《现代商贸工业》2011年第3期），柳福东的《泰国和新加坡的商标制度》（《中华商标》2005年第5期），王俊鸣的《守护"传统知识"抵挡"生命海盗"——泰国的知识产权政策》（《科技成果纵横》2006年第2期），以及陶建国等的《泰国知识产权侵权纠纷解决制度及启示》（《保定学院学报》2013年第3期）。

对于印度尼西亚的研究，主要是对其知识产权制度的粗略介绍，成果有朱瑾等的《借鉴先进 提升实力——印度尼西亚知识产权制度简介》（《中国发明与专利》2008年第12期），柳福东的《柬埔寨与印度尼西亚的商标制度》（《中华商标》2005年第2期）。对于越南的研究，主要成果有李强、范祚军的《越南知识产权法初论》（《东南亚纵横》2005年第7期），何华的《越南知识产权法的新发展》（《知识产权》2007年第1期），以及柳福东的《越南的商标制度》（《中华商标》2005年第7期）。对于老挝的研究，成果主要有黄璐等的《老挝知识产权保护研究》（《现代情报》2013年第8期），柳福东的《老挝和马来西亚的商标制度》（《中华商标》2005年第3期）等。

对于缅甸、柬埔寨和文莱知识产权制度的研究成果最少，均只有一篇文章涉及，即柳福东对该三国商标制度的简单介绍，论文题为《缅甸和菲律宾的商标制度》（《中华商标》2005年第4期），《柬埔寨与印度尼西亚的商标制度》（《中华商标》2005年第2期），以及《文莱的商标制度》（《中华商标》2004年第11期）。

除上述成果外，也有一些集中介绍东盟诸国知识产权制度的历史和最新发展的成果，如杨静的《东盟国家知识产权立法与管理的新发展》（《东南亚纵横》2008年第2期）和《东盟五国农特产品加工业技术创新能力研究——基于专利信息分析的视角》（《技术经济》2011年第5期），以及申华林的《东盟国家知识产权保护：立法与制度的最新发展》（《东南亚纵横》2007年第12期）等。

一些专著对东盟诸国的知识产权制度有所涉及，如申华林的《中国—东盟自由贸易区知识产权法律制度研究》（广西人民出版社2011年版）对东盟十国知识产权法律制度的历史发展均有介绍；宋志国等的《中国—东盟知识产权保护与合作的法律协调研究》（知识产权出版社2014年版），不仅对老东盟六国知识产权法律保护体系、新东盟四国知识产权法律保护体系做了系统归纳，而且以新加坡、马来西亚和越南作为东盟诸国的代表，从知识产权立法进程、立法体系、保护体系等方面与中国的知识产权制度进行了比较；贾引狮等的《中国—东盟知识产权合作若干问题研究》（知识产权出版社2014年版）对老东盟六国和新东盟四国的知识产权制度概况及最新发展也有全面介绍。

学界对东盟诸国知识产权制度的研究，及对东盟诸国与中国知识产权制度的比较，在一定程度上为本书的研究提供了基础。

二 关于东盟内部知识产权协调的研究

东盟内部的知识产权协调，是中国—东盟自由贸易区知识产权协调的基础，其对于后者具有重要的启示和借鉴意义。学界关于东盟自由贸易区知识产权协调的研究成果，对于中国—东盟自由贸易区知识产权协调的研究无疑具有很好的参考价值。学界对于东盟内部知识产权制度协调的研究，主要涉及如下几个方面。

其一，东盟国家之间的知识产权制度比较，主要成果有杨静、于定明的《东盟国家商标制度之比较》（《河北法学》2007年第5期），杨静的《东盟国家版权制度之比较》（《河北法学》2008年第7期），以及柳福东的《东盟国家专利制度比较研究》（《知识产权》2005年第1期）等。

其二，对东盟知识产权法律一体化的研究，成果主要有申华林的《东盟知识产权法律的一体化：问题与前景》（《桂海论丛》2005年第1期），王一流的《东盟知识产权保护法制一体化之思考》（《知识产权》2009年第4期），吴奕的《东盟知识产权一体化对中国的影响》（《东南亚纵横》2011年第7期），陈宗波的《东盟传统知识保护的法律政策研究》［《广西师范大学学报》（哲学社会科学版）2006年第2期］，杨静的《TRIPS协议下东盟专利法协调的困境与出路》（《东南亚纵横》2008年第5期），以及高兰英、宋志国的《〈2004—2010年东盟知识产权行动计划〉及实施述评——兼论其对构建中国—东盟知识产权合作机制的启示》［《广西师范大学学报》（哲学社会科学版）2012年第1期］等。

其三，对东盟及东盟诸国签订的FTA的研究。这方面的成果有刘静的《澳大利亚、新西兰—东盟自由贸易区的背景、意义及展望》（《亚太经济》2005年第8期），杨静的《自由贸易协定：美国在东盟国家推行知识产权高标准保护的新手段》［《云南大学学报》（法学版）2009年第

1 期]和《美国—新加坡自由贸易协定 TRIPS-plus 条款研究》(《东南亚纵横》2010 年第 11 期),张振江的《〈美国—新加坡自由贸易协定〉及其影响》(《东南亚研究》2004 年第 5 期),贾引狮的《美国与东盟部分国家就 TPP 知识产权问题谈判的博弈研究——以 TPP 谈判进程中美国的知识产权草案为视角》(《法学杂志》2013 年第 3 期)等。东盟及东盟诸国签订的 FTA,多数涉及知识产权保护的 TRIPS-plus 规则,而 TRIPS-plus 规则是中国—东盟知识产权协调中应予以抵制的,因而相关文献对本书的研究具有重要意义。

三 关于中国—东盟知识产权协调的研究

对于中国—东盟知识产权协调问题,既有整体的研究,也有对某一项知识产权制度协调的研究。前者主要集中于知识产权协调的机制、协调模式、法律进路以及中国应采取的知识产权战略等,后者主要涉及原产地标准、农业知识产权、传统知识、遗传资源以及争端解决机制等。

对于中国—东盟知识产权协调的整体研究,代表性成果有贾引狮的《建立中国—东盟知识产权法律协调机制的思考》(《特区经济》2010 年第 10 期)、《中国—东盟知识产权法律协调机制变迁的路径依赖与创新》(《法学杂志》2011 年第 5 期)和《中国—东盟自由贸易区背景下的知识产权博弈》(《广西社会科学》2011 年第 2 期),宋志国等的《中国—东盟知识产权保护与合作机制研究》(《知识产权》2012 年第 4 期),吕娜的《"一带一路"背景下中国和东盟知识产权保护与合作的法律协调研究》(《云南行政学院学报》2016 年第 2 期),陈宗波等的《中国—东盟知识产权合作的现实基础与法律进路》[《广西师范大学学报》(哲学社会科学版)2005 年第 2 期],柳福东、蒋慧的《中国和东盟诸国知识产权制度协调模式研究》[《广西师范大学学报》(哲学社会科学版)2005 年第 2 期],王乐帆等的《中国—东盟国家知识产权保护合作机制的构建》(《中国科技论坛》2016 年第 7 期),兰敬等的《中国—东盟自由贸易区知识产权法律协调机制探究》(《广西政法管理干部学院学报》2017 年第 1 期)等。

在针对某一项知识产权制度协调的研究中,对争端解决机制的研究是热点,成果最多。代表性成果有廖柏明的《中国—东盟知识产权争端解决机制探析——兼论环境知识产权纠纷的解决》(《知识产权》2010年第5期),刘秋芷的《中国—东盟知识产权争端解决机制构建》(《人民论坛》2015年第17期),孙志煜的《CAFTA争端解决机制条约化之路——NAFTA、CAFTA争端解决机制的比较视角》[《武汉大学学报》(哲学社会科学版)2010年第3期],沈四宝的《论〈中国—东盟全面经济合作框架协议争端解决机制协议〉》(《上海财经大学学报》2006年第1期),肖小文的《CAFTA争端解决机制的法律探讨》(《学术论坛》2011年第3期),高兰英等的《试论国际商事仲裁制度与中国—东盟知识产权争议解决的契合》(《法学杂志》2012年第4期),以及樊安等的《构建更具司法性的中国—东盟自由贸易区争端解决机制》(《学术探索》2011年第1期)等。

除争端解决机制以外,针对某一项知识产权制度协调的研究还涉及原产地标准、农业知识产权、传统知识和遗传资源的协调保护等,主要成果有余俊的《CAFTA框架下遗传资源及相关传统知识法律保护的对策建议》(《河北法学》2011年第2期),黄晖等的《CAFTA农业知识产权保护体制:现状、问题与前瞻》(《经济问题探索》2013年第3期),彭瑞驰的《TPP冲击下中国—东盟自贸区专利规则探析——以TPP知识产权草案专章为切入点》(《湖北工业大学学报》2015年第3期),贾引狮的《中国—东盟生物多样性廊道内遗传资源的知识产权保护》(《开放导报》2011年第6期),孙莉的《中国—东盟自由贸易区原产地标准及其完善研究》[《河海大学学报》(哲学社会科学版)2005年第2期],徐进亮等的《中国—东盟自贸区原产地规则的四大缺陷与对策建议》[《广西民族大学学报》(哲学社会科学版)2013年第4期],以及杨静、朱雪忠的《中国自由贸易协定知识产权范本建设研究——以应对TRIPS-plus扩张为视角》(《现代法学》2013年第2期)等。

对于中国—东盟知识产权协调问题,有一些专著做了探讨。其中,宋志国等的《中国—东盟知识产权保护与合作的法律协调研究》(知识产权出版社2014年版)比较系统地研究了中国—东盟知识产权保护与合作的法律协调问题,包括协调的背景、现状与缺陷、协调的国内法基础和国际法基础、协调的机制及程序保障等;申华林的《中国—东盟自由贸易区知识产权法律制度研究》(广西人民出版社2011年版)研究了知识产权法律制度协调的背景，东盟国家知识产权法律制度的历史演变和最新发展，东盟自由贸易区知识产权法律制度的协调情况，以及中国—东盟自由贸易区知识产权法律制度的协调问题；贾引狮等的《中国—东盟知识产权合作若干问题研究》（知识产权出版社 2014 年版）研究了东盟诸国的知识产权制度及其最新发展，东盟知识产权制度一体化的发展概况，中国—东盟知识产权制度的协调机制，中国—东盟在传统知识和遗传资源知识产权保护方面的合作，以及中国—东盟知识产权争端解决机制和民事争议解决机制等。这些成果与本书的研究对象相近，因而对本书的研究具有较大的参考价值。

另有一些成果虽不以中国—东盟知识产权协调为研究对象，但与其密切相关，这些成果对中国—东盟知识产权协调的研究具有启迪意义。代表性成果有杨静的《自由贸易协定知识产权条款研究》（法律出版社 2013 年版），朱榄叶等主编的《知识产权法律冲突与解决问题研究》（法律出版社 2004 年版），代中现的《中国区域贸易一体化法律制度研究——以北美自由贸易区和东亚自由贸易区为视角》（北京大学出版社 2008 年版），朱雪忠的《知识产权协调保护战略》（知识产权出版社 2005 年版），杨丽艳的《东盟的法律和政策与现代国际法》（广西师范大学出版社 2000 年版），以及程信和主编的《中国—东盟自由贸易区法律模式研究》（人民法院出版社 2006 年版）等。

上述研究成果，为本书对中国—东盟知识产权协调的研究提供了丰富的学术资料，具有重要的参考价值。

四　现有研究的问题与本书的创新之处

（一）现有研究的问题

对于中国—东盟自由贸易区知识产权协调，现有研究主要存在如下问题。

其一，欠缺从 CAFTA 自身特点来探讨知识产权合作或制度协调。多数成果停留在泛泛而谈的层次，或只是简单地介绍相关制度，或仅就规则本身来讨论规则的完善，有的甚至将北美自由贸易区（简称 NAFTA）或欧盟（简称 EU）的相关规则奉为圭臬。事实上，CAFTA 作为由发展中国家组成的 FTA，与由发达国家与发展中国家组成的 NAFTA 和由发达国家组成的 EU 很不相同，与 WTO 也不相同，它具有自身的特殊性和由此衍生的特殊需要。在知识产权协调中，应根据其自身的情况和需要来确定规则，才能因应实际需要，对于 CAFTA 争端解决机制的评价和完善，就是一个很好的例子。

其二，没有探讨 CAFTA 知识产权协调的理论依据，对其现实基础的研究也不完整（缺少对 CAFTA 自身特点和需要的研究），而直接讨论协调的模式、机制及规则构建，显得突兀，难免武断，其结论可能背离 CAFTA 的实际需要。

其三，对 CAFTA 争端解决机制存在误解。争端解决机制是 CAFTA 知识产权协调中的一个焦点问题，但不少学者将以成员国为主体，用于处理国与国之间争端的争端解决机制，混同于以企业、个体为主体，用于解决企业、个体之间经贸、投资纠纷的民事纠纷解决机制，进而予以指责，并奢谈"完善"，令人遗憾。

其四，CAFTA 如何顺应国际潮流，实施专利审查高速路（PPH），似尚未进入学界视野，鲜有学者论及。

其五，也是最重要的，没有将 CAFTA 作为一个整体，以 CAFTA 的知识产权制度为基础，对外以一个声音发声，谋求 CAFTA 自身的进攻性利益和防御性利益。其中的典型是，CAFTA 主要由发展中国家组成，在现代知识方面处于劣势，但在传统知识、遗传资源及民间文学艺术方面具有明显优势，由于 TRIPS 对后者不予保护，或保护水平不高，导致资源流失。通过知识产权协调，加强对传统知识等的保护，就属于 CAFTA 的进攻性利益。相反，发达国家极力推行的"TRIPS-plus"规则强化对现代知识的保护，对 CAFTA 成员国明显不利，应予抵制，则属于 CAFTA 的防御性利益。

由于现有研究成果存在上述问题，难以为 CAFTA 的健康、稳定运行，尤其是深入发展，提供理论和制度支持，因而有必要另辟蹊径，进行系统、深入的研究。

（二）本书的创新之处

针对现有研究成果存在的问题，本书拟在以下四个方面进行创新：

1. 遵循法的客观性原则，根据 CAFTA 自身的特点和需要，探讨其知识产权协调问题。

2. 深入研究 CAFTA 知识产权协调的理论基础，全面阐述协调的现实基础——国内法基础和国际法基础，在此基础上，探讨如何根据 CAFTA 的客观实际和各方的主观诉求确定协调的目标、基本原则和模式，进而选择合适的法律进路。

3. 根据 CAFTA 自身的需要，重新认识和评价 CAFTA 争端解决机制，并探讨其完善问题。

4. 本书将重点探讨如何在 CAFTA 实施专利审查高速路（PPH）和构建新型 "TRIPS-plus" 规则。前者研究中国—东盟实施 PPH 的必要性、可行性以及操作策略；后者研究如何在 CAFTA 构建新型 "TRIPS-plus" 规则，将传统知识、遗传资源等纳入保护或提高其保护水平。

第四节　研究方法与逻辑构架

一　研究方法

中国—东盟自由贸易区（CAFTA）是由东盟十国与中国组成的"10+1"合作机制。如何实现 CAFTA 知识产权协调，是一项系统工程，涉及政治、经济、文化、科技、社会、法律等不同的方面，具有广泛性和复杂性。因此，本书拟采取如下研究方法：

首先，在哲学思维上，运用唯物史观的方法。唯物史观认为，生产力和生产关系、经济基础和上层建筑的矛盾运动，是推动社会发展的基本动力。知识产权协调属于上层建筑范畴，如何协调，受到经济全球化以及各成员国生产力、经济基础的决定性影响。随着生产力、经济基础的发展、变化，CAFTA 知识产权协调也处于演变之中。

其次，问题式研究法。CAFTA 知识产权协调是为了解决 CAFTA 经贸、投资中的知识产权问题，以求减少纠纷、增进合作，促使 CAFTA 深入发展，因而有其特定的功能。从功能的视角，运用问题式研究法，是探讨 CAFTA 知识产权协调的捷径。

再次，法律的博弈分析。博弈就是竞争。所谓对策，无非是为了博弈。博弈现象在社会生活中普遍存在。博弈理论是法学研究重要的分析工具。CAFTA 的知识产权协调是一个互动过程，其中必然充满了各种利益的博弈，因而必须以博弈分析的方法进行研究。

最后，法律的比较研究。法之比较，其要在法之功能比较。西方比较法学者提出："全部比较法的方法论的基本原则是功能性原则"。① 在CAFTA知识产权协调中，中国、东盟诸国的制度，AFTA的做法，北美自由贸易区（NAFTA）和欧盟（EU）的做法，以及世界贸易组织（WTO）的规则等，均应从制度功能的视角分析异同、探索规律，以资借鉴。

二 本书的逻辑构架

本书围绕中国—东盟知识产权协调这一研究对象，根据CAFTA自身的特点和需要进行研究。除绪论外，本书展开为十章。

绪论部分，阐明知识产权协调是FTA的内在要求，通过界定"中国—东盟""知识产权""协调"等核心概念以明确研究的对象和范围，综述研究的现状、现有研究存在的问题和本研究的创新之处，最后说明本书的研究方法和逻辑构架。

第一章，研究协调的背景和动因。中国—东盟知识产权协调有其特定的背景和动因。背景包括：区域经济一体化与经济全球化并行发展的经济背景，知识产权全球协调与区域协调的制度背景，中国—东盟关系的历史与现实的地缘背景。动因包括：经济动因——中国—东盟区域经济一体化深入发展的需要，法律动因——中国—东盟知识产权制度的协调化，和争端解决动因——中国—东盟知识产权争端暗流涌动。

第二章，研究协调的理论基础——合作博弈理论。以合作博弈理论指导中国—东盟知识产权协调，经过知识产权的合作博弈，达成利益平衡的理想结局。本章研究了合作型法律博弈的概念，中国—东盟知识产权合作博弈的要素及其组合、路径等。

第三章，研究协调的国内法基础，包括中国的知识产权立法体系、保护体系，东盟六个"老成员国"的知识产权制度，和东盟四个"新成员国"的知识产权制度。

第四章、第五章，研究协调的国际法基础，包括两个部分：一是全球知识产权制度协调的成果，即《与贸易有关的知识产权协定》（简称

---

① ［德］K. 茨威格特、H. 克茨：《比较法总论》，潘汉典等译，法律出版社2003年版，第46页。

TRIPS）；二是东盟的知识产权制度协调成果。由于内容较多，故分两章来论述。第四章论述TRIPS，包括TRIPS的意旨、特点、基本原则和缺陷，各类知识产权的保护标准，知识产权的实施，知识产权的取得、维持及相关程序，争端的防止和解决，以及过渡性安排、机构安排和最后条款。第五章论述东盟知识产权内部协调和外部协调。内部协调，包括《东盟关于知识产权保护合作的框架协议》及其行动计划和《关于获取生物和遗传资源的东盟框架协定（草案）》；外部协调，包括东盟与澳大利亚、新西兰的知识产权协调，以及东盟与日本的知识产权协调。

第六章，从中国—东盟知识产权协调的现状以及需要解决的问题入手，探讨协调的目标、基本原则和模式。

第七、八、九、十章，研究协调的法律进路，因涉及的内容甚多，故分四章展开。

第七章，研究如何完善协调的基础性设施，包括完善定期对话和磋商机制、设立专门的协调机构和建设高水平的信息平台，以及如何基于TRIPS从立法层面和执法层面进行协调。

第八章，研究中国—东盟如何实施PPH，包括实施PPH的必要性、可行性以及操作的策略和步骤。

第九章，研究如何构建新型"TRIPS-plus"规则。中国—东盟知识产权协调，应吸收"TRIPS-plus"模式的合理因素，对于为TRIPS规则所忽视的传统知识、遗传资源和生物多样性（简称"传统资源"），在TRIPS的基础上构建新型"TRIPS-plus"规则，提高其保护水平，以维护CAFTA知识产权共同利益。本章探讨了新型"TRIPS-plus"规则的制度意蕴，以及构建新型"TRIPS-plus"规则的实体问题和程序问题。

第十章，研究如何完善CAFTA争端解决机制。本章以法的客观性原则作为评判基准，结合体系解释、目的解释，检讨这一机制，结论是，CAFTA争端解决机制在适格主体、仲裁制度及救济措施等方面并不存在所谓的"缺陷"；但在管辖权重叠之处理、仲裁庭的组成、仲裁裁决的做出方面确有缺陷，应予完善。

第一章

背景和动因

知识信息具有流动性,且易于传播、便于共享,而知识产权具有地域性,一国的知识产品流入另一国,其知识产权要在另一国获得保护,必须进行国际协调。知识产权的国际协调,包括双边协调、全球协调和区域协调。中国—东盟知识产权协调,属于区域协调范畴,其中也包括双边协调,在某些方面,如传统资源的保护,则以区域协调为基础,指向全球协调。这一协调有着特定的背景和动因。

第一节 背景

研究中国—东盟知识产权协调,必须认清其特定的背景,包括区域经济一体化与经济全球化并行发展的经济背景,知识产权全球协调与区域协调的制度背景,以及中国—东盟关系的历史与现实的地缘背景。

一 经济背景:区域经济一体化与经济全球化并行发展

经济全球化的实质是资本全球扩张。从资本主义建立以来,资本便以两种方式、沿着两条路线扩张:在量的经济扩张上,从商品资本输出、货币资本输出,到金融资本输出,再到如今的知识资本输出,展现了资本全球扩张不断拓展和深化的历史进程;在质的经济扩张上,从以蒸汽机、纺织品为标志的第一次科技革命,到以电动机、钢铁生产为标志的第二次科技革命,再到以原子能技术、航天技术、电子计算机技术、新材料、新能源、信息技术和生物工程等为标志的第三次科技革命,科学技术的每一次重大创新,都促使经济类型发生质的变化。

20世纪70年代后,两种方式的资本扩张进入新的阶段,演变成相互交织的两大浪潮:一是科技革命浪潮,它促使当代经济形态质变为"知识经济",即一种以知识的生产和处理为基础,以信息和远程通信技术为主导的经济形态;二是经济全球化浪潮,它使各国产业结构发生了革命性的变化,即各国国内相对完整的独立的工业体系为世界性生产力体系部分代替,在此基础上,追求自身利益的世界各国,必然结成既相互依存,又讨价还价、相互竞争的国际生产关系。[①] 换言之,生产力演变为"国际生产力",生产关系演变为"国际生产关系"。适应经济全球化的时代需要,作为上层建筑的法律关系亦将变迁,法律全球化势在必行,这就是包括 TRIPS 在内的 WTO 诞生的根源。

WTO 的诞生,标志着经济全球化、法律全球化达到空前高度,为了规避其中的风险并谋求区域经济合作的利益,以建立自由贸易区(FTA)为基本内容的各种区域贸易协定(RTA)如雨后春笋般纷纷涌现。20世纪90年代后期,乌拉圭回合谈判结束后,北美自由贸易区建立,亚太经合组织(APEC)诞生,拉丁美洲重现整合冲动,加上此前已经形成的欧洲统一市场,"区域主义"在世界范围内勃兴。

进入21世纪后,多边贸易体制谈判进展缓慢,尤其是2008年以来,全球各主要经济体深陷金融危机,国际市场需求萎缩,贸易融资困难,对外贸易锐减,FTA 成为拓展国际市场、保持和扩大出口以应对危机的政策工具,发展更为迅猛。[②] 据 WTO 统计,截至2010年8月20日,通报 WTO/GATT 且生效的区域贸易协定达到229个,其中210个协定可归于 FTA 的范畴,占协定总数的91.7%。[③] 这些 FTA,由各国以自身为中心缔结,形成一种类似于车轮轮轴与辐条的关系,加总起来,便形成全球 FTA 网络。

中国与东盟顺应区域经济一体化潮流,于2001年11月决定建设中国—东盟自由贸易区(CAFTA),于2002年11月签署《中国—东盟全面

---

① 鲁品越:《产业结构变迁和世界秩序重建——历史唯物主义视野中的世界秩序》,《中国社会科学》2002年第3期,第9页。

② 朱洪:《自由贸易协定——中国与发展中国家南南合作的新桥梁》,《国际贸易》2009年第9期,第10—11页。

③ 杨静:《自由贸易协定知识产权条款研究》,法律出版社2013年版,第8页。

经济合作框架协议》，正式启动CAFTA建设进程。此后，双方正式签署了一系列法律文件：2004年1月1日，CAFTA的先期成果——"早期收获计划"顺利实施；2004年11月，签署《中国—东盟全面经济合作框架协议货物贸易协议》（简称《货物贸易协议》）；2004年11月，签署《中国—东盟全面经济合作框架协议争端解决机制协议》（简称《争端解决机制协议》）；2007年1月，签署《中国—东盟全面经济合作框架协议服务贸易协议》（简称《服务贸易协议》）；2009年8月，签署《中国—东盟全面经济合作框架协议投资协议》（简称《投资协议》）。2010年1月1日，CAFTA在中国与东盟六个老成员国之间正式建成，双方实行零关税的产品超过90%，中国对东盟的平均关税由9.8%降至0.1%，东盟六个老成员国对中国的平均关税从12.8%降至0.6%；2015年1月1日，CAFTA在中国与东盟四个新成员国即越南、老挝、柬埔寨、缅甸之间建成后，双方的绝大多数产品也实现了零关税。上述法律文件，成为约束CAFTA各成员国的法律依据。

二　制度背景：知识产权的全球协调与区域协调

（一）知识产权的全球协调

如果从国际公认的近代专利保护制度的开端——1623年英国颁布《垄断法规》算起，知识产权的保护史已有近400年，其间经历了三个阶段：国内保护阶段、国际协调保护阶段和全球协调保护阶段。

在国内保护阶段，知识产权具有严格的地域性，但这与知识信息的流动性相矛盾。如何解决？最初的选择是签订"双边协定"进行协调，到1886年《保护文学艺术作品伯尔尼公约》（简称《伯尔尼公约》）缔结之前，这样的双边协定在欧洲已有30多个。[①] 但双边协调存在诸多固有的缺陷，比如谈判对手众多，难以一一达成协议，签约手续烦琐，内容既不全面也无统一模式等，多边协调显然是更好的选择。1883年《保护工业产权巴黎公约》（简称《巴黎公约》）的缔结，是多边协调的第一次尝试。此后，《伯尔尼公约》（1886年）、《商标国际注册马德里协定》（1891年）、《世界版权公约》（1952年）、《国际植物新品种保护公约》

---

① 古祖雪：《国际知识产权法》，法律出版社2002年版，第28页。

(1961年)、《专利合作条约》(1970年)、《关于集成电路知识产权条约》(1989年)等相继缔结,知识产权进入国际协调保护阶段。

1994年4月15日,《与贸易有关的知识产权协定》(TRIPS)在摩洛哥马拉喀什正式签署,标志着知识产权进入全球协调阶段。TRIPS是在经济全球化深化的基础上,以美国为首的发达国家为谋求和保持经济、科技和贸易优势,力图改变传统上知识产权国际保护的"温和"立场,将适合于自身经济社会发展状况的知识产权制度,上升为国际规则的结果。TRIPS使知识产权保护进入全球协调保护阶段,主要表现在以下几方面。

(1) TRIPS为全球知识产权确立了"最低保护标准",且禁止成员方提出保留。TRIPS的所谓"最低保护标准",实际上是以此前的《巴黎公约》(1967年文本)、《伯尔尼公约》(1971年文本)、《罗马公约》和《华盛顿公约》等所确立的保护标准为起点,而为知识产权保护确立的一个霸气十足的高标准。[1] 它不但扩大了知识产权的保护范围,而且使保护内容显著增加,保护期限大大延长。TRIPS第72条规定:"未经其他成员国同意,不能对本协定中的任何条款予以保留。"这表明,TRIPS是一揽子协定,各成员方要么接受全部条款,要么退出,只能二中择一。

(2) 引入国际贸易机制,使接受TRIPS具有强制性,并形成一种能够有效防止保护水平下降的"棘齿机制"。[2] TRIPS引入国际贸易机制后,使接受TRIPS具有强制性。因为如果拒绝TRIPS,就意味着自外于WTO,这就为TRIPS的推行构筑了一个强大的促进机制。而且,贸易机制尤其是其所内含的争端解决机制的引入,使原本用于解决贸易问题的规则,可以直接用于解决知识产权问题。对于WTO争端解决机制的保留条款被取消,"一致意见反对"的表决制度被采用,"交叉报复"的贸易制裁措施被允许使用。质言之,TRIPS使国际知识产权法由"软法"向"硬法"迈进了一大步。

(3) TRIPS增加了知识产权实施程序的规则。知识产权保护如何实施,一向被视为国内立法问题,以往公约从未有对此置喙者。TRIPS不但

---

[1] 刘春田主编:《知识产权法》,中国人民大学出版社2002年版,第425页。
[2] 蒙启红:《论知识产权国际保护的棘齿机制》,《全国商情(经济理论研究)》2007年第1期,第83—84页。

对此规定了一系列具体的实施措施，包括民事、行政、刑事程序及救济，还规定了临时措施、边境措施①等，并将各项执行措施的最终裁决权统归于司法机关。由是，TRIPS 第一次使知识产权保护的国内实施程序转变为统一规定的国际标准，成为各国必须履行的国际义务，而国际知识产权法的"硬法"性质，亦由立法领域延伸到法律执行领域。

（4）引入最惠国待遇原则。根据 TRIPS 第 4 条的规定，在知识产权保护上，某一成员给予他国国民的任何利益、优惠特权或豁免，均应立即无条件地适用于全体成员国的国民。最惠国待遇原则是关贸总协定（GATT）的基本原则，原本仅适用于有形商品贸易，TRIPS 引入这一原则后，有利于使 TRIPS 确立的保护水平在全球渐次扩散。

在 TRIPS 提高知识产权保护水平之后，世界知识产权组织（WIPO）于 1996 年缔结了两个互联网版权条约，通过实施普遍的知识产权保护制度（a universal system of IP）和一国申请、多国授予制度（a single application and multi-country designation），促进各成员国提高知识产权保护水平，强化数字时代的知识产权保护。

中国—东盟自由贸易区（CAFTA）各成员国均已加入 WTO，遵守 TRIPS 是其法律义务。TRIPS 构成中国—东盟知识产权协调的制度基础。在这个意义上，中国与东盟进行知识产权协调也是 CAFTA 执行 TRIPS 相关规定的反映。而从"后 TRIPS 时代"国际知识产权法的变化趋势来看，这种协调也是从整体上应对知识产权保护制度变革的需要。②

（二）知识产权的区域协调

作为对区域经济一体化与经济全球化并行不悖的反映，在后 WTO 时代，在知识产权全球协调的基础上，知识产权的区域协调也得到了空前发展。

---

① 依 TRIPS 的规定，成员国必须授权司法当局采取临时措施，授权司法或行政当局采取边境措施，以有效地制止侵犯知识产权的商品在市场上流通。"临时措施"的作用在于：(1) 制止将要发生的侵权；(2) 阻止已经发生的侵权进一步扩大；(3) 保全诉讼中被控为侵权的物证。"边境措施"的作用在于：(1) 中止放行进口的侵权商品；(2) 制止侵权商品的出口。参见郑成思《知识产权论》，法律出版社 1998 年版，第 623—625 页。

② 申华林：《东盟知识产权法律的一体化——问题与前景》，《桂海论丛》2002 年第 2 期，第 90 页。

事实上，早在 WTO 成立之前，欧洲共同体（简称欧共体）就通过了一系列有关知识产权的公约，对其成员国的知识产权进行协调。例如，1962 年比利时、荷兰和卢森堡三国通过《比荷卢统一商标法》，欧洲国家签订《欧洲专利条约》（又称"第一条约"）。1975 年，欧共体国家缔结《欧洲共同体专利公约》（又称"第二条约"）。1988 年，欧共体出台《协调成员国商标立法指令》，这是欧共体立法层面第一个具有成文法效力的知识产权法律文件。此后，随着 1993 年《马斯特里赫特条约》的通过，欧盟正式成立，其知识产权协调进程加快，颁布了大量的指令、条例和绿皮书。如 1991 年通过了《计算机程序的法律保护指令》，1993 年通过了《统一版权和其他权保护期协调指令》和《共同体商标条例》等。

WTO 成立后，欧盟除了以自己的名义加入 TRIPS 之外，同时对欧盟内部的知识产权进行协调。比如，1998 年通过了《外观设计法律保护指令》，2001 年通过了《信息社会版权与有关权指令》，2004 年通过了《关于知识产权的执行指令》。2007 年通过的《里斯本条约》则为欧盟知识产权保护做了框架性规定，在全欧盟提供统一的知识产权保护，并建立联盟范围内的集中的认可、协调和监督安排。上述指令、条约，加上欧共体法院的相关判例，表明欧盟知识产权法律体系初步形成。[①] 欧盟的知识产权区域协调，不仅较好地保护了知识产权人的利益，而且也为欧盟经济贸易的迅速发展提供了制度保障，效果显著。

北美自由贸易区（North America Free Trade Area，简称 NAFTA）是知识产权区域协调的另一个典范。1992 年 12 月，美国、加拿大和墨西哥签署《北美自由贸易协定》，并于 1994 年 1 月 1 日正式建成 NAFTA。协调保护知识产权是 NAFTA 成立的重要目标之一。《北美自由贸易协定》第 6 部分第 17 章，以 21 个条文共 126 款集中规定了知识产权规则，包括义务的范围和性质、更广泛的保护、国民待遇、控制滥用或反竞争做法或条件、版权、录音制品、载有节目的加密卫星信号的保护、商标、专利、集成电路布图设计、商业秘密、地理标志、工业设计、知识产权执法、协作和技术援助等。以上述规定为基础，NAFTA 构建了符合自身特点、具有区域特色的知识产权协调机制，为区域内知识

[①] 李明德：《欧盟知识产权法》，法律出版社 2010 年版，"序言"第 1 页。

产品的流动提供了制度保障，对于 CAFTA 知识产权协调，无疑具有很好的借鉴意义。

此外，中国、东盟和东盟诸国参与的 FTA 中的知识产权条款，对中国—东盟知识产权协调，更是具有直接影响。在中国方面，中国—新西兰、中国—哥斯达黎加、中国—秘鲁、中国—澳大利亚和中国—韩国之间的自由贸易协定，均包含知识产权协调内容。在东盟及东盟诸国方面，《美国—越南双边自由贸易协定》（2001 年）、《美国—新加坡自由贸易协定》（2003 年）和《东盟与澳大利亚和新西兰自由贸易协定》（2009 年），2015 年 10 月 5 日东盟国家马来西亚、越南、新加坡、文莱与美国、日本等签署的《跨太平洋伙伴关系协议》（Trans-Pacific Partnership Agreement，简称 TPP），以及东盟诸国与欧盟等签订的类似自由贸易协定，均包含了"TRIPS-plus"规则，这是中国—东盟知识产权协调中应予以抵制的内容。

三 地缘背景：中国—东盟政治经济关系的历史与现实

地缘背景是一个长期制约国与国之间关系的因素，它意味着相关国家彼此之间能否建立以及能够在多大程度上建立信任及合作关系。就此而言，历史上与当今现实中的中国—东盟政治经济关系，对于中国—东盟知识产权协调显然具有不可忽视的影响。

从地缘关系来看，中国和东盟国家山水相连，互为邻邦，历史上经济与文化交往绵延不绝，关系极为密切。近代以来，双方在反对外来侵略和殖民压迫中，友谊不断加深。这种源远流长且不断发展的友谊关系，为 CAFTA 知识产权协调奠定了深厚的基础。当然，由于冷战的影响以及国际环境的复杂性，双方的关系并非一帆风顺，而是经历了曲折的发展过程，且至今仍存在若干阻碍双方深化合作的因素。

中华人民共和国成立后，中国与东盟国家的政治经济关系经历了一个由建交或恢复关系到全面发展关系的演变。1991 年是双方关系的分水岭，1991 年之前属于建交或恢复关系阶段，这是一个从对抗怀疑到对话合作的过程；1991 年至今，属于全面发展关系的阶段，双方对话合作层面不断提升，睦邻互信关系深入发展。①

（一）1991年之前的政治经济关系

中国与部分东盟国家建交较早，但在冷战的背景下，彼此曾长期处于对立状态。20世纪50年代，中华人民共和国刚刚成立，即与一些东南亚国家建交。1950年1月18日，中国与同为社会主义国家的越南正式建交，成为第一个与越南建立外交关系的国家。此后，中国与印尼（1950年4月）、缅甸（1950年6月）和柬埔寨（1958年7月）分别建交。1954年6月28日，周恩来总理应邀访问缅甸，这是我国领导人首次访问东南亚国家。1955年4月18日，周恩来总理到印尼万隆参加"亚非会议"，阐述了"和平共处五项原则"。1956年11月，周恩来总理正式访问越南和柬埔寨，并与两国发表联合公报。但是，由于美国对社会主义中国的敌视与遏制，部分东南亚国家如马来西亚、泰国、新加坡等受其约束和影响，与中国只有零星的经济贸易往来，而没有建立正式的外交关系。

进入20世纪60年代以后，随着国际形势的演变，中国与东南亚国家的关系缓慢发展。1961年4月，中国与老挝建立外交关系。从1960年1月到1961年10月，中国与缅甸签订多个边界条约，解决了两国最敏感的边界问题。② 中国与柬埔寨建交后，两国的友好关系在西哈努克亲王和中国领导人的共同推动下获得发展。中国和越南同属社会主义国家，并在长期的革命斗争中建立了深厚友谊，尤其是在越南抗美斗争中，中国政府和人民不惜做出重大民族牺牲，提供了巨额的军事、经济援助。但是，1967年8月东盟成立时，我国视其为反华集团，东盟视中国为共产主义威胁。③ 东盟成立后仅两个月，印尼即与中国断交，此后东盟成员国纷纷实施对华贸易禁令，这种对立状态一直持续到1971年。

---

① 陆建人：《中国—东盟建立对话伙伴关系15年回顾与展望》，《广西大学学报》（哲学社会科学版）2007年第2期，第1—3页。

② 1960年1月，缅甸总理奈温访华，双方签订《中缅边界问题协定》和《中缅友好和互不侵犯条约》；1960年10月，双方签订《中缅边界条约》；1961年10月，签订《中缅边界议定书》，至此，中缅最敏感的边界问题得到解决。

③ 宛凤英：《略论中国与东盟的政治与经济关系》，《安徽商贸职业技术学院学报》（社会科学版）2007年第2期，第5页。

20 世纪 70 年代，我国对有关东盟的政策进行"微调"，采取了一些有利于睦邻友好的政策和措施，包括纠正对东盟国家的革命输出、包括推进与东盟国家的经济合作和放弃双重国籍等，双方关系逐渐正常化。[①] 1971 年，中国与马来西亚实现贸易代表团互访，双方达成建立直接贸易的谅解。1974 年 5 月，中国与马来西亚正式建交。1974 年中国与菲律宾签署《关于进一步发展中菲两国贸易的换文》，1975 年 6 月 9 日，两国建交，这一天被定为"中菲友谊日"。1973 年中国以低于市价的价格向泰国出售 5 万吨柴油，1975 年 7 月，中国与泰国建交。1975 年，东盟作为一个地区组织的合法性获得中国正式承认（尽管在 1991 年以前，中国、东盟并未建立正式联络）。1978 年 11 月，时任中国副总理的邓小平访问东盟三国——泰国、马来西亚和新加坡，发表了一系列关于中国对东盟国家政策的讲话，[②] 得到三国领导人积极回应。

到了 20 世纪 80 年代，随着党的十二大对中国整体外交政策的调整，中国对东盟政策调整的力度加大。对于南沙群岛领土主权纠纷，中国提出"搁置争议，共同开发"的倡议，为稳定双边关系创造了条件。1981 年，中国与新加坡互设商务代办处。1985 年 7 月，中国与印尼签署谅解备忘录，使长期中断的直接贸易得以恢复。1988 年 11 月，中国总理李鹏访问泰国，发表了中国政府建立、恢复和发展同东盟国家关系的四项原则：（1）在国家关系中，严格遵循和平共处五项原则；（2）在任何情况下，都坚决反对霸权主义；（3）在经济关系中，坚持平等互利和共同发展的原则；（4）在国际事务中，遵循独立自主、互相尊重、密切合作、相互支持的原则。[③] 1989 年，中国与老挝实现外交关系正常化。

从 20 世纪 90 年代开始，随着冷战结束以及柬埔寨问题的和平解决，中国与东盟的关系迅速升温。1990 年 8 月，中国与印尼恢复了中断长达

[①] 唐翀：《从敌对到正常化：冷战时期中国与东盟国家的外交关系》，《东南亚南亚研究》2013 年第 2 期，第 1—3 页。

[②] 邓小平讲话的内容主要包括：（1）支持东盟和平、自由、中立的政策，支持东盟在地区问题上的积极作用；（2）党同党的关系与国家之间的关系应该区别开来；（3）中国与东盟国家应该建立互相援助、互相支持的关系。资料来源：《邓副总理在记者招待会上指出　越苏条约威胁世界和平与安全》，《人民日报》1978 年 11 月 9 日第 1 版。

[③] 张青：《中国与东盟外交纪实》，《东南亚纵横》2005 年第 5 期，第 3 页。

23年之久的外交关系。同年10月,中国与新加坡建交。1991年9月,中国与文莱建交。至此,中国与东盟所有成员国均建立或恢复了外交关系。这一期间,中国还与老挝、越南实现了关系正常化。1991年6月,中国与老挝恢复互派大使,实现关系正常化。随着柬埔寨问题的解决,1991年11月,中越发表《联合公报》,实现了关系正常化。中国和缅甸则始终保持良好的合作关系。

(二) 1991年至今的政治经济关系

在1991年之前,中国尚未和东盟建立正式联系,中国与东盟的关系主要表现为与东盟成员国的双边关系。1991年7月19日,时任中国外长钱其琛第一次应邀参加在吉隆坡举行的第24届东盟外长会议,表达了中国政府希望与东盟在各个领域,特别是经贸、科技领域加强互利合作的意愿,东盟对此积极回应,并筹划建立正式的中国—东盟关系。双方的对话、合作关系由此拉开序幕。

1992年7月,中国由东盟的"贵宾国"升格为"磋商伙伴",双方就中国南海问题进行了磋商。1993年9月,中国、东盟举行首次经贸、科技合作磋商。1994年7月,中国应邀出席"东盟地区论坛"首届会议,开启了双方在地区安全方面的合作。1996年7月,在雅加达举行的东盟外长会议上,中国正式成为东盟的"全面对话伙伴国"。1997年2月,双方确定了包括五个平等机制的总体对话框架:中国—东盟高官磋商,中国—东盟联合合作委员会,中国—东盟经贸联委会,中国—东盟科技联委会,以及中国—东盟商务理事会。至此,双方在坦诚对话的基础上,初步建立了互信与合作关系。

1997年7月,东盟部分国家爆发严重金融危机,中国在自身面临巨大经济压力的情况下,坚持人民币不贬值,并力尽所能地向这些国家提供财政和金融支持,使其避免了经济形势的进一步恶化,此举使东盟对中国的信任感大大增强。1997年12月,东盟邀请中、日、韩三国领导人参加首次东盟与中、日、韩领导人非正式会议(即"10+3"会议)。江泽民主席与东盟各国领导人举行了首次双边会晤,双方发表了《联合声明》,宣布建立"中国与东盟面向21世纪的睦邻互信伙伴关系"。此后,1998—2000年,中国与东盟十国分别签署或发表面向21世纪的双边关系框架文件和合作计划,中国与东盟也从"全面对话伙伴关系"上升为

"睦邻互信伙伴关系"。

进入21世纪，面对全球和区域一体化带来的机遇与挑战，中国、东盟的合作需求显著增强。2000年11月，朱镕基总理提出研究成立"中国—东盟自由贸易区"（CAFTA）的可行性。2001年11月双方做出在10年内建成CAFTA的决定。2002年11月，双方签署《中国—东盟全面经济合作框架协议》，正式启动CAFTA建设进程。与此同时，中国提出"与邻为善、以邻为伴"的周边外交方针，并与东盟签署《南海各方行为宣言》，为稳定南海局势打下基础。2003年10月，中国提出"睦邻、安邻、富邻"的外交思想，并在中国—东盟领导人会议（即"10＋1"）上，正式加入《东南亚友好合作条约》，双方签署《中国与东盟面向和平与繁荣的战略伙伴关系联合宣言》，开展全面和持久的合作。

2004年9月，东盟十国一致承认中国的完全市场经济地位。此后，CAFTA建设快速推进，在《中国—东盟全面经济合作框架协议》的基础上，2004年11月签署《货物贸易协议》和《争端解决机制协议》，2007年签署《服务贸易协议》，2009年签署《投资协议》，2010年1月1日，CAFTA如期正式建成（东盟新成员为2015年1月1日）。2013年10月，国家主席习近平出访印尼、马来西亚并出席APEC第21次领导人非正式会议，发表题为《携手建设中国—东盟命运共同体》的重要演讲。2016年9月，李克强总理和东盟十国领导人一致同意推动中国—东盟合作提质升级。2017年5月，第一届"一带一路"国际高峰论坛在北京举行，东盟国家不仅全员出席，而且派出高规格代表团。可以说，在CAFTA深化合作的基础上，"一带一路"建设已经成为中国—东盟关系发展的新动力。

（三）中国—东盟合作的阻碍因素

CAFTA建成以后，中国与东盟的合作全方位展开，除经贸、投资联系日益密切之外，在政治、安全、文化、科技诸领域，也取得了不俗的成绩。但是，也存在一些阻碍深化合作的因素，需要引起重视并加以克服，以利于知识产权协调。

1. 经济性阻碍因素

东盟国家除新加坡外，都是发展中国家，中国则是最大的发展中国家，双方在经济发展水平、产业结构方面有一定的同质性，从而影响到合作的扩大和深入发展。主要包括：

其一，贸易竞争。作为发展中国家，东盟诸国经济基础比较薄弱，多以劳动密集型产业见长。中国近年来实行供给侧改革，提升和优化产业结构，但劳动密集型产业依然占有相当比重。双方在经济结构、产业结构上存在一定的同质性，会带来两个不利的影响：一是相互间的贸易难以展开；二是在出口产品和市场方面具有一定的重叠性。以农业为例，作为单一国家的中国是亚洲最大的农产品出口国，但东盟作为一个整体，其出口规模大大超过中国，双方在农产品贸易领域的竞争不可避免，中国在农产品贸易上给予东盟成员国单方面的特殊优惠，展现了一种大国的姿态，但给自己的农业尤其是南方的水果、蔬菜种植业带来很大的压力。[①]

其二，吸引外资竞争。发展中国家的一个特点，就是资金缺乏，需要吸引外资助推经济建设，以加快经济发展速度。在CAFTA建成后，中国与东盟各国相互投资稳步增加，尤其是中国企业对东盟国家的投资，大大促进了对方的基础设施建设和各产业的发展，这是问题的一个方面；另一方面，中国强劲的吸引外资的能力，很难避免东盟国家对此产生不平衡，从而心存疑虑，影响深入合作。不过，近年来随着世界经济进入资本过剩的新常态，双方在吸引外资方面的竞争已经大大缓解。

2. 政治性阻碍因素

双方合作的政治性阻碍因素，主要来自南海问题，此外"中国威胁论"也有一定影响。

南海问题一直是影响中国与东盟合作的主要问题。从历史上看，南海群岛自古以来属于中国，本是无可争议的事实，但越南、菲律宾、文莱、马来西亚等，均宣布对南沙群岛拥有或部分拥有主权，并占据岛屿，进行经济开发。南海岛屿纷争已经成为双方合作的主要制约因素之一。为保持南海地区的和平稳定，增进双方互信，2002年11月，中国与东盟国家签署《南海各方行为宣言》，为各方处理南海问题确立了基本原则。2017年8月，"南海行为准则"框架在马尼拉正式通过，标志着南海问题

[①] 陈悦：《中国—东盟区域经济合作健康发展的障碍因素分析》，《商场现代化》2010年第8期，第20—21页。

基本上得到解决。

"中国威胁论"是西方一些国家炮制出来的为中国和平崛起制造国际政治舆论障碍的言论,[①] 其版本随时代而演变,从冷战结束后的"中国填补真空论",到20世纪中期的"中国军事威胁论",再到世纪之交的"中国经济威胁论"等等,不一而足。一些东盟国家面对中国经济日益强大,担心自身不成熟的经济结构受到冲击和威胁,加上一些政客基于选举因素,渲染"中国的经济崛起会对区域内的国家造成威胁""中国是东盟最大的经济竞争者"等,构成双方合作的不和谐因素。

第二节 动因

一 经济动因:中国—东盟区域经济一体化深入发展的需要

中国—东盟知识产权协调的动因,从根本上说,是中国—东盟区域经济一体化深入发展的需要。区域经济一体化的深入发展,有赖于中国和东盟双方采取共同行动。而共同行动的集中表现,就是通过包括知识产权法在内的法律博弈达到法律协调,最终实现经济上的协调。

中国—东盟自由贸易区(CAFTA)自2010年1月1日建成后,通过CAFTA这一合作平台,双方的贸易投资增长,经济融合加深,中国成为东盟最大的贸易伙伴,东盟则是中国的第三大贸易伙伴,各国的企业和人民均从中受益,实现了互利共赢、共同发展的目标。但是,当前的CAFTA毕竟只是中国—东盟双方较低层次的合作,要实现扩大和深化合作,需要推进CAFTA升级发展,这已经成为中国和东盟双方的共识。

深化中国—东盟的经贸、投资合作,必然涉及相应的法律制度安排,即以法律、合同联结交往,以制度、规则解决问题。[②] 2017年9月,中国副总理张高丽在第十四届中国—东盟博览会和中国—东盟设备与投资峰会开幕大会的主旨演讲中提出六点建议,其中"深化产能合作,促进产

---

① 谢志刚:《中国与东盟经济合作的制约因素与对策》,《国际经济合作》2010年第4期,第11页。

② 呼书秀:《中国与东盟发展相互投资的法律机制研究》,北京大学出版社2005年版,第13页。

业结构调整优化","深化经贸合作，推进中国—东盟自由贸易区升级发展","深化互联互通合作，加快区域基础设施网络建设","深化创新合作，增强经济发展内生动力"，都涉及中国—东盟知识产权协调问题。

二　法律动因：中国—东盟知识产权制度的协调化

在当今世界，不仅知识密集型产品和服务在国际贸易中所占的比重日益上升，知识产权本身也是国际贸易的重要组成部分，知识产权事实上已经成为市场竞争以至于综合国力竞争的有力工具。在国家层面，一国拥有的知识产权，尤其是核心技术的自主知识产权，是衡量一国科技实力、经济水平以及综合竞争力的一项重要指标。知识产权国际保护的意义早已超出作为一种私权的知识产权本身，而演变为一国推行其经济政策的工具。在私人层面，知识产权无疑是企业参与市场竞争的利器，通过知识产权来构筑和维持竞争优势，无论是在国内市场还是国际市场，都是企业的常用手段。因此，上到国家下至企业，知识产权都具有举足轻重的地位。

由于各国之间发展不平衡，政治、经济、文化、科技等方面存在差别，彼此的知识产权制度在保护范围、保护水平上都不一致，这必然影响到区域经济合作。鉴于区域经济组织的发展离不开有效、充分的知识产权保护，《中国—东盟全面经济合作框架协议》第3条第8款明确规定，为了促进货物贸易、服务贸易和投资等经济合作的开展，各缔约方之间关于中国—东盟自由贸易区的谈判内容应包括知识产权问题，其（h）项规定："基于WTO及世界知识产权组织（简称WIPO）现行规则和其他相关规则，便利和促进对与贸易有关的知识产权进行有效和充分的保护。"可见，从一开始中国—东盟自由贸易区就注意到了知识产权制度的协调问题。

不过，虽然中国和东盟成员国都加入了WTO，都需要遵守TRIPS，从而使各自知识产权制度在TRIPS的基础上能够获得一定程序的协调，但TRIPS只要求达到最低保护水平，且包含了诸多弹性条款、模糊条款，这为各国在达到最低保护水平之后根据自身的国情和需要塑造本国的知识产权制度留下了广阔的空间。以东盟诸国论，在达到TRIPS最低保护水平后，各国的知识产权保护水平依然参差不齐，甚至有明显的层次之别。其中，处于第一层次的国家是新加坡，其知识产权制度最完善，保护水平也最高；泰国、菲律宾、马来西亚、印度尼西亚、文莱和越南则处于第二层次，它们已经形成完整的知识产权制度体系，知识产权保护水平逐步提高；柬埔寨、老挝和缅甸三国经济发展最为落后，知识产权制度正处在完善阶段，保护水平较低，属于第三层次。[①] 这表明，TRIPS的协调并不能完全解决问题。为了"便利和促进"贸易和投资，在全球性知识产权保护制度之外，还需要有区域性知识产权保护制度的补充。中国—东盟要建立更加紧密、有效的合作关系，知识产权合作与协调是必不可少的。

事实上，在中国—东盟自由贸易区建成后，随着双方经贸、投资合作的深化，各国的企业之间在知识产权方面可谓龃龉不断，甚至以纠纷的形式表现出来。从中国方面来说，中国企业在入驻东盟市场中，就遇到大量的商标抢注、假冒商标及著作权侵权问题。[②] 据统计，2014—2016年，涉东盟成员国（主要涉及新加坡、泰国、马来西亚、文莱、印尼和菲律宾6国）的知识产权案件呈增长趋势，2015年较2014年增长33.3%，2016年较2015年增长约25%，主要涉及5个领域，即商标权、专利权、反不正当竞争、著作权和综合程序，其中涉及商标权的案件最多，占案件总量的93.13%。[③] 随着中国"一带一路"倡议的全面推进，中国与东盟国家的经济交往更加密切，可以预见的是，如果不能有效地协调双方的知识产权，知识产权纠纷将成为一个不可忽视的阻碍因素。

三　争端解决：中国—东盟知识产权争端暗流涌动

从客观需要来说，一国的知识产权保护诉求受制于其经济、科技发展水平。在东盟国家中，除新加坡外，都属于发展中国家，且各国的生

[①] 贾引狮：《美国与东盟部分国家就TPP知识产权问题谈判的博弈研究——以TPP谈判进程中美国的知识产权草案为视角》，《法学杂志》2013年第3期，第91页。

[②] 宋志国等：《中国—东盟知识产权保护与合作的法律协调研究》，知识产权出版社2014年版，第18—22页。

[③] 高洁、席敏：《大数据看中国—东盟深化司法交流合作方向》，新华网，2017年6月9日，http://www.xinhuanet.com/2017-06/09/c_1121117967.htm，访问时间：2019年6月23日。

产力水平发展很不平衡。作为先进技术的输入国，东盟各国国内的商标、专利等申请量均很低，对知识产权保护的需要自然不高。中国作为最大的发展中国家，近年来经济、科技、文化迅猛发展，随着供给侧改革的实施，逐渐向产业中、高端发展，对知识产权保护有了较大的需求。中国与东盟诸国在经济、科技上发展悬殊，彼此在经贸、投资和技术合作中的目标不尽一致，为知识产权争端的产生提供了土壤。

在现今世界经济比较低迷的背景下，贸易保护主义有所抬头。知识产权作为非关税壁垒的一种主要形式，具有合理性、合法性、复杂性和隐蔽性等特点，为许多国家所青睐和重视。通过利用专利、标准等建立起本国的贸易技术壁垒体系，使其他国家的贸易对手处于不利地位，以保护本国的市场和产业，这在东盟国家也时有表现：其一，针对来自中国的产品设置技术性贸易壁垒，且涉及的范围越来越广，包括标准、检测、标签、认证等方面，标准的实施及执行过程都缺乏透明度。其二，是在知识产权争议中的政府行为，如提高关税、限制进口、强制罚没以及执法、司法腐败等，迫使中国企业不得不放弃这些国家的销售市场。[①] 在这方面，999公司、"999"牌电池在越南、缅甸和老挝的遭遇，堪称典型。

在现实中，中国与东盟国家的知识产权争端是客观存在的，这是由彼此的经济科技水平、知识产权政策和国内知识产权保护制度的差异导致的，是不可避免的。对于这些争端，多由各国政府部门，包括各国的商务部、外资部、海关等，通过公开场合或私下的沟通和协商予以解决。之所以没有在国家层面公开这些知识产权争端，未将其提交中国—东盟争端解决机制或WTO的争端解决机制，显然是顾忌到各方面的消极影响。这就从反面表明，中国—东盟知识产权协调具有现实需要。

[①] 宋志国等：《中国—东盟知识产权保护与合作的法律协调研究》，知识产权出版社2014年版，第22页。

第二章

理论基础：合作博弈分析

在当今社会，知识产权不仅本身作为交易的标的，成为国际贸易的重要组成部分，而且以货物、服务为载体，渗透于贸易、投资当中，地位举足轻重，而对知识产权的保护，亦成为开展贸易、投资活动的基本环境和条件。中国—东盟知识产权协调，来源于中国—东盟区域经济一体化深入发展的现实要求，又最终服务于这一现实需要。

中国—东盟知识产权协调，本质上就是中国与东盟整体及东盟诸国在一定规则约束下的互动、竞争与合作，这是一个典型的博弈过程。知识产权协调中的博弈，属于合作型法律博弈（简称"合作博弈"）。协调的目标，是在 CAFTA 建立知识产权合作机制，其实质是利益格局的调整，包括如何获取协调利益及如何分配协调利益。这种合作机制的建立，需要通过中国—东盟相关利益主体不断进行合作型法律博弈才能实现；而合作机制的内容，则必须体现各方的利益平衡，因为合作型法律博弈所遵循的基本伦理之一就是公平，唯有公平的制度安排，才能健康、稳定运作，从而具有可持续性。

因此，知识产权协调的合作博弈理论，构成中国—东盟知识产权协调的理论基础，经过知识产权的合作博弈，达成利益平衡的博弈结局。唯有在合作博弈的理论指导下进行中国—东盟知识产权协调，才能获得理想的结果。以下试对中国—东盟知识产权协调这一合作型法律博弈的概念、要素组合、博弈目标、博弈策略、路径等作分析。

第一节　合作型法律博弈的概念

一　何为博弈

在汉语里，"博"是古代的一种棋戏，后来泛指赌博；"弈"指围棋，或下棋。①《现代汉语词典》对"博弈"的解释是，"比喻为谋取利益而竞争"。②"博弈"一语，最早出自《论语·阳货》，子曰："饱食终日，无所用心，难矣哉！不有博弈者乎？"指的是一种下棋游戏。在当今，博弈的含义被引申，用于指称这样一种竞争状况，其中两个或两个以上的人各自追求自身利益，而任何一方都不能单独决定其结果。但凡带有竞争性的社会活动、社会现象，都可称为"博弈"。博弈反映了人们日常生活中基本的互动现象，博弈的结果，可以是发生冲突、争斗和决裂，但更普遍的还是合作、协调。

"博弈"后来发展为一种社会理论，即"博弈论"（Game theory），这是一种"研究具有不同利益的决策者在利益相互制约情况下如何决策以及决策的总体效果的理论"③。在现代博弈论中，博弈是指一些个人、团体或其他组织，面对一定的环境条件，在一定的规则约束下，依靠所掌握的信息，同时或有先有后，一次或多次，从各自允许选择的行为或策略中进行选择并加以实施，而后各自从中取得相应结果或收益的过程。简言之，博弈就是各参与方在一定规则的约束下，基于一定的环境条件，依据所掌握的信息，为实现利益最大化或风险成本最小化而选择、实施一定的策略、行动的过程。④

博弈过程中必然涉及"对策"，两者如影随形，难以分开，以至于

---

① 中国社会科学院语言研究所词典编辑室：《现代汉语词典》（第7版），商务印书馆2018年版，第100、1555页。
② 中国社会科学院语言研究所词典编辑室：《现代汉语词典》（第7版），商务印书馆2018年版，第101页。
③ 中国社会科学院语言研究所词典编辑室：《现代汉语词典》（第7版），商务印书馆2018年版，第101页。
④ 贾引狮：《美国与东盟部分国家就TPP知识产权问题谈判的博弈研究——以TPP谈判进程中美国的知识产权草案为视角》，《法学杂志》2013年第3期，第86页。

《现代汉语词典》认为：博弈论，也叫"对策论"。① 对策论，作为运筹学的一个分支，是研究具有竞争、对抗性质现象，并提供寻求最佳策略的途径的数学理论和方法。最初，对策论仅用于研究双方之间的竞争性活动；随着对策论的发展，也适用于研究更为复杂的多方参加的活动。在多方竞争中，参加者之间不一定都处于对立状态，部分参加者可能结成某种联盟，而活动的结局，往往不是一次决策就能决定，更可能是经过参加者多次决策才最终确定。

不论是一次决策还是多次决策，都渗透于各参与方互动的博弈过程，就此而言，"博弈"与"对策"，是从不同的视角就同一项活动进行描述。"对策"，是在这一活动中的处理问题、解决矛盾的方案、办法和策略；"博弈"，则是这一活动中，各参与方互动的动态过程。博弈的实质，不过是为了寻求最佳对策，以获取博弈的收益。

中国—东盟知识产权协调作为一种博弈，有时是东盟10国结成联盟与中国进行，有时是在某一东盟成员国与中国之间进行，其目的都是寻求一种能够满足各方诉求、协调各方利益的法律对策或方案。目前，《中国—东盟知识产权领域合作谅解备忘录》就是中国政府与东盟10国政府在博弈之后，形成的一个用以指导各方进行知识产权协调的对策、方案。

二 博弈的类型

根据博弈的组成要素、博弈的结果、博弈所借助的规则和方法等不同的标准，可以将博弈做多种分类。

（一）一般形式博弈与扩展形式博弈

这是根据博弈的组成要素的区别而做的分类。

一般形式博弈，又叫正规形式博弈或标准形式博弈，它包括三个要素：(1) 博弈的参与人（players）；(2) 可供参与人选择的策略（strategies）；(3) 每一个可能的策略组合（combination of strategies）下每个参

---

① 中国社会科学语言研究所词典编辑室：《现代汉语词典》（第7版），商务印书馆2018年版，第101页。

与人的收益（payoff）。①

扩展式博弈，又称展开式博弈，包括以下五个要素：（1）博弈的参与人；（2）每个参与人什么时候行动；（3）参与人行动时有什么可供选择的行动；（4）参与人决定采取行动时对其他参与人已采取的行动知道些什么；（5）每一可能的行动组合给每个参与人带来的收益。②

（二）合作博弈与非合作博弈

一般来说，经过一番博弈之后，可能产生的结果无非如下三种：一是两败俱伤，此为负数和博弈；二是一胜一败，此即零和博弈；三是双赢、共赢，此为正数和博弈。产生前两种结果的博弈，为对抗方式博弈，属于非合作博弈；产生后一种结果的博弈，为非对抗方式博弈，属于合作博弈，或称协调博弈。以双方博弈为例，上述三种结果的博弈矩阵如表 2-1 所示。

表 2-1　　　　　　　　　　　博弈矩阵

参与人甲	策略1：不合作	策略2：合作
	-1, -1	+1, -1
	-1, +1	+1, +1
参与人乙	策略1：不合作	策略2：合作

在表 2-1 中，负数和博弈的结果为 -1, -1　　　　　-2
　　　　　　零和博弈的结果为 +1, -1 或 -1, +1　　　0
　　　　　　正数和博弈的结果为 +1, +1　　　　　　+2

由此可见，无论是负数和博弈还是零和博弈，都不可取，唯有正数和博弈即合作博弈才是上策。但在现实生活中，非合作博弈似乎比合作博弈更为普遍，原因在于，人们都倾向于选择对自己最有利的策略及策略组合，以谋求自身利益的最大化，为此不惜损害他人利益。

从理论上说，非合作博弈的形成条件有：（1）彼此欠缺信任；

---

① ［美］道格拉斯 G. 拜尔、罗伯特 H. 格特纳、兰德尔 C. 皮克：《法律的博弈分析》，严旭阳译，法律出版社 1999 年版，第 3 页。
② ［美］道格拉斯 G. 拜尔、罗伯特 H. 格特纳、兰德尔 C. 皮克：《法律的博弈分析》，严旭阳译，法律出版社 1999 年版，第 52 页。

(2) 角色定位不合适;(3) 达不成协议。上述三项条件只要具备其中之一,就可能导致非合作博弈,因而极易发生。侵略战争、"囚徒困境",作为非合作博弈的典型,之所以在生活中累累发生,原因正在于此。相反,合作博弈的形成则困难多了,它需要同时满足以下三个条件:(1) 博弈各方相互信任;(2) 博弈各方对自己的角色定位合适;(3) 能够达成具有约束力的协议。纳什将上述三个条件概括为合作博弈的两个基本标准:一是信息交换;二是具有强制力协议。[1] 信息的充分沟通、交换,当然以彼此信任为前提;角色定位不合适,必然导致要价过高,难以达成协议;而协议欠缺强制约束力,难免出现"投机行为",使合作归于失败。

博弈参与者之间能否达成具有约束力的协议,是区分合作博弈与非合作博弈的关键,如果将协议转化为法律规则,则法律规则能够促进合作并使损失降到最低。[2]

非合作博弈,常常损人而不利己,甚至两败俱伤,殊不可取。优选的方案,当然是合作博弈,即各方在彼此信任的基础上,通过合作博弈的严格协议和互动行为,从各种不确定性中,达到利益均衡、关系和谐,实现共同发展。

(三) 经济博弈与法律博弈

这是根据博弈所借助的规则和方法是经济的或法律的而做的分类。经济博弈,是指经济关系主体在一定的经济环境下,基于其利益关系,借助经济的规则和方法,经过一次或多次较量,而后形成此消彼长或相对均衡的发展过程。[3] 例如,生产、经营同一类产品的企业之间的竞争,顾客为购买商品与商家讨价还价。法律博弈,是指法律关系主体面对一定的社会环境,基于其利益关系,借助法律的规则和方法,经过一次或

---

[1] 朱富强:《重新理解合作博弈概念:内涵和理性基础》,《社会科学辑刊》2012年第2期,第93页。
[2] 金梦:《法律博弈论及其核心构造》,《江海学刊》2015年第5期,第230页。
[3] 呼书秀:《中国与东盟发展相互投资的法律机制研究》,北京大学出版社2005年版,第21—22页。

多次较量，而后形成此消彼长或相对均衡的发展过程。① 一般来说，国家和政府，主要以立法、执法的形式参与法律博弈；企业和个人，则以经贸、投资活动，参与法律博弈。

在法治社会中，经济博弈与法律博弈有着密切的联系，许多经济博弈，在形式上往往表现为法律博弈。在法律规则制定、执行中，博弈以经济为内容，以法律为手段。TRIPS 规则的制订过程，就是一个典型。发达国家为了保持、扩大其国际贸易优势，合谋将贸易机制引入知识产权，使国际知识产权法由"软法"质变为"硬法"。在法律规则形成后，经济博弈须根据法律规则来进行，从这个意义上说，经济博弈也就是法律博弈。

三　法律协调与合作型法律博弈

法律博弈的最佳结果，是达到法律协调，即"法律的帕累托最优"。所谓"法律的帕累托最优"，是指法律资源的配置达到一种理想状态，即不可再使其中任何一个法律关系主体的收益增多而又不损及另一个法律关系主体的收益，这就意味着，在法律运行过程中，立法、司法、执法和守法等各个环节都已经最大限度地降低法律交易成本，从而实现了法律收益的最大化。② 从调整社会关系的视角看，法律协调表明，在经济、政治、文化等各个领域，各相关法之间配合得当，发挥了这些法律调整特定社会关系的整体功能。例如，在国际经贸、投资领域，东道国法、母国法，各种双边协定、多边协定，需要有机配合，以规范引导经贸、投资关系。法律协调既是一个在博弈中不断发展的过程，作为一种和谐状态，又是法律博弈追求的结果。这一结果的获致，有赖于合作型法律博弈。

所谓"合作型法律博弈"，是指以正式的法律制度体现出来的，实现博弈各方利益均衡和共同发展的一种法律博弈。③ 以制度经济学的理论来

---

① 呼书秀：《中国与东盟发展相互投资的法律机制研究》，北京大学出版社 2005 年版，第 22 页。
② 金梦：《法律博弈论及其核心构造》，《江海学刊》2015 年第 5 期，第 231 页。
③ 呼书秀：《中国与东盟发展相互投资的法律机制研究》，北京大学出版社 2005 年版，第 23 页。

考察，无论合作博弈抑或非合作博弈，都既可以是制度性安排，也可以是非制度性安排。有学者指出："人类的相互交往，包括经济生活中的相互交往，都依赖于某种信任。信任以一种秩序为基础。而要维护这种秩序，就要依靠各种禁止不可预见行为和机会主义行为的规则。我们称这些规则为'制度'。"① 较之非制度性安排，制度性安排显然更能够带来稳定的秩序。

在合作博弈中，虽然非制度性合作也能够发挥一定的作用，但为了稳定地获得博弈收益，制度性合作应是更为理想的选择，应成为合作的基本路径。法律制度是最正式、最权威的制度，而现代社会，正是以制度、规则联结人们关系的社会，因此，合作型法律博弈更符合当今社会的要求。

要形成合作型法律博弈，需要满足三个条件：（1）互补性竞争；（2）制度化合作；（3）以法律制度来保障实现博弈各方的利益均衡和双赢、共赢。根据《中国—东盟全面经济合作框架协议》第3条第8款（h）项的规定，"基于 WTO 及 WIPO 现行规则和其他相关规则，便利和促进对与贸易有关的知识产权进行有效和充分的保护"，正是各缔约方关于建立 CAFTA 的谈判内容之一。据此，我们可以说，中国—东盟知识产权协调能够满足条件（2）和条件（3）。至于条件（1），虽然除新加坡外 CAFTA 各成员国均为发展中国家，彼此有一定的竞争性，但中国拥有全产业链，故仍可构成互补关系，这从中国连续10年成为东盟最大的贸易伙伴可以得到证实，而随着中国的产业升级，双方的互补性只会越来越强。下一步应在合作型法律博弈的理论指导下进行谈判，使双方的知识产权制度进一步协调，以适应 CAFTA 升级的要求。

第二节　合作型法律博弈的要素及其组合

一　博弈的主体

博弈的主体即博弈的参与者。在中国—东盟知识产权协调中，从宏

---

① ［德］柯武刚、史漫飞：《制度经济学：社会秩序与公共政策》，韩朝华译，商务印书馆2000年版，第3页。

观的角度来看,博弈的主体有:中国与东盟整体;中国与东盟诸国。在中国—东盟知识产权协调尤其是知识产权争端的处理中,主要是政府之间的博弈,因而政府的角色十分突出。从微观的角度来看,中国与东盟的经贸、投资都会涉及知识产权问题,而经贸、投资的主体主要是各国的企业、个人。在经贸关系中,主要是各国的企业、个人之间利用现行的知识产权规则进行博弈;在投资关系中,则是作为投资者的他国的个人、企业(包括跨国公司)与东道国的合营者或合作者,以及外来投资者与东道国政府之间的利益博弈与协调。

(一) 中国和东盟诸国的政府

在中国—东盟知识产权协调中,政府(这里的"政府"是作为"国家"的代名词,尽管政府并不等同于国家)是协调活动的直接承担者,因而是直接博弈主体。

政府是一国国民经济的管理者,社会秩序的维护者。在理论上,无论是国家干预主义还是自由放任主义,虽然对于国家干预经济的功能认可程度不同,但都没有否认也不可能否认政府的经济、社会职能。有学者指出:"尽管现代人对政府干预有偏见,但问题的关键不在于政府是否干预,而应该理性地分析政府适当干预的条件和政策目标。"[1] 政府在管理经济、社会中,必然会制定相应的政策、规则,以引导经济、社会的发展。在知识产权管理和保护上建立、发展合作关系,协调国家之间的知识产权保护标准,以及解决经贸、投资中的知识产权争端,主要是政府的事,由各国政府通过谈判、磋商或仲裁等方式来解决。

在发达国家,政府作为资本集团的代理人,由政府出面进行国际造法、执法和司法,以维护本国企业的经贸、投资利益,可谓屡见不鲜。对此,国外学者直言不讳:"近年来,国际贸易和国际金融对美国的重要性迅猛增加。政府现在在国际舞台上代表的是国家的利益,与其他国家就各种经济问题进行谈判,签订对美国有利的协定。"[2] 发展中国家的企

---

[1] [美] 约瑟夫·E. 斯蒂格利茨、沙希德·尤素福:《东亚奇迹的反思》,王玉清等译,中国人民大学出版社2003年版,第336页。

[2] [美] 保罗·萨缪尔森等:《经济学》(第16版),萧琛等译,华夏出版社1999年版,第231页。

业在国际竞争中处于劣势,更应发挥政府的作用。中国作为发展中国家的代表,已经充分认识到,国家要实现经济振兴,必须充分发挥市场和政府的作用,一个强有力的政府,是实现国家经济发展和繁荣的重要保障。

根据《中国—东盟全面经济合作框架协议》第3条第8款之(h)项,"基于WTO及世界知识产权组织(WIPO)现行规则和其他相关规则,便利和促进对与贸易有关的知识产权进行有效和充分的保护",是各缔约方之间关于建立涵盖货物贸易的中国—东盟自贸区的谈判内容之一。根据《争端解决机制协议》,无论是磋商、调解或调停,抑或仲裁,作为参与者的争端当事方都是该协议的缔约方,即各国政府。可见,在中国—东盟知识产权协调的法律博弈中,各国政府通过缔结条约,管理和协调知识产权保护,参与和干预争端解决,扮演着最为重要的角色。

(二)东盟

在中国—东盟知识产权协调中,中国与东盟整体的协调是一个重要方面,因而东盟成为双方博弈的直接主体。

东盟(ASEAN),是东南亚国家联盟的简称,它是一个以经济合作为基础的政治、经济、安全一体化合作组织,其内部拥有一系列合作机制。20世纪90年代初,东盟各国在国际竞争中深感自身体量不足,仅靠一国的力量参与国际竞争明显处于劣势,于是抱团取暖,率先发起区域合作进程,此后逐步形成了一系列以东盟为中心的区域合作机制。中国—东盟自由贸易区,即"10+1"合作机制,即属于其中之一。此外还有"10+3"合作机制,即东盟十国与中、日、韩3国的自由贸易网络等。可见,东盟整体长期以博弈一方的面目出现,谋求构建各种合作机制。

东盟内部知识产权协调的努力,始于20世纪90年代。1995年12月,东盟各国在泰国曼谷通过了《东盟知识产权合作框架协议》(ASEAN Framework Agreement on Inteilectual Propergy Cooperation)。紧接着,1996年4月,东盟各国又在泰国曼谷通过了《东盟知识产权行动计划(1996—1998年)》。2000年,东盟制定了《关于获取生物和遗传资源的东盟框架协定(草案)》。2004年,在东盟万象峰会上通过了《东盟知识产权合作行动计划(2004—2010年)》。此后,《2011—2015年东盟知识产权行动计划》和《东盟知识产权行动计划2016—2025》相继通过,并逐渐落实。中国—东盟知识产权协调，必须以东盟现有的制度成果为基础，因而东盟整体作为法律博弈的一方，应该引起我们的高度重视。

在中国—东盟知识产权协调中，中国其实更倾向于与东盟整体进行谈判、协商，一者，能够有效降低交易成本；二者，在一些特殊问题上，由东盟十国结成联盟与中国谈判，能够将中国与个别国家的矛盾，转化为东盟内部的矛盾，这样更有利于协议的达成。从实践中看，无论是《中国—东盟全面经济合作框架协议》《中国—东盟知识产权领域合作谅解备忘录》，还是其他如《货物贸易协议》《服务贸易协议》《投资协议》等，都是以中国为一方，以东盟整体为另一方而签署的。

（三）企业和个人

在中国—东盟知识产权协调中，无论是中国与东盟诸国政府之间的法律博弈，还是中国与东盟整体的法律博弈，其目的都是维护本国企业和个人的经贸、投资利益，进而实现各国自身的整体利益。反过来看，企业和个人虽然并不是中国—东盟知识产权协调的直接承担者，但他们在经贸、投资中涉及知识产权的行为，他们的境遇和诉求，必然会影响本国政府进行法律博弈的取向和行为，在此意义上，应视其为法律博弈的间接主体。

企业是国际经贸、投资关系的基本主体之一，其中跨国公司的地位尤其重要。以国际投资为例，全球直接投资的80%左右来自发达国家的跨国公司。有学者认为："当东道国为发展中国家时，跨国公司的控制与渗透是相当危险的事。"[①] 因为实力强大的跨国公司具有极强的博弈能力，甚至可能对发展中国家的经济形成控制，以至于损害其经济的独立。自中国—东盟自由贸易区建成以来，双方的经贸、投资发展迅猛，与此相伴，知识产权纠纷也越来越多，企业之间的博弈，企业与东道国之间的博弈，凸显了企业在中国—东盟知识产权协调中的重要地位。

在中国与东盟诸国的经济往来中，个人也是经贸、投资的参与者。在经贸、投资活动中，作为经贸、投资主体的"个人"与企业具有同等的法律地位，可以平等的法律身份参与经贸、投资博弈，其在中国—东

[①] 刘笋：《国际投资保护的国际法制——若干重要法律问题研究》，法律出版社2002年版，第489页。

盟知识产权协调中的地位，亦应受到相当的关注。

二　博弈的目标

《礼记·中庸》言："凡事预则立，不预则废。"预，就是事先做好计划、准备。但凡博弈，都具有不确定性，尤其是情况复杂的重大博弈，若没有预设的目标、周全的计划和准备，往往难以获得理想的结果。而预先确定合理的目标，再辅以切实可行的计划，自然胜算较大，即使未能达成目标，也能够妥当应对。

（一）目标预设

根据博弈论，博弈包含三个要素：一是博弈主体；二是博弈的策略，包括信息、决策和实施；三是博弈的结局。按照事理，采取不同的策略，会得到相应的结局。因而一般来说，研究博弈，应该先考察策略，再来谈结局。但现实生活中的博弈，尤其是对于合作型法律博弈，往往是博弈目标先行，即由博弈各方先确定一个共同目标，并在这一目标的指引下，采取相应的策略，以期实现这一目标，尽管实际上这一目标并不一定能够完全实现。

（二）目标优化

博弈的目标或称"结局"，就是参与博弈各方的收益。在博弈中，优化的目标是什么呢？用博弈论的术语来表达，是帕累托最优。通俗地说，就是双赢或共赢。但在非合作博弈中，其结果可能是纳什均衡。

帕累托最优（Pareto optimality），也称为"帕累托效率"（Pareto efficiency），是指资源分配的一种理想状态，以意大利经济学家维弗雷多·帕累托的名字命名。帕累托在关于经济效率和收入分配的研究中最早使用这一概念。后来，帕累托最优成为博弈论的重要概念，用以指称博弈的一个解。经过博弈之后，在没有使任何人境况变坏的前提下，使得至少一个人的境况变得更好，这样的策略组合就叫作帕累托最优。[1]

纳什均衡（Nash equilibrium），又称为"非合作博弈均衡"，是博弈理论中一个核心的解的概念，由约翰·纳什于1950年创立，以纳什命名。

---

[1] ［美］道格拉斯 G. 拜尔、罗伯特 H. 格特纳、兰德尔 C. 皮克：《法律的博弈分析》，严旭阳译，法律出版社1999年版，第352页。

纳什均衡是一种策略组合，它意味着同一时间内每个参与人的策略是对其他参与人策略的最优反应。假设有 n 个局中人参与博弈，如果某情况下无一参与者可以独自行动而增加收益，即为了自身利益的最大化，没有任何单独的一方愿意改变其策略，则此策略组合（所有局中人的策略构成一个策略组合，笔者注）就被称为纳什均衡。[1]

从实质上说，纳什均衡是一种非合作博弈状态，它是博弈者在连续的运作和反应中达到的，它的达成并不意味着博弈各方达到了一个整体的最优状态。需要注意的是，最优策略不一定达成纳什均衡，严重劣势策略不可能成为最佳对策，而弱优势和弱劣势策略则有可能达成纳什均衡。在一个博弈中，可能有一个以上的纳什均衡，而"囚徒困境"中有且只有一个纳什均衡。纳什均衡追求的是损失最小化，而非收益最大化，因而并非一种理想的状态，并不可取。

在中国—东盟知识产权博弈中，"帕累托最优"表现为，中国及东盟诸国通过博弈，实现了共赢。中国—东盟自贸区成立的目的，是实现区域经济一体化，以应对经济全球化中的负面影响，双方的知识产权协调，亦应服务于这一目的，使双方获得"贸易创造"效益、投资增长效益、规模经济效益，最终推动双方的经济发展。在当前双方致力于打造中国—东盟自贸区升级版的背景下，更应以共赢作为博弈的目标，来进行知识产权制度协调。

三　博弈的规则

中国—东盟知识产权协调属于一种合作博弈。合作博弈意味着，博弈的参与者之间以追求共赢为目标而采取策略组合，通过互动达成一个具有约束力的协议，从而实现合作均衡。

中国—东盟知识产权协调涉及两个层面：一是中国与东盟各成员国之间的博弈；二是中国与作为整体的东盟之间的博弈。此外，由于中国—东盟自贸区是区域性经济合作组织，因而这一博弈还受制于 WTO、WIPO 等全球性组织的规则。概言之，在中国—东盟知识产权协调中，博

---

[1] [美] 道格拉斯 G. 拜尔、罗伯特 H. 格特纳、兰德尔 C. 皮克：《法律的博弈分析》，严旭阳译，法律出版社 1999 年版，第 17—18 页。

弈规则包括如下几个方面。

其一，中国与东盟达成的知识产权协议。这方面的协议主要包括：2002年11月签署的《中国—东盟全面经济合作框架协议》中的相关内容；2003年10月签订的《中国—东盟自由贸易区原产地规则》；2004年11月签订的《中国—东盟全面经济合作框架协议争端解决机制协议》；2009年10月签订的《中国—东盟知识产权领域合作谅解备忘录》《中国—东盟关于技术法规、标准和合作评定程序谅解备忘录》等。

其二，中国与东盟诸国达成的知识产权合作协议。这方面的协议主要包括：2004年签署的《中国国家知识产权局和新加坡知识产权局合作框架备忘录》；2005年4月签署的《中国国家知识产权局和泰国知识产权厅专利合作行动计划》；2009年8月签署的《中国和越南商标及商标相关领域合作谅解备忘录》等。

其三，中国与东盟诸国共同参加的国际条约。这方面的规则主要有：WTO规则，尤其是其中的《与贸易有关的知识产权协定》（TRIPS）；以及WIPO的相关规则等。

四　博弈的策略

根据《现代汉语词典》，"策略"一语有两个含义：一是指"根据形势发展而制定的行动方针和斗争方式；二是指"讲究斗争艺术；注意方式方法"[1]。我国古代兵法中的所谓"三十六计"，其实就是对博弈策略的精彩运用和归纳。

在博弈论中，博弈策略是指每个博弈方在进行决策时可以选择的方法、做法等。博弈策略有纯策略和混合策略之分。纯策略是指参与人在博弈中可以选择采用的行动方案。混合策略是在纯策略空间上的一种概率分布，表示参与人实际进行决策时根据这种概率分布在纯策略中随机选择并实施。博弈策略的运用，依赖于一定的环境和条件，在一定的博弈框架中进行。

在中国—东盟双方致力于打造中国—东盟自贸区升级版的背景下，

---

[1] 中国社会科学院语言研究所词典编辑室：《现代汉语词典》（第7版），商务印书馆2018年版，第132页。

中国—东盟知识产权协调宜采取如下博弈策略及策略组合。

1. 便利和促进对知识产权进行有效和充分保护的策略

便利和促进对知识产权进行有效和充分保护，既是中国—东盟知识产权协调的基本准则，同时也是协调的目标追求。这一策略关系到能否实现共赢，因而决定着双方博弈的成败。

在中国—东盟知识产权协调中，宏观层面，双方应加强知识产权的管理、执行和保护方面的合作，推进知识产权领域的区域立法；微观层面，应进行人才培训，并促进作为经贸、投资主体的企业、个人在知识产权领域合作，提高公众的知识产权意识，加强知识产权信息交流等。特别是，应对知识产权领域的合作情况进行定期评议，以期稳定推进协调工作。

就目前而言，中国—东盟知识产权博弈最现实的目标，是建立一个单一的区域化知识产权管理机制，以加强知识产权法律的管理和执行，促进双方履行共同的知识产权国际保护义务。同时，考虑到东盟国家对于非制度合作的偏好，应建立争端解决的预警机制，加强各方的沟通和协调，避免矛盾激化。

2. 在 TRIPS 基础上尊重差异性的策略

中国和东盟各成员国都加入了 WTO，根据 TRIPS 的规定，各国知识产权保护水平必须达到 TRIPS 的最低标准。在达到最低标准以后，考虑到东盟各成员国经济社会发展水平差异甚大，因而应承认各国利用 TRIPS 中的原则性规定、框架性规定、优惠条款、模糊条款及"限制与例外"等，制定和实施符合本国国情的知识产权保护标准的权利，而不宜强求统一。

3. 抵制"TRIPS-plus"规则的策略

"TRIPS-plus"规则是以 TRIPS 为基础，超过 TRIPS 的保护标准。美、欧发达国家为谋求自身利益的最大化，往往以市场准入等为诱惑，在双方或区域 FTA 中塞入"TRIPS-plus"规则，要求发展中国家承担"超 TRIPS 义务"。

在东盟诸国中，自 2001 年《美国—越南双边自由贸易协定》和 2003 年《美国—新加坡自由贸易协定》签署后，2009 年 2 月 27 日，东盟与澳大利亚、新西兰两国在泰国签署了《东盟与澳大利亚和新西兰自由贸易协定》，该协定在澳新两国与东盟六国（新加坡、马来西亚、文莱、菲律宾、越南和缅甸）完成国内批准程序后，于 2010 年 1 月 1 日生效。2015 年 10 月 5 日，东盟国家马来西亚、越南、新加坡、文莱与美国、日本等签署《跨太平洋伙伴关系协议》（简称 TPP）。此外，东盟诸国还与欧盟等签订了类似的自贸协定。这些自贸协定中均包含"TRIPS-plus"规则。

中国和东盟诸国同属发展中国家，即便是真正落实 TRIPS 的保护标准，对于一些国家（如缅甸、柬埔寨、泰国等）来说也困难重重，遑论承担"超 TRIPS"义务。"TRIPS-plus"规则显然不符合中国—东盟自贸区的区情和东盟诸国的国情，中国—东盟知识产权协调，应采取坚决抵制"TRIPS-plus"规则的策略。

4. 通过"南南联合"构建新型"TRIPS-plus"规则的策略

中国和东盟国家作为发展中国家，在现代知识方面较之发达国家处于劣势，但在传统知识、基因资源等方面优势明显。TRIPS 在提高现代知识保护水平的同时，对传统知识、遗传资源和民间文学艺术等采取漠视态度，没有将其纳入保护范围，或仅给予极为有限的保护，这对于发展中国家是很不利的，已经导致发展中国家与发达国家利益失衡。"TRIPS-plus"规则在 TRIPS 的基础上，进一步提高现代知识的保护水平，使利益失衡加剧。

为了改变这一不利局面，中国和东盟诸国等发展中国家有必要反向操作，通过构建新型"TRIPS-plus"规则，在 TRIPS 的基础上，提高传统知识、民间文学艺术、遗传资源（简称"传统资源"）等的保护水平。[①] 因此，在中国—东盟知识产权协调中，应采取"南南联合"构建新型"TRIPS-plus"规则的策略，通过修改《中国—东盟全面经济合作框架协议》，缔结专门的知识产权保护协议，将传统资源保护作为重点内容予以规范。

五 上述要素的组合

将法律博弈的主体、目标、规则和策略加以组合，就构成主体的战略行为。在一定战略指导下，博弈主体——各国政府、东盟以及企业、个人，以双赢、共赢为目标指向，遵循有效的博弈规则，灵活实施既定的策略，通过一次次的知识产权协调行为，促进经贸、投资发展，实现

[①] 朱继胜：《"南南联合"构建新型"TRIPS-plus"规则研究——以中国—东盟自由贸易区为例》，《环球法律评论》2016 年第 6 期，第 170—186 页。

预期的结果——更多的利益创造和更合理的利益分配，从而形成合作型知识产权法律博弈的基本模式。

第三节　合作型法律博弈的路径

合作型法律博弈要取得成功，需要在一定的战略指导下，采取适当的策略，依循切实可行的路径来进行。中国—东盟知识产权协调是一项复杂的系统工程。2009年10月，中国与东盟签署《中国—东盟知识产权领域合作谅解备忘录》，为双方进行知识产权协调建立了法律基础。由于东盟各成员国在经济、政治上发展不平衡，加之文化传统的差异，中国—东盟知识产权协调必然是一个艰难的过程。目前，中国、东盟的博弈路径主要有政策对话、交流研讨和人才培训等，属于软约束机制，今后应在此基础上，朝着具有刚性的协调机制和制度性安排的方向发展。①

一　建立定期对话和磋商机制

良好的对话沟通是知识产权协调的基础。中国与东盟在知识产权法律体系上差异较大，要进行知识产权协调，须以双方共同加入的知识产权国际条约尤其是 TRIPS 规则为基础，加强国家战略层面的交流和政策沟通。因而，应借鉴欧盟的成功经验，建立一个高层的定期对话机制。

所谓高层对话机制，就是由国家领导人或政府高官之间定期会谈，通报彼此的知识产权政策、立法和执法情况，并就分歧部分进行协商，以增进了解并及时化解争端，使政策、法律达到协调。此种对话机制，欧盟在国家间的经贸交往中早有成功实践，并将其升级到立法层面。欧盟立法，先由欧共体委员会提出立法建议，欧洲议会讨论，"经社委员会"提出意见，再由欧共体委员会根据审议中的意见进行修改，最后由欧洲部长理事会通过、颁布，形成跨国法。② 中国—东盟在知识产权协调

---

① 宋志国、贾引狮：《中国—东盟知识产权保护与合作机制研究》，《知识产权》2012年第4期，第97—100页。

② 郑成思：《知识产权与国际贸易》，人民出版社1995年版，第251页；转引自宋志国、贾引狮《中国—东盟知识产权保护与合作机制研究》，《知识产权》2012年第4期，第97—98页。

中，应借鉴这一经验，构建自己的协调对话机制。

在当前，中国与东盟在国家层面的"10+1""10+3"领导人峰会，为推动双方在知识产权领域的协调创造了条件，下一步应在此基础上，拓展双方交流、沟通的广度和深度。可行的做法是，定期举行中国—东盟知识产权高层论坛或部长级知识产权专题会议，对知识产权保护与合作中的重大问题进行对话磋商、寻求共识，并将其纳入政府间合作框架，作为制度固定下来。通过制度化的对话和磋商，使双方消除隔阂，解决分歧，达成共识。

二 设立专门的知识产权协调机构

在中国—东盟知识产权协调中，通过高层战略对话机制定期磋商固然重要，但单纯的对话磋商常常面临欠缺约束力的问题，应在此基础上，将对话协商的成果上升为法律、制度，加以固定。为此，应设立一个政府间组织——知识产权协调委员会，作为中国—东盟自贸区的知识产权协调机构。

2011年11月，中国—东盟中心正式成立。中国—东盟中心作为一个政府间国际组织，旨在促进中国和东盟在贸易、投资、旅游、教育和文化领域的合作。该中心的成立标志着中国—东盟自由贸易区官方组织机构建设的起步。今后，应通过不断建设和完善，使该中心逐步成为中国—东盟自贸区的核心官方机构，并在其中设立"知识产权协调委员会"之类的机构，履行中国—东盟知识产权协调的职能。

知识产权委员会作为统一的区域性知识产权协调机制，有利于中国与东盟诸国在区域范围内更好地履行知识产权国际保护义务和双边条约义务，从而处理好中国—东盟自贸区中知识产权保护与区域贸易自由化之间的关系。

三 建立 CAFTA 知识产权特别审查机制

知识产权特别审查机制，是指审查、监督中国与东盟成员国知识产权立法和政策制定活动的一系列规则、制度。[①] 建立这一机制的目的，是

---

① 宋志国、贾引狮：《中国—东盟知识产权保护与合作机制研究》，《知识产权》2012年第4期，第99页。

为了实现 WTO 所要求的透明度。透明度是 WTO 的一项原则，它要求各成员发布所有涉外的经贸法律、法规和部门规章，未经公布的不得执行。与世贸组织协定有关的法律、法规应向 WTO 通知。应 WTO 成员的请求，在涉外经贸法律、法规颁布后 90 天内，提供译成 WTO 正式语言的文本。对有关成员的咨询，应给予完整的答复，对企业、个人，也应提供准确、可行的贸易政策信息。

我国与东盟诸国都加入了 WTO，遵守透明度原则本是各国的义务，在中国—东盟知识产权协调中，亦应遵循这一原则。从法律博弈的视角看，不了解对方的相关法律、政策和执法情况，就无从进行合作型法律博弈，也就不能实现制度协调。从内容上看，尽管我国与东盟诸国的知识产权保护水平在 TRIPS 的框架下达成了某种程度的一致，但 TRIPS 只要求达到最低保护标准，此后还有很大的选择余地，仅凭此还远远不够。中国和东盟须结合自身实际，进行更深层次的知识产权合作与协调。从操作上看，要真正落实透明度原则，需要一定的机制来保障，在中国—东盟自贸区，就是知识产权合作与协调的特别审查机制。

对知识产权合作与协调的审查职能，可赋予中国—东盟知识产权委员会来具体行使。其职责是对中国和东盟成员国的知识产权法律、政策与措施及其对经贸、投资所产生的影响进行经常性、强制性的审议。通过定期的知识产权法律、政策和措施审议，可大大提高我国与东盟国家的知识产权保护的协调性，从而营造良好的区域经贸、投资环境，实现互利共赢、共同发展的合作目标。

四　建立 CAFTA 知识产权区域执法合作机制

除对中国—东盟知识产权立法层面进行协调外，在执法方面合作也很重要。由于我国与东盟国家对知识产权的利益诉求有一定差异，加上内外各种因素的影响，短期内建立中国—东盟单一的区域化知识产权法律体系尚不具备条件。当前，更为现实的选择是，双方在加强知识产权的管理和执行机制方面，特别是履行主要由 TRIPS 赋予的知识产权国际保护义务方面，建立一个区域性的知识产权执法合作机制。通过中国—东盟知识产权协调委员会，以 TRIPS 为依据协调各方行动，签署专门的知识产权执法合作协议，统一各国的执法标准，明确执法程序和案件移送模式,将区域内各成员国的知识产权执法资源最大限度地整合,从而达到降低执法成本、提高执法效率的目的。

五 善用 CAFTA 争端解决机制

在中国和东盟国家的经贸、投资中,发生知识产权争端是正常的事。争端发生后,如何妥当解决,才是最关键的。在现行制度框架中,对于中国—东盟知识产权的争端有两套解决机制:一是 WTO 的争端解决机制;二是中国—东盟自贸区争端解决机制,争端当事方可以选择适用。而无论适用哪一种争端解决机制,都应优先选择和采用"磋商""调解或调停"等自愿性方法,友好地解决问题,尽量避免采取"报复"措施。

根据《争端解决机制协议》第四条"磋商"的规定,"对起诉方就影响《框架协议》的执行或适用的任何事项提出的磋商请求,被诉方应当给予应有的考虑和充分的磋商机会";"争端当事方应尽最大努力通过磋商对有关事项达成双方满意的解决办法"。第五条"调解或调停"规定:"争端当事方可随时同意进行调解或调停。此程序可由争端当事方随时开始,随时终止。""如争端当事方同意,在第六条项下仲裁庭解决争议的同时,调解或调停程序可在争端方同意的任何人士或者组织主持下继续进行。"对于彼此之间的争端,尽可能地通过磋商、调解或调停的方式来处理,切合于自由贸易区本身的特点,也符合我国与东盟国家的法律习惯。

我国和东盟国家都有注重协商的传统,因而应将磋商程序作为解决知识产权争端的前置程序,争取通过谈判达成共识;同时,注意利用调解或调停等自愿性争端解决办法。这样,一方面有利于避免因报复而导致关系紧张;另一方面也可以节约时间,降低知识产权争端解决的成本。在争端发生时,若能经济、高效地解决,将有助于实现共赢的合作目标。

第 三 章

国内法基础

中国—东盟知识产权协调，必须以现行制度为基础，包括国内法基础，即中国与东盟各成员国现行的知识产权法律保护体系，以及国际法基础，主要是 TRIPS 以及东盟知识产权制度一体化的成果。本章分析国内法基础，而将国际法基础放到第四、五章。

第一节 中国知识产权制度

自 20 世纪 80 年代以来，中国先后颁布和实施了《商标法》《专利法》《著作权法》《计算机软件保护条例》《中药品种保护条例》《反不正当竞争法》《知识产权海关保护条例》《传统工艺美术保护条例》《植物新品种保护条例》《集成电路布图设计保护条例》等法律法规，并配以一系列相关的实施细则和司法解释，形成了比较完整的知识产权保护法律体系。2001 年中国加入 WTO 前后，根据 TRIPS 的要求，对相关法律法规和司法解释进行了全面修改。

一 立法体系

中国知识产权立法体系，主要由著作权法、专利法、商标法和其他知识产权法构成。

（一）著作权法

在我国，著作权即版权，[①] 是自然人、法人或者其他组织对文学、艺

[①] 原 1990 年《著作权法》第 51 条规定，"著作权与版权系同义语"；现行《著作权法》第 57 条更明确规定，"本法所称的著作权即版权"。

术和科学作品依法享有的财产权利和精神权利的总称。① 著作权法,是指国家制定或认可的由文学、艺术和科学作品所产生的社会关系的法律规范的总和,包括《著作权法》《著作权法实施条例》《计算机软件保护条例》《作品自愿登记办法》等法律、法规、条例和规章。

我国现行《著作权法》于1990年9月7日由第七届全国人民代表大会常务委员会第十五次会议通过,2001年10月27日、2010年2月26日进行过两次修订。最新修订的《著作权法》自2010年4月1日起施行。修订后的《著作权法》共6章61条,分别是:总则,著作权,著作权许可使用和转让合同,出版、表演、录音录像、播放,法律责任和执法措施,最后是附则。2012年启动第三次修订,2020年4月26日,十三届全国人大常委会第十七次会议审议了《中华人民共和国著作权法修正案(草案)》并于4月30日公布,征求社会意见。《著作权法实施条例》于2002年8月由国务院公布,分别于2011年1月、2013年1月进行了两次修订。与著作权相关的司法解释有两个:一是2002年10月通过的《最高人民法院关于审理著作权民事纠纷案件适用法律若干问题的解释》;二是2012年11月通过的《最高人民法院关于审理侵害信息网络传播权民事纠纷案件适用法律若干问题的规定》。

根据我国《著作权法》,著作权的主体可以是自然人、法人和其他组织。除特殊职务作品②、受委托创作的作品等法律另有规定的情形外,著作权属于作者。由法人或其他组织主持、代表法人或其他组织意志创作并由其承担责任的作品,法人或其他组织视为作者。

著作权的客体是作品,包括文学、艺术和自然科学、社会科学、工程技术等作品,共有9类,即文字作品,口述作品,音乐、戏剧、曲艺、舞蹈、杂技艺术作品,美术、建筑作品,摄影作品,电影作品和以类似摄制电影的方法创作的作品,工程设计图、产品设计图、地图、示意图等图形作品和模型作品,计算机软件,以及法律、行政法规规定的其他

---

① 吴汉东主编:《知识产权法学》,北京大学出版社2014年版,第28页。
② 职务作品是公民为完成法人或者其他组织工作任务所创作的作品。职务作品分为"普通职务作品"和"特殊职务作品"。创作普通职务作品的自然人是作者,享有完整著作权;创作特殊职务作品的自然人只享有署名权,由作品产生的其他著作权则归法人或者其他组织享有。

作品。

著作权的内容,是指法律赋予著作权人之专有权利的总和,其中包括著作人身权和著作财产权。[1] 著作人身权的类型有:发表权,署名权,修改权,保护作品完整权;著作财产权的类型有:复制权,发行权,出租权,展览权,表演权,放映权,广播权,信息网络传播权,摄制权,改编权,翻译权,汇编权,以及应当由著作权人享有的其他权利。我国《著作权法》还保护作品传播者——出版者、表演者、录音录像制作者、广播电台和电视台的合法权益,即邻接权。为促进社会文化的发展,著作权和邻接权均受一定限制,包括合理使用、法定许可、著作权穷竭,以及公共秩序保留、强制许可、对精神权利的限制等。

(二) 专利法

"专利"一语,源于英文中的 patent,具有公开和垄断双重含义。在法律意义上,"专利"即为专利权,它是国家依法授予发明创造人享有的一种独占权。[2] 专利法是调整因发明创造的产生、利用与保护等发生的各种社会关系之法律规范的总和。

我国现行《专利法》于1984年3月12日由第六届全国人民代表大会常务委员会第四次会议通过,1992年9月4日、2000年8月25日、2008年12月27日进行过三次修订。最新修订的《专利法》于2009年10月1日起实施。《专利法实施细则》于2001年6月由国务院公布,分别于2002年12月、2010年1月进行了两次修订。与专利权相关的司法解释主要有2009年12月颁布的《最高人民法院关于审理侵犯专利权纠纷案件应用法律若干问题的解释》和2016年通过的《最高人民法院关于审理侵犯专利权纠纷案件应用法律若干问题的解释(二)》。

根据我国《专利法》,专利权的客体是发明创造,包括发明、实用新型和外观设计。发明是指对产品、方法或者其改进所提出的新的技术方案。发明分为两大类:(1) 产品发明,系指人工制造的具有特定性质的可移动的有形体;(2) 方法发明,是指把一种物品变为另一种物品所使

---

[1] 吴汉东主编:《知识产权法学》,北京大学出版社2014年版,第55页。
[2] 吴汉东主编:《知识产权法学》,北京大学出版社2014年版,第112页。

用的或制造一种产品的具有特性的方法和手段。[①] 实用新型，是指对产品的形状、构造或者其结合所提出的适于实用的新的技术方案。实用新型在技术水平上略低于发明专利，故被称为"小发明"。外观设计，是指对产品的形状、图案或者其结合以及色彩与形状、图案的结合所做出的富有美感并适于工业应用的新设计。

对于发明和实用新型，授予专利权的条件是，具备新颖性、创造性和实用性，即所谓"三性"标准。对于外观设计，授予专利权的条件是，同现有设计或者现有设计特征的组合相比具有明显区别，且不得与他人在申请日以前已经取得的合法权利（即"在先权利"，笔者注）相冲突。

专利权人对其专利享有独占权（包括制造权、使用权、许诺销售权和进口权），许可实施权，转让权，以及标记权；同时承担缴纳专利费用、不得滥用专利权等义务。

（三）商标法

商标，即商业标志，英文为trademark，用来标识产品或者服务的来源。依相应的标准，可以将商标分为注册商标和未注册商标，商品商标和服务商标，制造商标和销售商标等。商标权是商标所有人对其商标的使用享有的支配权。[②]

我国现行《商标法》于1982年8月23日由第五届全国人民代表大会常务委员会第二十四次会议通过，1993年2月、2001年10月、2013年8月进行过三次修订。最新修订的《商标法》于2014年5月1日起正式实施。《商标法实施条例》于2002年8月由国务院公布，于2014年4月进行了修订。与商标权有关的司法解释主要有2002年10月通过的《最高人民法院关于审理商标民事纠纷案件适用法律若干问题的解释》、2009年7月作出的《最高人民法院关于专利、商标等授权确权类知识产权行政案件审理分工的规定》、2009年4月通过的《最高人民法院关于审理涉及驰名商标保护的民事纠纷案件应用法律若干问题的解释》和2016年12月通过的《最高人民法院关于审理商标授权确权行政案件若干问题的规定》等。重要的规章有国家工商行政管理总局发布的《马德里商标

[①] 吴汉东主编：《知识产权法学》，北京大学出版社2014年版，第133页。
[②] 吴汉东主编：《知识产权法学》，北京大学出版社2014年版，第231页。

国际注册实施办法》（2003年）、《驰名商标认定和保护规定》（2003年）和《商标代理管理办法》（2010年）等。

根据我国《商标法》，任何能够将自然人、法人或者其他组织的商品与他人的商品区别开的标志，包括文字、图形、字母、数字、三维标志、颜色组合和声音等，以及上述要素的组合，均可以作为商标申请注册。

在我国商标法上，商标权的客体以注册商标为主，同时包括未注册商标；商标法以保护注册商标专用权为重点，同时有条件地适度保护未注册商标。[1] 对于注册商标，商标权人享有独占性使用的权利——专用权，以及禁止权、许可权和转让权。未注册商标，必须是驰名商标或者有一定影响的商标，才能受到我国《商标法》的保护；保护的方式，一是禁止注册和使用，二是赋予先使用权。对于商标注册，我国《商标法》实行自愿注册原则、申请在先原则和优先权原则。

（四）其他知识产权法

其他知识产权法，主要由《反不正当竞争法》《植物新品种保护条例》《计算机软件保护条例》《集成电路布图设计保护条例》等构成。

我国的《反不正当竞争法》于1993年9月通过，2017年11月修订。该法规定，不正当竞争行为是指经营者在生产经营活动中，违反本法规定，扰乱市场竞争秩序，损害其他经营者或者消费者的合法权益的行为。与知识产权保护相关的不正当竞争行为主要有两种：一是混淆行为；二是侵犯商业秘密。

《植物新品种保护条例》于1997年3月由国务院发布，2013年1月修订。该条例规定，植物新品种是指经过人工培育的或者对发现的野生植物加以开发，具备新颖性、特异性、一致性和稳定性并有适当命名的植物品种；完成育种的单位或者个人对其授权品种享有排他的独占权；除非有例外规定，任何单位或者个人未经品种权所有人许可，不得为商业目的生产或者销售该授权品种的繁殖材料，不得为商业目的将该授权品种的繁殖材料重复使用于生产另一品种的繁殖材料。一个植物新品种只能授予一项品种权。

《计算机软件保护条例》于2001年12月由国务院公布，2011年1

---

[1] 吴汉东主编：《知识产权法学》，北京大学出版社2014年版，第231页。

月、2013年1月两次修订。该条例规定，计算机软件的保护范围限于计算机程序及其有关文档，不延及开发软件所用的思想、处理过程、操作方法或者数学概念等。软件著作权人享有的权利包括发表权、署名权、修改权、复制权、发行权、出租权、信息网络传播权、翻译权以及应由其享有的其他权利；软件著作权人可以全部或者部分转让其软件著作权，或者许可他人行使其软件著作权，并有权获得报酬。软件著作权自软件开发完成之日起产生。

《集成电路布图设计保护条例》于2001年3月由国务院通过，自当年10月1日起施行。该条例规定，集成电路布图设计是指集成电路中至少有一个是有源元件的两个以上元件和部分或者全部互连线路的三维配置，或者为制造集成电路而准备的上述三维配置。受保护的布图设计应当具有独创性。对布图设计的保护不延及思想、处理过程、操作方法或者数学概念等。布图设计专有权包括：（1）对受保护的布图设计的全部或者其中任何具有独创性的部分进行复制；（2）将受保护的布图设计、含有该布图设计的集成电路或者含有该集成电路的物品投入商业利用。布图设计专有权经国务院知识产权行政部门登记产生，未经登记的布图设计不受保护。

在知识产权立法领域，法律、行政法规、部门规章、司法解释等不同位阶的规范性文件，已经构成一个比较完善的知识产权法律体系。

二 保护体系

对于知识产权的保护，我国实行"双轨制"，即司法保护和行政保护两套机制并行，发生知识产权纠纷后，可以交由知识产权行政执法机关处理或查处，也可以交由知识产权司法审判机关即法院审理和裁判。[1]

（一）知识产权行政保护

我国的知识产权行政管理部门包括国家知识产权局、国家工商行政管理总局、国家版权局、国家质量监督检验检疫总局、农业部、林业局、科技部、国家海关总署等，它们在各自的职责范围内，对相关的知识产

---

[1] 管荣齐、李明德：《中国知识产权司法保护体系改革研究》，《学术论坛》2017年第1期，第111—112页。

权进行保护。① 中国知识产权行政保护体系如表3-1所示。

表3-1　　　　　　　　　中国知识产权行政保护体系

序号	知识产权种类	行政管理部门	序号	知识产权种类	行政管理部门
1	专利权、集成电路布图设计专有权	国家知识产权局及其所属专利局	6	农业植物品种权	农业部
2	商标权	国家工商行政管理总局商标局	7	林业植物品种权	林业局
3	著作权	国家版权局（挂靠在新闻出版署）	8	国际贸易中的知识产权	商务部
4	制止不正当竞争	国家工商行政管理总局公平交易局	9	与科技有关的知识产权	科技部
5	原产地标记	国家质量监督检验检疫总局	10	与进出境货物有关的知识产权	国家海关总署

国家知识产权局，主要负责我国和外国专利申请的审查、集成电路布图设计的注册以及处理与国外知识产权保护合作的相关事宜；各省级知识产权局主要负责专利投诉的行政执行。国家行政管理总局商标局负责商标的申请、审查和注册，并通过集体商标、证明商标对原产地名称给予保护，通过对驰名商标的认定对未注册商标给予特殊保护。国家工商行政管理总局公平交易局依据《反不正当竞争法》处理包括混淆行为、商业秘密侵权等相关事项在内的纠纷。涉及执行相关事项时，国家工商行政管理总局有权调查案件。确定侵权事实后，国家工商行政管理总局有权责令停止销售侵权货物以阻止侵权行为进一步扩大，有权销毁侵权的商标及商品，处以罚款，并销毁生产侵权商品的机器。

国家版权局负责全国版权的行政管理和执行，包括调查侵权案件、管理对外事务、制定对外仲裁规则以及监督行政管理当局，对出版境外图书、音像制品、电子出版物、计算机软件的授权，以及对著作权质押合同进行登记等。农业部和国家林业局在各自的职责范围内负责植物新

---

① 朱雪忠、黄静：《试论我国知识产权行政管理机构的一体化设置》，《科技与法律》2004年第3期，第82页。

品种的受理、审查以及管理工作。科技部归口管理全国科技成果、科技奖励、科技保密、技术市场以及与科技相关的知识产权保护等。国家海关总署的职责是，通过实施知识产权边境保护措施，制止侵犯知识产权的货物进出口，并建立相应的进出境监管机构。当海关调查发现侵权的货物时，有权将其没收、销毁，并对相关责任人处以罚款。

（二）知识产权司法保护

知识产权司法保护，是指法院通过行使审判职能对知识产权进行保护。我国的知识产权司法保护包括民事、行政和刑事司法保护三个方面，当前正着力推进知识产权民事、行政和刑事案件审判"三合一"工作。

在知识产权司法保护中，民事审判居于基础性地位。任何公民、法人和其他组织在其知识产权受到侵害时，都可以依法向人民法院提起诉讼，获得司法救济。对于知识产权侵权行为，人民法院有权依法判决侵权人承担停止侵害、消除影响、赔礼道歉、赔偿损失等民事责任，并可依法对行为人采取没收违法所得、罚款、拘留等制裁措施。对于构成犯罪的知识产权侵权行为，则移送刑事司法机关，使侵权人承担刑事责任。

为了提高案件审判质量，我国对知识产权案件实行相对集中管辖，对专利、植物新品种和集成电路布图设计案件实行指定管辖。近年来全国90%以上的知识产权一审民事案件由中级以上人民法院管辖，并在北京、上海、广州设立知识产权法院，在全国各高级人民法院、各省会市中级人民法院和许多大城市中级人民法院以及个别基层人民法院设立专门的知识产权审判庭。

为了提高知识产权审判水平，确保司法裁判标准的统一，最高人民法院不断加强司法解释和司法政策的制定工作，发布了若干个司法解释，包括《最高人民法院关于审理侵害专利权纠纷案件应用法律若干问题的解释（二）》（2016年1月）、《最高人民法院关于审理商标授权确权行政案件若干问题的规定》（2016年12月）、《关于商标侵权如何计算损失赔偿额和侵权期间问题的批复》、《关于新修订的〈中华人民共和国行政诉讼法〉实施后专利代理人能否继续代理专利行政诉讼的批复》等。

第二节　东盟"老成员国"知识产权制度

东盟共有十国，印尼、马来西亚、菲律宾、新加坡和泰国为创始成员国，文莱于1984年加入，该六国被称为东盟"老成员国"；1995年后，越南、老挝、缅甸和柬埔寨相继加入，此四国被称为东盟"新成员国"。2012年老挝加入WTO后，东盟十国均成为WTO成员国，并在TRIPS下逐渐完善本国的知识产权制度，一些国家甚至达到TRIPS-plus标准。比较而言，"新成员国"因经济社会发展水平较低，其知识产权制度相对落后。本节介绍和分析"老成员国"的知识产权制度，而将"新成员国"的知识产权制度放到第三节。

一　新加坡知识产权制度

20世纪90年代以前，新加坡尚无独立的知识产权保护制度，而是通过对英国保护的知识产权再登记来保护。以1995年专利法出台为标志，新加坡开始建立自己的知识产权制度，此后至2000年左右，版权法、商标法、工业设计法、属地品牌保护法以及集成电路布图设计法等相继公布，形成了以知识产权局和有关部门及专业团体等组成的运行机制。[1] 进入21世纪后，新加坡政府致力于建设区域知识产权中枢战略，特别是为了实施2003年5月签订的《新加坡—美国自由贸易协定》，新加坡于2004年全面修订了专利法、商标法、版权法、外观设计注册法和集成电路布图设计法，知识产权保护水平跃居世界前列。

版权方面，主要法律是《版权法》（Copyright Act）。版权的保护范围包括小说、剧本、绘画作品、活页乐谱、软件程序等；保护的对象是观点、信息、原则和事实等的表达方式，以及在表达过程中所涉及的技巧、劳动和判断；保护的条件是，作品的作者或创作人是新加坡公民或居民，该作品首次在新加坡出版，或作品的作者或创作人是加入WTO或《伯尔尼公约》成员国的国民或居民，该作品首次在WTO或《伯尔尼公约》的

---

[1]　杨静：《东盟国家知识产权立法与管理的新发展》，《东南亚纵横》2008年第2期，第65页。

成员国出版。只要作者的有形形式创作和表现的作品产生，版权即自动生效。对于版权的归属，该法有一项特别规定，在画像和摄影作品中，被画像和摄影的人享有作品的部分版权，其有权禁止画家或摄影师为了未经其允许的目的使用该照片或画像。① 新加坡对版权保护甚严，2004 年修订的《版权法》将盗版行为入罪，并对个人盗版行为做了明确界定，非法下载电影或歌曲等属于犯罪，且已有判例。②

专利权方面，现行《专利法》制定于 1995 年，2001 年和 2004 年进行过两次全面修订。2001 年第 28 号补充法案对《专利法》有两个重要修改：一是简化了专利管理制度，通过修改专利申请及授权的程序要求，以适应电子专利申请和电子环境中的信息维护；二是修改了专利代理人管理规定。③ 根据《专利法》，专利有发明专利、实用新型专利两种。为了提高专利申请及审查效率，新加坡建立了网上专利（E-patents）注册系统。一项发明要获得专利，必须具备创造性、新颖性和实用性。《专利法》还专设"管理"一章，规定专利管理机构的设立程序和权限，以及管理机构负责人和其他工作人员的禁止性行为等。

商标权方面，主要法律有《商标法》《商标法规》和《商标（国际注册）法规》，并加入《商标国际注册马德里协定》和《商标注册用商品和服务国际分类尼斯协定》（简称《尼斯协定》），可直接进行国际注册。在新加坡，字母、文字、名称、署名、数字、图案、标示、标题、标签、名单、外形、颜色、包装方式或者上述的混合体，均可作为"标识"使用。④ 此外，不可视但可以感觉到的标识，比如声音，也可作为商标，只要它们能用书写或绘画的方式表达。⑤ 商标注册的途径有二：一是

---

① 蒋琼、高兰英：《新加坡知识产权保护制度研究与启示》，《理论月刊》2011 年第 4 期，第 167 页。

② 2006 年 2 月 17 日，新加坡两名青年因为在互联网上非法下载和传播大量歌曲，分别被判处入狱 3 个月和 4 个月，成为该国第一起在网上非法传播歌曲而未从中牟利，只因侵犯《版权法》而被起诉、判刑的案例，具有重要的意义和示范效应。参见张雯雯《新加坡：多管齐下保护知识产权》，《检察日报》2006 年 7 月 25 日第 4 版。

③ 蒋慧：《中国与新加坡专利法之比较研究》，《改革与战略》2007 年第 5 期，第 127 页。

④ 赵杰宏：《新加坡设计登记制度述评》，《东南亚纵横》2003 年第 9 期，第 24 页。

⑤ 蒋琼、高兰英：《新加坡知识产权保护制度研究与启示》，《理论月刊》2011 年第 4 期，第 167 页。

直接到知识产权局申请注册；二是通过知识产权局的网站申请注册。

其他方面，新加坡为发展生物技术，于 2004 年加入《国际植物新品种保护公约》（UPOV 公约），同年颁布《植物品种保护法》，对植物新品种进行注册保护。对外观设计，有《注册外观设计法》和《外观设计注册法规》予以保护，可通过电子外观设计进行申请。针对商业秘密侵权，法律规定的救济措施有：禁令、Anton Pillar 命令、交出侵权材料或发誓后销毁；如果权利人能证明被告违反合同，则可以获得损害赔偿，赔偿数额依据被告所获利润计算。[1] 此外，新加坡还颁布了《地理标志法》，对地理标志予以保护；同时，地理标志也可以作为证明商标或集体商标受到商标法保护。

为加强知识产权保护的国际合作，新加坡于 1990 年加入 WIPO，1995 年成为 WTO 成员，并加入《巴黎公约》《伯尔尼公约》《专利合作条约》《商标法新加坡条约》《工业品外观设计国际注册海牙协定》之《日内瓦法案》《国际承认用于专利程序的微生物保存布达佩斯条约》等。此外，该国还签订了《新加坡—美国自由贸易协定》《东盟与澳大利亚和新西兰自由贸易协定》等，这表明，它愿意承担比 TRIPS 更高的知识产权保护标准。

在知识产权管理上，新加坡设有健全的机构和体制。1999 年成立的知识产权局，是知识产权的主管部门，主要负责草拟政策法规，并监督其实施。新加坡为便于注册申请和提高效率，建立了商标和专利的网上注册系统，为申请人提供"一站式"服务；开发"冲浪 IP"（Surf IP）服务项目，为用户提供信息查询、监控技术趋势及知识产权交易服务等。[2]

对于知识产权诉讼程序，新加坡在相关知识产权法设有专章规定，并于 2002 年 9 月对法院系统予以改革，在高等法院内设立知识产权特别法庭，专门受理和审判知识产权案件。对于知识产权仲裁，新加坡采用"双轨制"，实行两套独立的仲裁法律体系，凡仲裁地在新加坡的，双方当事人可以选择适用联合国国际贸易法委员会国际商事仲裁法，或选择

---

[1] 贾引狮、宋志国：《中国—东盟知识产权合作若干问题研究》，知识产权出版社 2014 年版，第 7 页。

[2] 岩松：《新加坡的知识产权保护体系》，《国际商报》2004 年 4 月 5 日第 8 版。

适用新加坡《仲裁法》。①

二 马来西亚知识产权制度

在东盟诸国中，马来西亚是较早建立知识产权制度的国家，从20世纪70年代开始，相继颁布了《贸易法》（1972年）、《商标法》（1976年）、《专利法》（1983年）、《版权法》（1987年）和《工业设计法》（1996年）。1996年后，政府致力于信息技术和多媒体产业的发展，建设"多媒体超级走廊"，为此颁布了一系列电子管理法令，包括1997年的《计算机犯罪法》《数字签名法令》等，1998年的《通讯与多媒体法》《多媒体智慧产业保护法令》和《多媒体一体化法令》，2000年的《集成电路布图设计法》等。至20世纪末，马来西亚已经构建了一个强有力的知识产权法律保护体系，②达到了TRIPS规定的保护水平。③

版权方面，主要法律是《版权法》。该法规定了版权作品（包括计算机软件）的性质、保护范围和保护方式等。作品无须注册即能获得版权保护。《版权法》任命特别执行小组负责该法的执行。特别执行小组有权进入怀疑存放侵权复制品的建筑物，并搜查、没收侵权复制品和设备。马来西亚是《伯尔尼公约》的成员国。对于非伯尔尼公约的外国作品，如果该作品在马来西亚完成，且在原出版国首次出版后30日内在马来西亚出版的，《版权法》也予以保护。

专利方面，马来西亚于1983年制定《专利法》，2003年修订过一次，2006年加入WIPO《专利合作条约》（简称PCT）后，于同年再次修订。此外，马来西亚还于1986年制定了《专利规则》。根据法律规定，专利申请人可以直接在马来西亚境内申请专利，一经注册，专利在马来西亚全国有效。专利的国际申请程序适用《专利合作条约》的相关条款，专利的国内申请程序适用1983年《专利法》及国内相关规则，专利由国际

---

① 宋志国等：《中国—东盟知识产权保护与合作的法律协调研究》，知识产权出版社2014年版，第71页。

② 杨静：《东盟国家知识产权立法与管理的新发展》，《东南亚纵横》2008年第2期，第65页。

③ Chrisatoph Anton, "Intellectual Property Law in South-east Asia: Recent Legislative and Institutional Developments", *Journal of Information Law & Technology*, 2006 (1), Special Issue, p. 5.

申请进入国内申请阶段时,申请人应履行相应的手续并支付一定费用。专利所有人享有专利发明的开发权、转让权或传播权,以及许可协议缔结权。根据 TRIPS 协定,在强制许可范围内,法律允许进口已经在其他国家市场投放的专利产品(同类进口)。

在商标权保护方面,主要法律有 1976 年的《商标法》和 1997 年的《商标规则》。根据规定,在马来西亚注册的商标,商业标识或者服务商标识的所有人有权处置和转让有关商标,或授权他人使用该商标;除了商标所有者或授权使用者外,其他人或企业不可使用,否则构成侵权。另据 TRIPS 协定,政府禁止任何人未经许可擅自注册知名商标;同时在产品入境时采取措施,严禁假冒商标进入马来西亚。申请商标注册时,本国人可以自行递交申请,外国人办理申请,则须通过经批准的商标代理人为之。

其他方面,马来西亚重视工业设计的保护,分别于 1996 年、1999 年颁布《外观设计法》和《外观设计规则》。根据法律规定,外观设计属于私人财产,可以依法转让和传播。外观设计须具有新颖性,且不得包含仅由功能决定的另一产品或设计方法,才能获得注册。2000 年马来西亚通过《地理标志法》后,地理标志注册显著增长,促进了经济的发展。为使本国的地理标志获得欧盟国家认可,马来西亚准备对《地理标志法》进行修改,增加有关地理标志的信息说明,如产品描述、原产地证明、特定品质与地理区域之间的因果关系、产品的声誉或其他特性(气候特征、土壤条件、人文因素等)。[①] 政府为发展生物技术,创建"马来西亚生物谷",于 2004 年颁布《保护植物新品种法》,并将遗传资源纳入知识产权保护。

在知识产权管理上,2003 年以前,马来西亚知识产权注册由国内贸易和消费者事务部(MDTCA)的几个不同的注册处负责。2003 年,成立马来西亚知识产权公司(PHIM),管理全国的知识产权事务,但打击知识产权侵权的事务仍由 MDTCA 的维权司负责。2005 年知识产权公司将其注册商标由 PHIM 变更为 MyIPO。从 2011 年开始,MyIPO 着手修改专利

---

① 贾引狮、宋志国:《中国—东盟知识产权合作若干问题研究》,知识产权出版社 2014 年版,第 12 页。

法、商标法和工业设计法等,简化专利、商标的申请、审查程序,提高效率,与国际标准接轨。为了解决堆积如山的知识产权案件,并使之得到公正、专业的审判,于2007年7月成立了专门的知识产权法院。该法院由15个审判庭组成,分布在全国的每一个州,在侵权案件数量较多的6个州,即吉隆坡、雪兰莪、沙巴、沙捞越、柔佛、霹雳州,还分别设立了高等法庭。

马来西亚是WIPO成员国,也是《巴黎公约》和《伯尔尼公约》的签字国,并加入《尼斯协定》和《维也纳协定》(均于2007年对马来西亚生效)。2006年加入《专利合作条约》(PCT)。2009年作为东盟成员国签署《东盟与澳大利亚和新西兰自由贸易区协定》,承担"TRIPS-plus"保护标准。2016年,签署《跨太平洋伙伴关系协定》(简称TPP),承诺与TPP加强知识产权保护的合作。

三 印度尼西亚知识产权制度

印尼的知识产权制度构建于20世纪90年代。2000—2002年,为了实施TRIPS,对《专利法》《商标法》和《版权法》等做了修订,并颁布一系列新法律,包括《外观设计法》《集成电路布图设计法》《商业秘密法》《植物品种法》等,建立了一整套与TRIPS相符合的知识产权法律体系。

版权方面,现行《版权法》于2002年通过,2003年6月9日起生效。与旧法相比,该法的一个重要不同是,将"数据库"纳入版权保护范围。其对"数据库"的定义是:以任意形式编辑、任何可以由机器或计算机读取,但必须是经由智力创造行为加以选择与整理的数据形式。[①]数据库必须具备独创性或创造性,仅仅将大量的数据集中在一起,并不能获得版权保护。该法对不同的版权类型设置了相应的救济措施,但未将间接侵权、网络侵权和平行进口等重要事项列入。这意味着,间接侵权和网络侵权不会受到追究,而平行进口,则是合法行为。由于法律与社会脱节,且法律实施不力,印尼的盗版率一直居高不下。据国际知识

---

① 朱瑾、谢静:《借鉴先进 提升实力——印度尼西亚知识产权制度简介》,《中国发明与专利》2008年第12期,第66页。

产权联盟（简称 IIPA）发布的数据，2009 年印尼的盗版率达 86%，造成知识产权所有人损失达 3.547 亿美元，[1] 被认为是"亚洲最糟糕的知识产权保护国家"。

专利权方面，现行《专利法》于 2001 年通过，其对 1989 年《专利法》做了重大修改，加大了专利权保护力度。主要内容有：(1) 专利申请。发明人须在印尼实施新产品生产后才能申请专利。专利申请应自申请之日起 18 个月内公开，公开时间为 6 个月，申请人提出审查请求之后 36 个月之内结案，不服驳回的，可以在 3 个月内提出复审请求。(2) 保护期限。专利的保护期为 20 年，小专利（相当于"实用新型"专利）为 10 年，均自申请之日起算，均不得续展。(3) 侵权处罚。侵犯他人专利权的，最高可处 4 年监禁和/或 5 亿印尼盾的罚金；侵犯小专利的，最高可处 2 年监禁和/或 2.5 亿印尼盾的罚金。[2]

商标权方面，现行《商标法》于 2001 年 8 月 1 日起施行。该法规定，商标应为由图画、名称、单词、文字、数字、颜色组成或合成的标记、徽章。商标申请提出之后的第 14 日起 6 个月内为公示期，其间任何人均可提出异议。公示结束后 9 个月内结束实审。对不授权决定不服者可在 3 个月内提出复审请求。商标注册后，如不使用的时间达到 3 年，将取消其商标的注册资格。该法对商标侵权及其处罚做了详细规定。

外观设计权方面，根据 2000 年通过的《外观设计法》，一个产品只要在公开期内无人提出异议，则无须经过实审，即可获得专利权。如果有人提出异议，只需将新产品与异议产品对照，或由申请人提出新的产品，即可授予专利权，门槛相当低。但是，要撤销一项外观设计专利，则需耗时费力。该法规定，申请撤销外观设计专利权的，应由申请人向商业法庭提起诉讼，商业法庭须在 120 天内做出判决；如对商业法庭的判决不服，可向最高法院提出上诉，最高法院须在 90 天内做出最终判决。这意味着，撤销一项外观设计专利权，最长需耗时 210 天，是全世

---

[1] 宋志国等：《中国—东盟知识产权保护与合作的法律协调研究》，知识产权出版社 2014 年版，第 79 页。

[2] 朱瑾、谢静：《借鉴先进 提升实力——印度尼西亚知识产权制度简介》，《中国发明与专利》2008 年第 12 期，第 66 页。

界最长的。①

其他方面,《集成电路布图设计法》规定,布图设计必须具备独创性,且为设计人(或小组)自己的智力成果;如果布图设计已经用于商业目的,提出申请之日不得晚于最初实施之后的两年;布图设计采取登记制。根据 2000 年通过的《商业秘密保护法》,商业秘密是指在技术或商业领域具有相当的经济价值且未公开的相关信息。其范围包括:生产方法、销售方法以及技术与行业领域中其他具有经济价值的、通过正当手法获得且无须向外界公开的信息。商业秘密的内容包括:对该商业秘密的独占使用权、允许或禁止他人使用权、出于商业营利的目的向他人透露商业秘密的权利。

在知识产权管理和司法上,为了建设支撑国家发展的高效且具有国际竞争力的知识产权体系,印尼于 1998 年发布第 144 号总统令,将版权、专利和商标总局更名为知识产权总局,隶属于法律和人权事务部,由其负责管理所有与知识产权相关的审批和行政管理事务。从 2001 年开始,印尼政府授权司法部的地方分支机构接受知识产权的注册申请,同时与专利、版权、商标、外观设计和集成电路布图设计有关的一审案件不再由地方法院(district court)受理,改由新成立的商事法院(commercial court)受理,地方法院只受理与知识产权有关的刑事案件和植物种类、商业秘密案件。② 对于知识产权案件,无论是商事法院的一审,还是最高法院的上诉审,都是比较及时、公正的。

印尼为提升国际影响力,积极开展知识产权国际合作。在双边领域,先后与欧洲专利局、澳大利亚知识产权局、日本专利局等签订双边条约;在多边领域,印尼是 WTO 成员国,同时是《巴黎公约》《伯尔尼公约》《商标法条约》《专利合作条约》《WIPO 表演和录音制品条约》《WIPO 版权条约》等的缔约方,并积极参加 WIPO、WTO、ASEAN 和 APEC 等组织的知识产权论坛。

---

① 朱瑾、谢静:《借鉴先进 提升实力——印度尼西亚知识产权制度简介》,《中国发明与专利》2008 年第 12 期,第 67 页。
② 印尼在雅加达中央地区、苏腊巴亚(Surabaya)、三堡垄(Semarang)、棉兰(Medan)和乌戎潘当(Ujung Pandang)等地区建立了 5 个商事法院。申华林:《东盟国家知识产权保护:立法与制度的最新发展》,《东南亚纵横》2007 年第 12 期,第 34—35 页。

四 菲律宾知识产权制度

东盟诸国中，论知识产权保护历史，要数菲律宾最悠久，早在19世纪早期西班牙殖民时代，即已有相关法令。[①] 1997年6月，菲律宾在东盟国家中率先颁布《知识产权法典》，对版权与相关权（邻接权）、专利权（发明）、实用新型、商标和服务商标、工业外观设计、集成电路布图设计、未公开信息（商业秘密）等，进行全面保护。该法典于1998年1月1日正式生效。此后，菲律宾开始重视对传统知识和遗传资源的知识产权保护，制定了一系列法律，包括《实施生物和遗传资源勘探法令》（1996年）、《本土居民权利》（1997年）、《传统可用医药法》（1997年）、《植物品种保护法》（2002年）等，构建了比较完整的知识产权保护体系。

根据《知识产权法典》，菲律宾的知识产权主管部门是知识产权局，下设专利局，商标局，法律事务署，文献、信息和技术转让署，信息系统管理和电子程序处理署，行政、财务署，人事服务署等7个专门机构。知识产权局除具有通常的行政管理职能外，还履行知识产权政策制定职能和保护知识产权的准司法职能。

《知识产权法典》规定，对专利的保护实行"申请登记优先"。发明专利、实用新型专利的保护期分别为20年和7年，均从申请登记之日起算。工业外观设计的保护期为5年，从申请之日起算，可以连续延长两次，每次5年。基于使用是获得商标权前提的理念，《知识产权法典》规定，在菲律宾境内及住在外国的个人、公司、合伙或联营企业拥有的商标、商号和服务商标，在申请商标注册之日前两个月在菲律宾商业中使用了商标，才可提出注册申请；在任何时候，如果注册商标的所有人没有法定理由未在菲律宾使用此商标，或者在不间断的3年内或者更长的时间内未根据许可在菲律宾使用，该注册商标将被撤销。[②] 版权的获得无须登记，但鼓励版权人在作品第一次公开传播或表演后3周内交付符合形式的作品的完整

[①] 申华林：《东盟国家知识产权保护：立法与制度的最新发展》，《东南亚纵横》2007年第12期，第34页。

[②] 杨静、于定明：《东盟国家商标制度之比较》，《河北法学》2007年第5期，第167、168页。

复印件及规定的费用,向国家图书馆和最高法院资料室进行登记和备存,以利于发生版权纠纷时,方便举证及维护版权人的合法权益。[1]

《知识产权法典》颁布后,菲律宾根据新的情况,对之不断完善。2007年,为了使公众能够以低廉的价格获得国外药品,维护公共健康,菲律宾通过了《廉价药品法案》(Cheaper Medicines Bill),对《知识产权法典》的内容进行了若干修订。该法案通过限制药品知识产权,包括某些发明的不可专利性,专利权的限制,政府使用发明的法定情形,以及本国药品进口商某些知识产权权利限制等,来平衡药品专利人与公共健康之间的利益。[2] 2010年,为了发挥科学技术和创新对国家发展的促进作用,菲律宾颁布了《技术转让法》,使其知识产权制度体系更趋于完善。

为了遏制盗版,菲律宾国会于2013年对《知识产权法典》进行修订,通过了新的版权方案:其一,在知识产权局内部成立一个专门的版权及邻接权局,其职责是研究、制定及评审相关规则和政策,及对公众进行教育;其二,扩大版权侵权行为认定的范围,相关侵权条款将包括共同侵权、情节严重的技术规避措施等;其三,对在互联网上传播的受版权保护的作品实施技术保护和权利信息管理;其四,扩大版权合理使用范围,确保弱势群体如视障或失明人士为非营利目的使用版权作品。[3]

五 泰国知识产权制度

泰国知识产权制度可以追溯到20世纪初,1901年的《作者所有权法》和1914年的《商标和商品名称法》是其代表。知识产权保护在泰国一直存在争议。20世纪80年代末,争议的是版权法应否强化作者权利。90年代后,争议的焦点转向专利权和药品专利。由于担心对引进外资造成负面影响,泰国政府未实施针对艾滋病药品的强制许可来造福于泰国民众,遭到国内广泛批评。[4] 这一期间,泰国政府两次修订《专利法》

---

[1] 杨静:《东盟国家版权制度之比较》,《河北法学》2007年第7期,第179页。
[2] 杨静:《东盟国家知识产权立法与管理的新发展》,《东南亚纵横》2008年第2期,第66页。
[3] 参见贾引狮、宋志国《中国—东盟知识产权合作若干问题研究》,知识产权出版社2014年版,第19页。
[4] Christoph Antons, "Intellectual Property Law in ASEAN Countries: A Survey", *European Intellectual Property Review*, Vol. 13, Issue 3, March 1997, pp. 78–84.

（1992年、1999年），颁布了《植物品种保护法》（1999年）。进入21世纪后，相继颁布了《集成电路布图设计保护法》（2000年）、《商业秘密法》（2002年）、《地理标志保护法》（2003年）和《CD产品生产法案》（2005年）等，完善了知识产权制度体系。

泰国《专利法》颁布于1979年，1992年、1999年修订过两次。该法共有6章88条：第一章，序言；第二章，发明专利；第三章之一，外观设计专利；第三章之二，小专利；第四章，专利委员会；第五章，其他规定；第六章，违法行为。[①] 根据该法，发明是指任何创造的新产品或新方法，或者是对已知产品或方法的改进。申请专利的发明必须具有新颖性、创造性和实用性。任何发明，无论是产品或者方法，只要具有新颖性和实用性，就可取得小专利（Petty Patent）。外观设计是指赋予产品特别外观的任何形式、构成或色彩，并可以作为工业产品或手工艺品的样式。外观设计只需具有新颖性，即可获得专利。2009年，泰国加入《专利合作条约》，成为该条约的第142个缔约国。此外，泰国与许多国家签署了双边协定，在这些国家获得的专利，在泰国也受保护。

商标权方面，泰国《商标法》颁布于1991年，2000年修订过一次。根据该法，商标是与商品相关联，用于显示商品来源的符号，包括立体商标和颜色商标；商标必须具有独特性，不得与已注册的商标相同或相似；商标的种类包括商标、服务商标、集体商标和证明商标。[②] 商标权的获得基于使用与注册相结合的原则。申请商标注册的，由经营者或其代理人用泰语填写商标注册申请书并提交商标局，商标局审查后受理该商标注册申请，并在官方公报公布该商标，90天后无异议的，该商标即可获准注册。未实际使用过的商标也可注册，但无权对他人申请使用此商标的行为提出诉讼；连续5年未实际使用的注册商标，则第三方有权申请注册该商标。注册商标的所有人具有排他的商标使用权，对于非法使用注册商标的侵权行为，包括伪造他人注册商标，买卖伪造的商标，模仿他人注册商标以误导公众相信该模仿商标为注册人所拥有，

[①] 《泰国1979年专利法》，东南亚知识产权信息网，https://ipr.fjut.edu.cn/11/f1/c4713a70129/page.htm，访问时间：2018年4月13日。

[②] 柳福东：《泰国和新加坡的商标制度》，《中华商标》2005年第5期，第57页。

或买卖模仿商标等，均须承担刑事责任，被处以监禁或罚款，甚或两者并施。①

版权方面，泰国《版权法》颁布于 1994 年，以保护文学、艺术和表演作品的创作权。该法定义的作品，是指文学、戏剧、艺术和音乐作品、音像制品、电影和摄制作品、广播电视节目以及其他文学、科学或美术领域的作品。计算机软件受《版权法》保护，禁止未经许可复制、改编、发表或出租计算机软件，但计算法不在保护范围内。根据该法，"版权"被定义为"创作者对其作品的独有支配权"。版权属于作品的创作者，但需要满足下列条件：（1）作品尚未发表的，作者必须是泰国公民或在泰国有居住权，或是与泰国签订知识产权保护协议的国家的公民，才能在作品创作阶段提出申请。（2）如作品已经出版，作者不属于上述情况时，作品第一版需在泰国或与泰国签订知识产权保护协议的国家发表。② 未经许可而对作品进行复制、改编或发表等，属于侵权行为，将受到监禁或罚金，或两罚并施。为应对数学技术的发展，泰国于 2015 年 1 月制定了两项单独法案，就非法录制电影和中介责任（网络服务提供商）做出规定，以此修订 1994 年《版权法》的相关内容，实现版权制度的现代化。③

值得注意的是，泰国非常重视对地理标志和泰医药的保护。关于地理标志，据泰国商务部的资料，自 2004 年 4 月起泰国即开始保护当地和外国的拥有地理标志的产品。泰国不仅自己构建了比较完善的地理标志保护法律，而且还致力于推动在东盟内部制定统一的地理标志（GI）注册标准。④ 对于泰医药，泰国 1997 年《宪法》第 6 条规定，传统社区成员有权保存和恢复其习俗、本土知识及本社区或本民族的艺术和优良文化，并有权按照法律规定持续地参与管理、维持、保存和利用自然资源和环境。在此基础上，泰国于 1999 年通过了《传统泰药知识产权保护和

---

① 申华林：《中国—东盟自由贸易区知识产权法律制度研究》，广西人民出版社 2011 年版，第 92—93 页。

② 申华林：《中国—东盟自由贸易区知识产权法律制度研究》，广西人民出版社 2011 年版，第 94 页。

③ 付丽霞：《泰国版权法修订述评》，《佛山科学技术学院学报》（社会科学版）2016 年第 2 期，第 23—28 页。

④ 贾引狮、宋志国：《中国—东盟知识产权合作若干问题研究》，知识产权出版社 2014 年版，第 20 页。

促进法案》，为传统泰医药的知识产权保护建立了专门的制度。[①] 该法案通过公共登记手段赋予传统行医者对传统药物知识的控制权。为此，该法案将传统药物分为草药和传统药物配方，又将传统药物配方分为普通配方、国家配方和私人配方。行医者要将私人配方进行商业生产，其产品须经泰国的 FDA 认证[②]；外国公民按照互惠原则，也可以在泰国注册自己的药物配方。该法案还对草药和药用植物进行保护，公共健康部有权将对健康有重要意义或是濒危的药用植物列入保护名单，非经政府批准不得擅自使用。

在商业秘密保护上，泰国是东盟诸国中为数不多的制定了专门法律的国家，其于 2002 年颁布《商业秘密法》，并于 2015 年进行修订。根据该法，商业秘密包括技术秘密和经营秘密两大类。凡未经合法许可而以有悖于诚信、商业惯例的方式泄露、获取或使用他人的商业秘密的，均属侵犯商业秘密的行为。但下列行为不构成侵权：（1）披露或使用通过正常法律行为获得的商业秘密，且使用者不知道或没有任何理由应知法律行为的对方当事人获得该商业秘密时侵犯了他人权利；（2）由主管商业秘密保护的政府部门出于保护公共健康与公共安全或其他目的披露或使用某一商业秘密；（3）通过反向工程获得商业秘密。对于商业秘密侵权行为，法律规定了禁令（包括预先禁令或临时禁令和永久禁令）、损害赔偿和请求法院销毁、没收侵权工具、材料等救济措施，以及包括监禁、罚金等在内的刑事处罚。[③]

泰国主管知识产权的核心机构是隶属于商务部的知识产权厅（简称 DIP），该厅下设专利局、商标局、版权局、知识产权纠纷预防与调解局、打击知识产权侵权局、秘书局、知识产权促进与发展处、法律事务处、知识产权信息技术中心等。2004 年，该厅制定了知识产权 2004—2008 年发展战略，旨在将泰国建设成为一个充满创造力的国家。

---

① 赵琪、曹阳：《泰国传统药物知识产权保护研究》，《现代商贸工业》2011 年第 3 期，第 253—254 页。

② FDA，是英文 Food and Drug Administration 的缩写，意为药品和食品管理。FDA 认证的目的，是维护国民使用药品和食品的安全。

③ 彭学龙：《商业秘密的国际保护》，吴汉东主编《知识产权国际保护制度研究》，知识产权出版社 2007 年版，第 415—416 页。

在知识产权司法方面，泰国在东盟诸国中最早成立知识产权专门法院，专门审理知识产权和国际贸易纠纷的一审案件。1997年12月，泰国根据1996年公布的《知识产权及国际贸易法院设置法及诉讼程序法》，在曼谷成立中央知识产权和国际贸易法院（the IP & IT Court），在其他地方建立知识产权法院之前，全国知识产权侵权纠纷，包括民事案件和刑事案件在内的全部知识产权一审案件，均由该法院专属管辖。[1] 此举受到世界知识产权组织的高度推崇。

六　文莱知识产权制度

文莱是东盟诸国中的富国、小国，由于国内市场狭小，技术和人才短缺，发明创造较少，文化产业也不发达，其知识产权制度比较落后。1999年以前，文莱一直沿用殖民时代的知识产权法律。在2000年左右，为了达到TRIPS规定的知识产权保护"最低标准"，文莱陆续颁布《专利紧急法令》（1999年）、《外观设计紧急法令》（1999年）、《著作权紧急法令》（1999年）、《布图设计紧急法令》（2000年）、《商标法》（2000年）、《商标法实施细则》（2000年）等，形成了比较完整的法律体系。目前应用最多、最成熟的是商标制度。但至今尚无独立的专利注册制度，而是对英国、新加坡和马来西亚注册的专利进行延伸注册。

文莱的知识产权制度有两个特点：其一，带有很深的英美法系烙印。这是因为文莱曾被英国殖民统治。以商标法为例，文莱于1953年颁布的旧《商标法》是模仿1938年英国《商标法》制定的，而2000年6月颁布的《文莱商标法》，则以1994年英国的《商标法令》为基础制定。其二，深受宗教文化影响。文莱是一个穆斯林君主制国家，全国由苏丹和王室控制。依其商标法第7条，未经授权，严禁在商业活动中使用苏丹或任何皇室成员的肖像及皇家纹章、徽章、王冠或皇家军队的盾徽及类似的模仿标志。依其商标法第36条第7款，苏丹陛下有权以法律形式授权某人享有商标注册优先权。[2]

---

[1] 胡道才：《一些国家和地区知识产权专门法院设立情况》，《法制资讯》2013年第12期，第59—60页。

[2] 杨静、于定明：《东盟国家商标制度之比较》，《河北法学》2007年第5期，第166页。

版权方面，文莱现行法为1999年颁布的《著作权紧急法令》，其主要内容有：（1）主体。作者为创造作品的人。除法律另有规定外，作品的著作权由作者享有。作者是任何著作权的第一所有人。但如果作品是在雇佣期间完成的，除合同另有规定外，雇主为第一所有人。（2）客体。包括原创的文字、戏剧、音乐或艺术作品，录音、电影、广播或有线节目，各种出版物的编排设计。（3）内容。著作权的财产权利包括：复制权，发行权，表演权、展览权和播放权，广播权或通过有线节目播放的权利，改编权，翻译权等；精神权利包括：署名权，保护作品完整权，发表权，修改权等。（4）对著作权的限制。（5）著作权的利用。著作权的财产权可以转让给他人或许可他人使用，转让或许可需向管理部门办理登记。（6）侵权的救济。根据著作权法的规定，文莱设立了著作权法院，对有关著作权的案件进行管辖。（7）保护期限。①

商标权方面，文莱的商标制度建立于1953年，因该法不保护集体商标、服务商标和驰名商标，不符合TRIPS的规定，文莱于1999年8月通过了新的商标法，主要内容如下：（1）商标为文字、图形、记号中足以与他人的商品或服务相区别者，其中包括商品的形状或包装、颜色等立体商标，但不包括声音、气味、味道等非视觉上的商标。（2）接受服务商标的注册申请，包括非营利目的之服务商标；接受集体商标及证明商标的注册申请。（3）下列注册商标有被撤销之虞：自注册之日起无正当理由连续5年未使用；商标变成了通用的商品或服务名称；该商标在社会大众间易于造成混淆误认。撤销申请人不限于利害关系人。对于商标的使用，由商标所有人负举证责任。（4）商标转让或许可使用时，应到主管部门办理转让或许可使用登记。（5）将他人的商标使用于相同、近似商品，或将他人于文莱当地已拥有商誉之商标，以及将他人的为巴黎公约联盟成员国或WTO成员承认的驰名商标，使用于相同、近似或其他任何商品，为商标侵权行为。（6）商标侵权的救济方式包括：要求禁止令；要求损失赔偿或相当之利润赔偿；要求侵害人消掉或除去相关侵害标示；针对无法消除侵害标示的物品，可要求侵害人销毁；要求交出侵

---

① 申华林：《中国—东盟自由贸易区知识产权法律制度研究》，广西人民出版社2011年版，第122—124页。

害物品等。[1]

专利权方面,文莱虽在1925年通过了《发明保护法》,但这并非独立的专利制度,而是对在英国、马来西亚和新加坡注册的专利,允许其3年内到文莱延伸注册。延伸注册的手续也很简单,申请人只需填写一份申请书,并交纳一定费用即可。文莱的注册机关对申请文件只做形式审查,不进行实质审查。专利一旦获准注册,在文莱享有的专利权的范围及有效期限与其原来的授予国一致。[2] 文莱非独立的专利制度,在其1995年加入WTO后,是否符合TRIPS的要求,实际上取得于英国、马来西亚和新加坡的专利法是否符合TRIPS的规定,这难以操作。因此,尽管面临技术和人才缺乏的困难,文莱仍决定依照TRIPS的要求,建立一套适合本国需要的独立的专利制度。1999年,文莱通过了《专利紧急法令》《外观设计紧急法令》,2000年通过了《布图设计紧急法令》,按照TRIPS的标准,对有关专利、外观设计和布图设计等予以保护。

第三节 东盟"新成员国"知识产权制度

在东盟"新成员国"中,除越南经济发展水平稍高外,柬埔寨、缅甸和老挝均属于最不发达的经济体,其知识产权保护水平也是最低的。但四国在加入WTO后,为了执行TRIPS,也逐步建立了完整的知识产权制度。

一 越南知识产权制度

在东盟"新成员国"中,越南的知识产权制度相对完善。早在1995年,越南就将知识产权制度并入《越南民法典》第6编中,建立了一个关于版权、工业产权和技术贸易保护的法律框架。1996年,越南颁布第63/CP和76/CP号法令,作为民法典对工业产权和版权规定的实施细则。2000年颁布第54/2000/ND-CP号法令,对商业秘密、地理标志、商号进行保护,对不正当竞争行为进行规制。2001年颁布第13/2001/ND-CP号

---

[1] 柳福东:《文莱的商标制度》,《中华商标》2014年第11期,第59页。
[2] 柳福东:《东盟国家专利制度比较研究》,《知识产权》2005年第1期,第55页。

法令，对植物新品种进行保护。2003年颁布第42/2003/ND-CP号法令，对集成电路布图设计提供保护。截至2005年，越南保护知识产权的法律达到40多部，但立法层次不统一，各项法律之间相互冲突现象严重。为了解决这一问题，越南对以往的知识产权制度进行清理，于2005年11月颁布了一部统一的《知识产权法》。该法包括6编，即总则，版权及相关权，工业产权，植物品种权，知识产权保护，附则，共计18章222条，实现了法律的协调统一。[1] 与此同时，2006年1月开始施行的新《民法典》，也在其第六编"知识产权与技术转让"中对知识产权的相关内容做了规定。

总的来说，越南知识产权法律体系严密，保护对象广泛，保护水平较高，对侵权行为制裁严格，在东盟新成员国中知识产权制度最为发达。[2] 具体表现为：（1）保护对象。与国际通行标准一致。越南将知识产权保护对象分为版权及相关权、工业产权和植物品种权三大类。其中，版权除保护一般意义上的作品外，还将民间文学艺术作品、计算机程序和数据库列入保护范围。工业产权的客体包括发明、工业设计、集成电路布图设计、商业秘密、商标、商号和地理标志等。（2）对侵权行为严格制裁。当侵权行为发生时，权利人可以采取自力救济和公力救济。（3）管理机关。采取综合管理与专门管理相结合的管理体制。科学技术部下属的国家知识产权局主管工业产权事务，文化信息部下属的国家版权局主管版权及相关权事务，农业和农村发展部主管植物品种权事务。法院主管知识产权民事和刑事案件，各级检察机关、警察机关、市场管理机关、海关和人民委员会主管行政案件。

在知识产权国际合作方面，越南加入了一系列知识产权国际保护公约和条约，包括《建立世界知识产权组织公约》（1976年）、《保护工业产权巴黎公约》（1949年）、《保护文学艺术作品伯尔尼公约》（2004年）、《商标国际注册马德里协定》（1949年）和《专利合作条约》（1993年），并于2007年加入WTO。越南虽未加入《商标注册用商品和服务国际分类尼斯协定》和《国际专利分类斯特拉斯堡协定》，但已经实施了这

---

[1] 何华：《越南知识产权法的新发展》，《知识产权》2007年第1期，第85—86页。
[2] 参见何华《越南知识产权法的新发展》，《知识产权》2007年第1期，第86—88页。

两个协定的相关内容。作为东盟成员国，越南积极参与东盟知识产权协调，并于1996年批准《东盟知识产权合作框架协议》。2001年，越南签署《越南—美国双边自由贸易协定》，2010年加入《跨太平洋伙伴关系协定》，这两个协定均包含了"TRIPS-plus"规则。2009年，越南与中国签署《中越商标及商标相关领域合作谅解备忘录》，据此，中越双方知识产权管理部门就包括商标在内的知识产权问题进行了广泛的合作与交流。

二 柬埔寨知识产权制度

柬埔寨是一个有着悠久历史的文明古国，公元1世纪即建立了统一王国。从20世纪70年代开始，国家陷入长期战乱，直到1993年方才实现民族和解。柬埔寨的经济支柱是传统农业，工业基础非常薄弱，由于经济落后，知识产权制度比较滞后。

柬埔寨于1995年成为WIPO成员国，1998年加入《保护工业产权巴黎公约》，2004年10月加入WTO。2000年以后，在有关国际组织和一些国家的帮助下，柬埔寨制定了四部知识产权法律，即2002年颁布的《商标、商号和不公平竞争法》，2003年颁布实施的《专利、实用新型和外观设计法》《版权和相关权法》《植物品种保护法》。这些法律基本上是按照TRIPS的要求，结合柬埔寨的国情制定的，虽然整体上还比较粗糙，但毕竟建立了知识产权保护的基本制度体系。比较而言，其商标制度是相对完善的。

柬埔寨的商标制度，体现于2002年颁布的《商标、商号和不公平竞争法》，内容与其他国家的商标制度大体一致。商标的种类包括商品商标、服务商标、集体商标和立体商标。进行商标注册，须向商标局提交申请，一类商品一份申请。商标注册可按照《巴黎公约》的规定行使优先权。该法对注册商标的使用有特别要求，商标注册人每5年须向商业部报告该商标使用或未使用情况，没有报告的，该商标将被撤销；[1] 如果注册商标连续5年没有为商标所有人或被许可人使用，则任何利益方均可以请求商标局撤销该商标；商标所有人能证明有特殊理由阻碍其使用，

---

[1] 柳福东：《柬埔寨与印度尼西亚的商标制度》，《中华商标》2005年第2期，第36页。

而自身无意不使用或放弃该商标的，不在此限。① 此外，该法还对商号、不公平竞争行为、商标的侵权与救济等做了规定。

在专利权方面，柬埔寨《专利、实用新型和外观设计法》于2003年1月实施。其保护范围包括通过柬埔寨专利法和通过PCT国际申请途径向柬埔寨申请的发明、实用新型和外观设计三种专利。根据该法规定，申请专利的发明必须是发明者提出的一种解决技术领域特定问题的技术方案，包括产品和方法。实用新型证书授予任何具有新颖性和工业实用性的产品或方法。② 外观设计是指对产品的形状、图案、色彩或者它们的组合所做出的富有美感并适用于工业应用的新设计。凡未经权利人同意而使用其发明专利、实用新型或外观设计的，均属侵权行为，权利人可以提起诉讼，请求法院发布停止侵权的禁令，赔偿损失，或者采取其他补救措施。

柬埔寨的版权和相关权制度，主要体现于2003年颁布实施的《版权和相关权法》。根据该法，版权的主要内容包括：（1）保护对象。为具有独创性的作品。作品的具体形式包括：所有类型的阅读书籍以及其他文字、艺术、科学教育文字材料；演讲、发言、布道、口头或书面辩论以及其他类似性质的作品；戏剧作品或音乐剧；舞蹈作品，包括现代作品或从传统作品、民间传说改编的作品；马戏表演和哑剧；有文字或没有文字的音乐作品；视听作品；绘画、雕刻、雕塑作品或其他拼像拼贴作品或应用艺术作品；摄影作品或其他借助摄影类似技术创造的作品；建筑作品；计算机软件；手工艺品、手工纺织品或其他布艺上的拼像拼贴作品。（2）权利内容。版权由作者享有。作者是创作和披露作品的人。除非有相反证据，作品向公众传播期间署名的自然人或法人享受作者的权利。版权中的精神权利包括：发表权、署名权和保护作品完整权；财产权利包括：复制权，发行权，展览权，表演权，播放权，租赁权（不包括计算机软件），翻译权，改编权，进口权，以及其他向公众传播的权利。（3）权利的限制。包括合理使用、强制许可等。

---

① 申华林：《中国—东盟自由贸易区知识产权法律制度研究》，广西人民出版社2011年版，第103页。

② 柳福东：《柬埔寨的专利制度》，《中国发明与专利》2011年第3期，第112—113页。

(4) 保护期限。① 版权依创作而自动取得，登记属于自愿行为。相关权包括表演者权、录音录像制作者权、广播组织权，保护的对象是表演者的作品、录音录像制品和通过广播组织的广播。

值得注意的是，柬埔寨重视传统知识和地理标志的保护。对于传统知识，是通过申报联合国世界非物质文化遗产项目来保护的。2003年，该国文化艺术部成立了非物质文化遗产委员会，专门负责相关工作。目前高棉古典舞蹈已经申遗成功，下一步的计划是，将走马灯、古典乐器长琴、古典戏剧、高棉丝绸等申报为非物质文化遗产。对于地理标志，"贡布胡椒"在获得地理标志认证后成功开拓国际市场的案例，② 让政府认识到地理标志保护对于产业发展的重要性，目前正在起草《地理标志保护法》。此外，《商业秘密保护法》《集成电路布图设计保护法》的制定也已列入规划。

三 缅甸知识产权制度

缅甸自然条件优越，资源丰富，国民经济以农业为主，工业发展缓慢。但近年来政府高度重视工业、服务业的发展，农业在国民经济中所占比重下降。③ 据亚洲开发银行报告，2015年缅甸经济增长率为8.3%，2016年为8.3%，速度相当快，经济发展前景看好。但由于基础设施落后，其人均GDP依然处于最不发达国家之列。④ 落后的经济决定了其知识产权保护水平不高，发展滞后。

缅甸于1995年加入WTO，2001年加入WIPO，但没有加入巴黎公

---

① 申华林：《中国—东盟自由贸易区知识产权法律制度研究》，广西人民出版社2011年版，第110—113页。

② 贡布胡椒被列入地理标志产品后，在国际市场的知名度不断提高，价格也随之上升。以法国市场为例，2014年价格涨到175欧元/公斤，相当于230美元/公斤，远远超过柬埔寨国内市场的价格。柬埔寨商业部的报告显示，2013年柬埔寨胡椒出口量为74965吨，出口额为430万美元，与2012年的45719吨和出口额约100万美元相比增长了64%左右。参见梁薇《柬埔寨：2014年回顾与2015年展望》，《东南亚纵横》2015年第2期，第20页。

③ 唐威迪等：《缅甸：2017年回顾与2018年展望》，《东南亚纵横》2008年第1期，第49页。

④ 廖亚辉、秦羽：《缅甸：2016年回顾与2017年展望》，《东南亚纵横》2007年第2期，第33页。

约、马德里协定及其议定书。作为WTO成员方,缅甸受到TRIPS规则约束,基于TRIPS对最不发达国家的优惠待遇,缅甸可于2021年后方始履行TRIPS规定的义务。2005年,缅甸在WIPO指导下,借鉴东南亚国家的相关法律,制定了一整套涉及专利、工业设计、商标和版权保护的法律草案,准备以之取代颁布于1914年的《版权法》和1911年的商标登记制度。[1] 该草案经过十余次修改后,于2014年形成定稿,但未能如期通过。据《缅甸金凤凰报》报道,该国教育部研究与创新管理局局长吴温凯莫在世界知识产权日庆祝仪式上表示,缅甸政府将于2017年相继颁布《商标法》《工业品外观设计法》《版权法》和《专利法》等4部知识产权保护法律。[2]

就当前而言,缅甸的知识产权法律规定相当简陋、陈旧。在版权方面,1914年颁布的《版权法》依然有效。在商标保护方面,英国殖民时期建立的注册制度,准确地说,是一种登记制度,这意味着,缅甸对商标的保护还停留在习惯法阶段。[3] 由于并无相关立法对商标进行保护,当发生仿冒驰名商标行为时,主要通过刑法和民法中的有关规定处理。根据1861年颁布的《缅甸刑法典》第478条,商标是用以表明商品系由某一特定的人进行生产或销售的标志。商标必须具有独特性。文字或者各种不同颜色的混合,均可构成商标。[4] 由于法律定义很不明确,故该国对于商标的理解存在混乱。[5] 商标所有人以向注册主管部门提出所有权声明的形式进行注册。声明中必须包括名称、注册个人或所代表公司的名称以及注册申请人的签名等。该声明通常要求得到地方官员、公证员或司法官员的认证。在注册过程中,应提交以下文件:申请人正在以销售为目的于制造或销售的商品上使用该商标;该商标是由申请人设计的,且并未假冒或模仿他人的商标;据申请人所知,截至申请之日,尚无人在

---

[1] 杨静:《东盟国家知识产权立法与管理的新发展》,《东南亚纵横》2008年第2期,第68页。

[2] 中华人民共和国商务部网站,http://www.mofcom.gov.cn/article/i/jyjl/j/201705/20170502569711.shtml,访问时间:2018年5月5日。

[3] 柳福东:《缅甸和菲律宾的商标制度》,《中华商标》2005年第4期,第57页。

[4] 申华林:《中国—东盟自由贸易区知识产权法律制度研究》,广西人民出版社2011年版,第135—136页。

[5] 柳福东:《缅甸和菲律宾的商标制度》,《中华商标》2005年第4期,第57页。

类似商品上使用该商标。商标一经注册，其所有人有权对假冒商标行为进行打击。

简陋、陈旧的知识产权制度显然不能适应日益发展的国际经济交往需要。为了鼓励外商对缅甸发展经贸、投资关系，缅甸已于2017年7月24日将关于商标、版权、专利和工业品外观设计的法律草案提交至联邦议会的立法委员会进行审议。从草案的内容来看，其保护水平已经达到TRIPS要求的最低保护标准。

值得注意的是，缅甸比较重视对传统知识、遗传资源的保护。为保护和发展传统医药，缅甸设立了专门的传统医学司，开办传统医学学院，成立传统医学医师协会，并于1996年颁布了《传统医药法》。缅甸的遗传资源很丰富，生物多样性明显，为了进行有效的保护，缅甸于1994年制定了《野生动植物和自然保护区保护法》，并于1995年加入《生物多样性公约》，于2004年加入《粮食和农业植物遗传资源国际条约》，于2014年加入《生物多样性公约关于获取遗传资源和公正与公平分享其利用所产生惠益的名古屋议定书》等。

四　老挝知识产权制度

老挝是一个内陆国家，经济以农业为主，工业基础薄弱，发展滞后，是东盟中最不发达的国家之一。老挝的知识产权法律主要由两部总理法令和一部知识产权法构成，即1995年颁布的《关于商标的总理法令》、2002年颁布的《关于专利、小专利和外观设计的总理法令》和2007年颁布的《知识产权法》。此外，2002年3月，老挝科技与发展部颁布《关于商标注册的规定》，以加强商标管理工作；2003年2月颁布《关于执行专利、小专利和工业品外观设计法令实行细则》，用于指导专利保护工作。《知识产权法》于2008年4月14日生效。根据该法，知识产权包括工业产权、植物新品种权、版权及相关权（邻接权）。

专利权方面，主要法律有2002年颁布的《关于专利、小专利和外观设计的总理法令》、2003年2月颁布的《关于执行专利、小专利和工业品外观设计法令实行细则》和2007年颁布的《知识产权法》。根据规定，申请专利的权利属于发明人或设计人。专利申请采用"先申请制"。[①] 申请专利，应向老挝科技部知识产权局提出。但是，老挝知识产权局自身不进行实质审查，而是委托中国、欧盟、WIPO或新加坡等国家或组织进行审查，并进行国际范围的检索，审查及检索费用由申请人承担。因老挝本国的企业难以承担高昂的专利申请费用，目前90%的专利申请都是国外企业通过PCT途径进入老挝。对于PCT途径进入老挝的专利申请，老挝规定必须在自国际申请日（如有优先权的以优先权为准）起30个月内进入老挝国家阶段。[②] 小专利相当于我国的实用新型专利，其授权以具备新颖性和实用性为条件。工业品外观设计是指对于产品的形状、图案、色彩或者它们的结合所做出的富有美感并适于工业应用的新设计，其授权强调新颖性。

商标权方面，主要有1995年颁布的《关于商标的总理法令》、2002年通过的《关于商标注册的规定》和《知识产权法》。根据规定，商标，是用以表明货物或服务属于商标持有人的一种标志。商标注册是商标使用人取得商标专用权的前提。商标注册，必须向老挝科技部知识产权局商标处提出申请。一件商标注册申请，就一类商品或服务进行。申请中，须对使用商标的货物和服务的特点、性质进行详细描述，如果界定不清，或违反民族文化道德、公共秩序，或误导公众等，则不予注册。[③] 如果申请人已经在国外注册了类似的商标，则该申请人在老挝享有申请优先权，但是其申请须参照参加的国际条约或法律规范办理；所有有关注册申请的权利变动，或商标权利转让，均须得到老挝科技部的备案后，才能生效。[④] 对于商标侵权，商标所有人可以寻求行政救济，即向科技部申请处理侵权纠纷，向侵权方索赔；或向法院起诉，使侵权人承担民事和刑事责任。

---

① 申华林：《中国—东盟自由贸易区知识产权法律制度研究》，广西人民出版社2011年版，第131页。

② 黄璐等：《老挝知识产权保护研究》，《现代情报》2013年第8期，第81页。

③ 申华林：《中国—东盟自由贸易区知识产权法律制度研究》，广西人民出版社2011年版，第128页。

④ Lao People's Democratic Republic, Decree No. 06/PM of Prime Minister on Trademarks Registration [Z]. 1995-01-18.

版权与相关权方面，根据老挝《知识产权法》的规定，版权的保护期为作者有生之年及其死亡后 50 年。如果有共同作者，则保护期截止于最后死亡的作者死亡后 50 年。作者是组织的，版权的保护期为该著作创作完成后 50 年，如果作品发表，保护期为著作发表后 50 年。相关权的保护期，表演者权为表演后 50 年；音像制品制作者的权利，为音像制品宣传之日起 50 年，如果音像制品刊登或发表，则为音像制品首次发表后 50 年；音像制品传播者的权利，为音像制品播出后 50 年。①

关于植物新品种权，老挝的规定与中国类似。植物新品种是指经过人工培育的或者对发现的野生植物加以开发，具备新颖性、特异性、一致性和稳定性并有适当命名的植物品种。对于多年生植物，植物新品种权的保护期为 25 年，自申请之日起算；对于一年生植物，保护期为 15 年，自申请之日起算。维持植物新品种权，需每年支付年费。

老挝负责知识产权管理的部门是国家科技部知识产权局。该局成立于 1991 年，早期主要从事商标的相关工作，2004 年成立专利部门。目前，知识产权局负责包括专利、商标等在内的所有知识产权事务，其下设专利、小专利、工业品外观设计处，商标处，以及法制处。申请人（包括企业和个人）申请专利、商标，必须向知识产权局提交申请。

在知识产权国际合作方面，老挝于 1954 年即成为《世界版权公约》（简称 UCC）的成员，但这并未能促进国内版权制度建设，直到 2007 年新的《知识产权法》颁布，该国甚至没有颁布版权方面的法律规范，至少没有总理法令这一立法层次的法律。② 老挝 1995 年加入 WIPO，1998 年加入《保护工业产权巴黎公约》，2006 年加入《专利合作条约》（简称 PCT），并于 2012 年 10 月加入 WTO。近年来，老挝积极参与东盟知识产权一体化进程，现已加入东盟商标和专利统一注册系统，批准并实施《关于获取生物和遗传资源的东盟框架协定》和《东盟知识产权合作框架协议》。

---

① 黄璐等：《老挝知识产权保护研究》，《现代情报》2013 年第 8 期，第 83 页。
② 万飞：《WTO TRIPS 协定与老挝知识产权保护制度完善问题研究》，博士学位论文，武汉大学，2004 年，第 24 页。

第四章

国际法基础(1):TRIPS

中国—东盟知识产权协调的国际法基础有两个部分:一是全球知识产权制度协调的成果,即《与贸易有关的知识产权协定》(简称TRIPS);二是东盟的知识产权制度协调成果。TRIPS是世界贸易组织(WTO)法律框架中附件1C部分。1994年4月15日,TRIPS在摩洛哥马拉喀什正式签署。1995年1月1日,该协定随着WTO的成立而正式生效。根据规定,凡WTO成员必须加入TRIPS,而且未经其他成员同意,不得对该协定的任何规定提出保留。中国与东盟十国均加入WTO,受TRIPS规则约束。TRIPS规定了知识产权保护的最低标准,WTO成员国均有义务遵守。因此,中国—东盟知识产权协调必须基于TRIPS规则进行,TRIPS是这一协调的最重要的国际法基础。本章论述TRIPS,[①] 而将东盟知识产权制度协调部分放到第五章。

第一节 意旨、特点、基本原则和缺陷

TRIPS是在经济全球化不断深化的时代背景下,以美国为首的发达国家为维护和扩大经济、科技、国际贸易优势,经过与发展中国家反复的激烈博弈而达成的结果。TRIPS通过之后,曾为该协定的制定多方奔走、代表美国大公司利益的"知识产权委员会"(IPC)不无得意地宣称:除了给予发展中国家的过渡期太长以外,该委员会的期望已

[①] 本章内容,参见朱继胜《与贸易有关的知识产权协议》,杨巧主编《知识产权国际保护》,北京大学出版社2015年版,第139—174页。

经实现了95%。①

TRIPS有五个特点：（1）以此前的《巴黎公约》（1967年文本）、《伯尔尼公约》（1971年文本）、《罗马公约》和《集成电路知识产权条约》等所确立的保护标准为起点，为知识产权保护确立了更高的标准。（2）引入最惠国待遇原则，为知识产权保护水平的进一步提高预设伏笔。（3）未经其他成员方同意，不得对TRIPS的任何规定提出保留。（4）规定了迅速而有效的争端解决程序。（5）为不同发展水平的国家实施TRIPS规定了不同的时间表。

TRIPS包含哪些基本原则，学界并无一致见解。一般认为，TRIPS确立了四个基本原则，即国民待遇原则、最惠国待遇原则、最低保护标准原则和利益平衡原则。这些基本原则对各国知识产权保护的立法、执法和司法产生了深刻的影响。

TRIPS有促进知识产权国际保护、减少假冒商品对国际贸易扭曲之功，但也存在一些制度缺陷：（1）只注重知识产权的财产性，而忽视其精神性。（2）与发达国家相比，发展中国家承担了更多的义务。②（3）实施程序的规定极易蜕变为知识产权滥用的工具。（4）在保护对象上有所偏颇，对现代知识给予高水平保护，对发展中国家占优势的传统知识、民间文学艺术、遗传资源等仅予以极为有限的保护，甚至不予保护。

第二节 知识产权保护标准

TRIPS为各种知识产权确立了最低保护标准，要求各成员方无保留地予以遵守。

---

① Susan K. Sell, *Private Power, Public Law: The Globalization of Intellectual Property*, Cambridge University Press, 2003, p. 115；转引自李琛《论知识产权法的体系化》，北京大学出版社2005年版，第90页。

② TRIPS协议只引入最惠国待遇，而没有将在GATT中已广为接受的非互惠待遇引入；同时对于强制许可规定了比以往任何国际条约都更为严格的条件，使发展中国家承担了较多的义务，势必影响其科技进步和经济社会发展。

一 版权与邻接权

（一）版权

1. 与《伯尔尼公约》的关系

TRIPS 第 2 条第 2 款对《伯尔尼公约》做了保护性规定：TRIPS 的任何规定都不减损成员在《伯尔尼公约》项下应承担的现有义务。

TRIPS 第 9 条第 1 款进一步规定，全体成员应遵守《伯尔尼公约》（1971 年）第 1—21 条和附件的规定。《伯尔尼公约》第 1—21 条是关于版权保护的实体规则，附件则涉及对发展中国家的优惠。协定要求全体成员都遵守这些规定，而不论其是否为《伯尔尼公约》的缔约方。

TRIPS 在该款中同时规定，对于《伯尔尼公约》第 6 条之二规定的权利及由此衍生的权利，成员既无权利，也无义务。"《伯尔尼公约》第 6 条之二规定的权利及由此衍生的权利"，是指作者的精神权利。所谓"既无权利，也无义务"，是指各成员没有权利要求其他成员保护有关权利，自己也无义务给予保护。可见，作者的精神权利在 TRIPS 中并未得到承认和保护。

2. 版权保护的对象

TRIPS 第 9 条第 2 款规定，版权保护仅及于表达，而不延及于思想、程序、操作方法或数学概念之类。

3. 计算机程序和数据汇编

TRIPS 第 10 条第 1 款规定："计算机程序，不论是以源代码形式或目标代码形式，应作为《伯尔尼公约》（1971 年）规定的文字作品予以保护。"这一规定明确了计算机程序的法律地位。

对于数据汇编，TRIPS 第 10 条第 2 款规定："数据或其他材料的汇编，无论是机器可读形式还是其他形式，只要其内容选取或编排构成智力创作成果，即应受到保护。"

TRIPS 同时规定，这种保护不及于汇编所包含的数据或其他材料本身，而且不得减损存在于该数据或其他材料本身的任何版权。

4. 出租权

因 TRIPS 要求其成员实施《伯尔尼公约》中关于版权保护的实体规则，故而对版权人的具体权利不再做出详细规定，仅在其第 11 条规定了计算机程序和电影作品的出租权。

根据 TRIPS 第 11 条的规定:"至少对于计算机程序和电影作品,成员应规定作者及其权利继受者有权授予或禁止对其享有版权的作品的原件或复制品向公众进行商业性出租。"据此,计算机程序和电影作品的作者及其权利继受者在通常情况下应享有出租权。至于其他类型的作品的作者是否享有出租权,TRIPS 未作规定。

为了平衡各方利益,TRIPS 对出租权施加了两点限制:(1)对于电影作品,如果此种出租没有导致对该作品的广泛复制,从而未对该成员授予作者及其权利继受者的专有复制权构成实质损害的,成员可免于承担保护出租权的义务。(2)对于计算机程序,如果该程序本身不是出租的实质标的,则不适用上述义务。例如,出租计算机硬件系统时,尽管计算机上携带有操作系统和其他程序,但因出租的实质标的是硬件系统,而非计算机程序,此时就不适用有关出租权的规定。

5. 最低保护期限

对于作品的保护期,TRIPS 第 12 条对《伯尔尼公约》做了补充规定:除了摄影作品和实用艺术作品外,凡不以自然人的生命为基础来计算保护期的,自作品经授权出版的公历年结束时起算,这一期限不得少于 50 年。如果该作品在创作完成后 50 年内未被授权出版,则为自作品完成的公历年结束时起算,不应少于 50 年。

6. 限制与例外

在版权保护领域,合理使用是一项重要制度。TRIPS 立足于加强版权保护,其所规定的"限制与例外",实际上是对成员有关合理使用的限制。

根据 TRIPS 第 13 条的规定,虽然协议允许各成员限制版权或规定例外,但要求同时满足以下三个条件:其一,仅限于某些特殊情况,例如,基于合法的公共政策要求限制版权;其二,与作品的正常利用不相冲突;其三,不应不合理地损害权利持有人的合法利益。

(二) 邻接权

与在版权保护上吸收《伯尔尼公约》不同,关于邻接权的保护,TRIPS 并未吸收《罗马公约》,而是以简单的方式重复了《罗马公约》的实体规范,① 并做了一些变通规定。协定关于邻接权的规定,集中在第 14 条,包括表演者权、录音制品制作者权和广播组织权。

1. 表演者权

协定第 14 条第 1 款规定,表演者享有制止他人未经授权录制其表演和复制这类录制品的权利;享有制止他人未经授权以无线方式广播和向公众传播其现场表演的权利。

2. 录音制品制作者权

协定第 14 条第 2 款规定,录音制品制作者应享有授权或禁止直接或间接复制其录音制品的权利。这一规定与《罗马公约》第 10 条完全相同。

根据协定第 14 条第 4 款,录音制品制作者还享有出租权。该款规定:"第 11 条关于计算机程序的规定原则上应适用于录音制品制作者和由成员域内法规定的其他权利持有人。"不过,如一成员在 1994 年 4 月 15 日前已就录音制品的出租建立了向权利持有人公平付酬的制度,则可继续保留该制度,只要录音制品的商业出租未对权利持有人的专有复制权产生实质性的损害。

3. 广播组织的权利

协定第 14 条第 3 款授予广播组织四项权利:其一,录制权。广播组织有权禁止他人未经许可将其广播加以录制。其二,复制权。广播组织有权禁止他人未经许可将其录制的广播加以复制。其三,转播权。广播组织有权禁止其他广播组织未经许可而以无线方式转播其广播。其四,传播权。广播组织有权禁止他人未经许可将其电视广播向公众传播。如果成员尚未授予广播组织上述权利,则应根据《伯尔尼公约》(1971 年)的有关规定,使广播内容的版权人享有禁止上述行为的权利。

表演者权和录音制品制作者权的保护期,自该录制或表演完成的公历年结束时起算,不少于 50 年。广播组织的权利的保护期,自广播播出的公历年结束时起算,不少于 20 年。

协定第 14 条第 6 款规定,对于表演者、录音制品制作者和广播组织的权利,任何成员均可以在《罗马公约》允许的范围内规定各种条件、

---

① 孔祥俊:《WTO 知识产权协定及其国内适用》,法律出版社 2002 年版,第 120 页。

例外、限制和保留。但《伯尔尼公约》（1971年）第18条[①]关于追溯力的规定原则上应适用于表演者和录音制品制作者的权利。

二　商标

关于商标，TRIPS 在第2条"知识产权公约"中要求各成员应遵守《巴黎公约》的有关实体规定。协定第二部分第二节"商标"，针对一些具体问题以及《巴黎公约》未涉及的问题，做了详尽而又复杂的规定，以实现发达国家追求的两个主要目标：第一，提高商标保护水平，包括服务商标和驰名商标；第二，严厉制止对商标的国际假冒行为。[②]

（一）商标的定义与商标注册

TRIPS 为商标下了一个明确的定义，这是此前的《巴黎公约》所没有的。协定在第15条第1款规定，任何标记或标记的组合，只要能将一个企业的商品或服务与其他企业的商品或服务区别开来，均能构成一项商标。此种标记，尤其是文字（包括人名）、字母、数字、图形要素和色彩的组合，以及任何此类标记的组合，均可作为商标予以注册。与《巴黎公约》不同的是，TRIPS 下的商标不仅包括商品商标，还包括服务商标。

商标注册的条件是：（1）商标应具有可识别性。商标本身有可识别性，自然可获得注册；如果商标本身欠缺可识别性，根据使用获得可识别性的，也可予注册。但是，成员可以将标识的视觉可感性作为注册条件。这意味着，成员可以将"气味商标""声音商标"排除在商标保护范围之外。（2）成员可以将使用作为注册的依据。但是，成员不得将商标的实际使用作为接受申请的前提，也不得仅以自申请日起达3年，未"意图使用"（intended use）商标为由，驳回注册申请。（3）商品或服务的性质在任何情况下都不应对商标的注册形成障碍。也就是说，不得以

[①] 《伯尔尼公约》第18条规定：1. 本公约适用于所有在本公约开始生效时尚未因保护期满而在其起源国进入公有领域的作品；2. 但是，如果作品因原来规定的保护期已满而在被要求给予保护的国家已进入公有领域，则该作品不再重新受保护；3. 本原则应按照本同盟成员国之间现有的或将要缔结的有关特别公约所规定的条款实行。在没有这种条款的情况下，各国分别规定实行上述原则的条件。

[②] 孔祥俊：《WTO 知识产权协定及其国内适用》，法律出版社2002年版，第130页。

商品或服务的性质为理由，拒绝给予注册。

为了增加透明度，各成员应在商标获准注册之前或注册之后迅速予以公告，并应对他人请求撤销该注册给予合理机会。此外，各成员可以为他人对注册商标提出异议提供机会。

(二) 注册商标权的内容

TRIPS 第 16 条第 1 款规定，注册商标所有人对其注册商标享有专有使用权，未经注册商标人许可，任何第三人不得在相同或相类似的商品或者服务的经营活动中，使用与注册商标相同或相类似的商标，以免产生可能的混淆。[①] 为了强化商标专有使用权的保护，该款同时规定，如果在相同商品或服务上使用相同的商标，则推定存在混淆的可能性。

在普通法中，商标不能离开商业活动而存在，不能仅仅基于选定某个标记就获得商标权，而必须通过使用才能获得权利。[②] 未注册商标人只须选定和首次使用商标，就能够享有商标专有权。[③] 为了与这一制度协调，TRIPS 规定，未注册商标人能否享有商标专有权，由成员自己决定。并在第 16 条第 1 款声明：注册商标专有权"不得损害任何已有的在先权利，也不得影响成员以使用为基础授予权利的可能性"。

(三) 驰名商标

驰名商标是《巴黎公约》关于商标的一项重要制度。TRIPS 为驰名商标提供了比《巴黎公约》更高水平的保护。关于驰名商标的规定，集中在协定第 16 条第 2、3 款，包括以下内容。

1. 驰名商标的适用对象

《巴黎公约》第 6 条之二有关驰名商标的规定，原本只针对商品商

[①] 根据 TRIPS 的规定，商品或服务的混淆是构成侵权的要件。如果不大可能造成商品或服务的混淆，即使第三人使用与注册商标相同或者相似的商标，也应该被允许，其行为不构成侵权。例如，注册商标所有人甲在 A 地经营煎饼，乙在 B 地经营煎饼，乙使用的商标与注册商标相同或者近似，但因 AB 两地相距甚远，而煎饼销售地域不同且销售范围较小，因而甲乙的商品不可能发生混淆。此时，乙的行为不构成商标侵权。我国商标侵权的门槛没有"混淆"要件。参见宁立志主编《知识产权法》，武汉大学出版社 2011 年版，第 504 页。

[②] [美] 阿瑟·R. 米勒、迈克尔·H. 戴维斯：《知识产权法概要》，周林等译，中国社会科学出版社 1998 年版，第 103 页。

[③] 未注册商标与注册商标在法律保护方面有所不同，前者主要通过反不正当竞争法来保护；后者当然也可用反不正当竞争法保护，但主要还是以专门的商标法来保护。

标。协定规定，上述规定原则上适用于服务商标，拓展了驰名商标的适用对象。

2. 确定驰名商标应考虑的因素

协定规定，在确定一个商标是否成为驰名商标时，成员应考虑该商标在相关领域的公众中的知名度，包括在该成员域内因商标宣传而获得的知名度。

3. 驰名商标的效力

协定规定，即使在不相类似的商品或服务上，也不得使用他人已注册的驰名商标，只要此种使用将使人认为有关商品或服务与注册商标所有人之间存在联系，且此种使用有可能损害商标权人的利益。这意味着，协定突破了"类似原则"，将《巴黎公约》第 6 条之二的适用范围扩大了，由相同或类似商品或服务扩大到不相类似的商品或服务，加强了对驰名商标的保护。

（四）商标权的例外

根据协定第 17 条，成员可以对商标授予的权利规定例外，但是，例外必须满足两个条件：（1）例外是有限的，如商标标识中的描述性词语的合理使用。（2）此种例外考虑商标所有人和第三方的合法权益。所谓"描述性词语"，是指那些具体说明商品或服务的性质、用途、原料等不能专属于特定主体的词语。

（五）保护期限

协定第 18 条规定，商标的首次注册及每次续展注册的保护期，均不得少于 7 年。商标的续展注册没有限制，可以无限期续展。

（六）使用要求

商标的使用要求，包括维持注册商标的使用要求和在贸易中的商标使用要求。TRIPS 对成员可能提出的商标使用要求进行了限制。

对于维持注册商标的使用要求，协定第 19 条第 1 款规定，成员如以使用商标作为维持注册的条件，则只有在至少连续 3 年不使用之后，且商标所有人未能提供使用存在障碍的正当理由，方可注销注册。对于"正当理由"，协定规定：凡基于商标所有人意志以外的原因而构成商标使用障碍者，例如政府对受商标保护的商品或服务实施进口限制或提出其他要求，均构成不使用的正当理由。必须注意的是，这里只是列举构成正当理由的一种典型情况,并未穷尽。

TRIPS 第 19 条第 2 款规定,在商标所有人的控制下,他人对该商标的使用应被视为是旨在续展的商标使用。与《巴黎公约》第 5 条 C 款第 1 项[1]相比,TRIPS 第 19 条将《巴黎公约》中的"合理期限"明确为"至少连续 3 年",将"商标所有人意志以外的使用障碍"作为"正当理由"的一种典型予以明确,并把"他人使用"视为"注册商标的使用",使规定更具有可操作性。

对于在贸易中的商标使用要求,TRIPS 第 20 条规定,禁止成员在贸易中对商标使用提出不合理要求,例如,要求与另一商标共同使用;或要求以特殊形式使用;或要求以损害商标区别性能的方式使用。不过,成员可以要求,在使用某商标以区分不同企业之商品或服务的同时,使用另一商标来区别同一企业的特定商品或服务,而这两个商标之间未必有联系。有学者认为,这主要是为了防止名气小的商标搭名气大的外国商标的便车。[2]

(七) 商标的许可使用与转让

根据协定第 21 条,商标许可使用和转让的条件,完全由成员域内法规定,但禁止实施强制许可。注册商标所有人有权将商标连同或不连同商标所属的企业或业务一起转让。这一规定改变了《巴黎公约》第 6 条之四的规定——同盟成员国可以要求企业和商誉与商标同时转让,使商标转让获得了更大的自由度。

三 地理标志

《巴黎公约》中的货源标记和原产地名称包含地理标志,因而《巴黎公约》的实体性规范,特别是有关货源标记和原产地名称的规定也适用于地理标志。TRIPS 在《巴黎公约》的基础上,丰富了地理标志的保护内容。

1. 地理标志的定义

协定第 22 条第 1 款规定,地理标志是指这样一种标志:标示某商品

---

[1] 如果在任何国家,注册商标的使用是强制的,则只有经过合理期间,而且只有当事人不能证明其不使用有正当理由,才可以撤销注册。

[2] 宁立志主编:《知识产权法》,武汉大学出版社 2011 年版,第 505 页。

来源于某成员地域内，或来源于该地域中的某地区或某地方，该商品的特定品质、声誉或其他特性，主要取决于其地理来源。

地理标志的特点是，该地域之内的同一产品的生产者或提供者都可以使用该标志，而该地域之外的同类产品的生产者或提供者则不得使用该标志，以避免造成商品来源上的混淆。

2. 地理标志的保护

对于地理标志，协定要求成员为利害关系人提供法律手段以制止下列行为：（1）使用标志，使公众对该商品来源产生误认的行为；（2）使用标志，依《巴黎公约》（1967年文本）第10条之二，构成不正当竞争的行为。

如果商标注册中使用了地理标志，使公众对商品的真实来源地产生误认的，如其法律允许，成员应依职权，或依利害关系人的请求，驳回或撤销该商标的注册。

表面真实但蓄意误导的地理标志，即虽然在文字上标示了商品的真实来源地，但又误导公众使其误认商品来源于另一地域的，亦在应予禁止之列。

3. 对葡萄酒和烈性酒地理标志的补充保护

酒是一种特殊商品，其品质、风格的形成与产地特有的土壤、水质、气候和传统工艺密切相关。鉴于地理标志对酒类的商业价值有直接影响，保护酒类的地理标志尤为重要，故而TRIPS做了"补充保护"的规定。

TRIPS第23条规定，对于葡萄酒和烈性酒的地理标志，各成员应为利害关系人提供法律措施，以制止使用地理标志去标识并非来源于该地理标志所示产地的葡萄酒或烈性酒，即使公众并未被误导，即使未构成不正当竞争，即使标示了商品的真实来源地，即使采用译文或同时采用了诸如"种类""型号""式样""仿制品"之类的描述，也在禁止之列。

4. 例外

根据TRIPS第24条，地理标志保护的例外主要与葡萄酒、烈性酒地理标志的补充保护有关，其具体内容可归纳如下。[①]

（1）在先使用和善意使用。如一成员的国民或居民，在该成员域内酿制或销售的葡萄酒、烈性酒上连续使用另一成员的葡萄酒、烈性酒的

---

① 刘春田主编：《知识产权法》，中国人民大学出版社2002年版，第433页。

特定地理标志，至乌拉圭回合谈判结束之日起已满 10 年；或者在该日期以前的使用是善意的，不在此限。

（2）在先权利。如一成员依本协定，在适用本协定所做的过渡安排设定的日期以前，或地理标志在来源国获得保护以后，某一商标已善意地获得注册，或业经善意使用而获得保护，则该商标不应因为实施本协定的目的而遭受任何损害，以致影响其效力。

（3）地理标志中的惯常用语。如一成员在其域内，在通用语言中用作某一类商品或服务的普通名称的惯常用语，碰巧与其他成员的相同或类似的商品或服务上使用的地理标志相同或类似，则成员无义务对该地理标志给予保护。如一成员域内已有的葡萄品种的惯用名称与其他成员的关于葡萄品种及产品的地理标志在本协定生效之日依旧相同，成员亦无义务保护该地理标志。

（4）地理标志的注册申请对抗不利使用的期限。协定第 24 条第 7 款规定，申请地理标志的注册请求，必须在对该受保护的标志进行不利使用在该成员域内已经人所共知之后的 5 年内提出。或者，如果该商标在注册之日已被公布，而注册之日早于上述"人所共知"之日，且对该地理标志的使用或注册不是恶意的，则上述请求须在该商标注册后 5 年内提出。

（5）有关姓名的使用权。协定的规定并不排除任何人在贸易过程中使用自己的姓名或其前任的姓名，只要此种使用方式不至于导致公众的误解和混淆。

（6）在原产地国不受保护或已终止保护，或已停止使用的地理标志，在本协定项下不受保护。

四　工业品外观设计

《巴黎公约》已将工业品外观设计作为保护对象，但仅在第 5 条之五简单规定："工业品外观设计在一切本同盟成员国均应受到保护。"至于受保护的条件、要求及授予何种权利，概由各国自行决定。TRIPS 第二部分第四节对此做了较为具体的规定，主要涉及两个问题：工业品外观设计的保护条件与保护措施。

1. 保护条件

根据协定第 25 条，工业品外观设计受保护的条件是：

（1）独立创作。作者"独立创作"，是工业品外观设计受保护的强制性条件。独立创作意味着外观设计不能是复制或仿制的。

（2）新颖性或原创性。必须具有新颖性或原创性，外观设计才能受保护。但对于新颖性或原创性，TRIPS并不要求具有显著的特征或原创性，只要求与已知设计或已知设计的组合特征相比，具有明显的区别即可。

（3）注册。依协定规定，注册或备案并不是保护的前提条件。但协定允许成员选择如下保护模式：①版权；②注册特殊工业品外观设计权；③未注册特殊工业品外观设计权。[①] 其中可能涉及注册问题。

此外，协定要求，各成员应保证其对纺织品外观设计的保护条件，特别是有关费用、审查或公布的要求，不得无理损害寻求获得此种保护的机会。

2. 工业品外观设计权的内容和例外

协定第26条第1款规定，受保护的外观设计的所有人，应有权制止未经其许可，为商业目的制造、销售或进口含有受保护的设计的复制品或实质性复制品的行为。

协定第26条第2款规定，对工业品外观设计权，各成员可以规定有限的例外，但须同时满足三个条件：（1）未与该工业品外观设计的正常利用形成不合理冲突；（2）未不合理地损害工业品外观设计所有人的正当利益；（3）顾及了第三方的合法权益。

另外，不论采用哪种保护模式，成员都可以规定，对外观设计的保护，不得延及于主要由技术因素或功能因素所构成的设计（如汽车零部件外观设计）。

3. 保护期限

协定第26条第3款规定，工业品外观设计的保护期不得少于10年。

五　专利

除了吸收《巴黎公约》中的专利条款外，TRIPS在第二部分第五节还规定了以下内容。

[①] 宁立志主编：《知识产权法》，武汉大学出版社2011年版，第507页。

（一）可获专利的客体

TRIPS 第 27 条第 1 款规定，除另有特别规定外，所有技术领域内的一切发明，无论是产品发明还是方法发明，只要其具备新颖性、创造性和工业实用性，即可申请获得专利。可以说，协定是从最广泛的意义上规定了可获专利的客体，而此前有关药品、化工产品、食品等是否可以获得专利的争论，从此画上了句号。

并且，协定对发明专利规定了"非歧视原则"，要求对发明专利的授予和专利权的享受，不得因发明地点、技术领域、产品是进口还是在当地制造而实行差别待遇。

在上述规定的基础上，协定规定了可以排除于专利保护范围之外的发明。

（1）违反公共秩序或者道德的发明。协定第 27 条第 2 款规定，成员可拒绝对某些发明授予专利权，如果在其域内，制止这种发明的商业利用，是为维护公共秩序或道德所需，包括保护人类、动物或植物的生命或健康，或避免对环境造成严重破坏，只要此种拒绝授予并非仅因该发明的利用为其法律所禁止。

（2）某些生命形式发明和某些方法发明。协定第 27 条第 3 款规定，成员有权做出不授予专利权的例外规定，但限于两种情况：一是人类或动物的诊断、治疗和外科手术方法；二是除微生物外的植物、动物，以及生产植物、动物的生物方法。但是，生产植物、动物的非生物方法和微生物方法可获得专利。

此外，根据 TRIPS 第 65 条和第 70 条第 8 款的规定，成员还可以在下述三种情况下，不给予专利保护[①]：（1）对适用协定时尚未予以保护的技术领域，发展中国家成员可再推迟 5 年才保护其产品专利；（2）在协定对成员适用之日已进入公共领域的客体，该成员无义务恢复保护；（3）对医药产品和化工产品适用有条件的延缓期条款，一方面，TRIPS 许诺发展中国家可以延迟 10 年给予医药产品和化工产品专利保护；另一方面，要求发展中国家从协定生效之日起接受医药产品和化工产品的专利申请。

---

① 宁立志主编：《知识产权法》，武汉大学出版社 2011 年版，第 508 页。

(二) 专利权的内容及保护期限

TRIPS 协定第 28 条规定，专利所有人享有两种不同性质的权利：专利权和专利处置权。

1. 专利权

专利所有人享有的专利权，因专利产品和专利方法而有所不同：对于专利产品，专利权人有权制止他人未经许可而制造、使用、标价出售、销售或为这些目的而进口专利产品；对于专利方法，则有权制止他人未经许可而使用该专利方法，以及使用、标价出售、销售或为这些目的而进口至少是以该专利方法直接获得的产品。

2. 专利处置权

根据协定第 28 条第 2 款的规定，专利处置权主要有两项：转让权和许可权。专利权人有权签订专利转让合同和专利许可合同处置其专利权。此外，专利权人还有权以继承方式转移其专利权。上述规定与 TRIPS 序言中提出的"知识产权是私权"原则是一致的。

协定第 33 条规定，专利的保护期为，自提交专利申请之日起算，不少于 20 年。

(三) 专利申请人的条件

根据协定第 29 条的规定，专利申请人提交的专利申请涉及三个条件：

(1) 成员应要求专利申请人以足够清晰、完整的方式披露其发明，以使该领域的技术人员能够实施该发明。

(2) 成员可要求申请人在申请之日，或在申请的优先权日（在要求优先权的情况下），指明发明人所知的实施该发明的最佳方式。

(3) 成员可要求专利申请人提供有关申请人的相应国外申请和授予情况的信息。

(四) 专利权的例外

协定第 30 条规定，各成员在考虑第三方合法利益的前提下，可对所授予的专有权规定有限的例外，但此种例外不得不合理地与专利的正常使用相冲突，也不得不合理地损害专利所有人的合法利益。

(五) 对"其他使用"的限制

TRIPS 第 31 条将未经专利所有人授权的使用统称为"其他使用"，

包括"政府使用"和"强制许可",但不包括上述第 30 条所规定的例外情形。协定对"其他使用"规定了 12 项附加条件,予以严格限制:

(a) 此种使用的授权应个案考虑。

(b) 此种使用,只有在下述情况下方可准许:①在商业使用时,申请使用人在提出申请前,已经依合理的商业条款和条件努力获取权利人的授权,但在合理期间内此种努力未获成功。②在国家处于紧急状态,或其他极端紧急的情况下,或公共非商业使用时,可以不受上述限制。但是,在国家处于紧急状态,或其他极端紧急的情况下,一旦发生此种使用,应合理可行地尽快通知权利人。在公共非商业使用的情况下,当政府或被许可的使用人未经专利检索就知道或有明显的理由应当知道一项有效专利被或将被政府使用,或为政府而使用,则应以适当方法尽快告知专利权人。

(c) 此种使用的范围和期限应限于授权使用的目的。并且,对于半导体技术,此种使用只能是公共非商业使用,或者是作为经司法或行政程序确定的反竞争行为的救济。

(d) 此种使用应当是非独占性的。

(e) 此种使用应当是不可转让的,除非与从事此种使用的那部分企业或商誉一起转让。

(f) 任何此种使用的授权应主要为供应授权此种使用的成员的域内市场。

(g) 在充分保护被授权人合法利益的前提下,当导致此种使用的情况不复存在且不可能再发生时,此种使用的授权应予终止。主管机关有权根据相关请求,审查这些情况是否继续存在。

(h) 应当根据个案情况,基于授权的经济价值,给予权利人充分的补偿费。

(i) 任何关于此种授权决定的合法性均应接受司法审查,或该成员域内另一个较高级独立机构的审查。

(j) 任何为此种使用支付补偿费的决定均应接受司法审查,或该成员域内另一个较高级独立机构的审查。

(k) 在将此种使用的准许作为经司法或行政程序确认的反竞争行为的救济时,各成员无义务提供(b)和(f)项下的条件。

(1) 在不侵犯另一专利（第一专利）就无从利用某一专利（第二专利）的情况下，如果授权此种使用是为了利用第二专利，应适用下列附加条件：

①在第二专利中要求的发明应当包含与第一专利要求的发明有关的、具有明显经济意义的重大技术进步。

②第一专利的所有人应有权以合理条件取得使用第二专利中要求的发明的交叉许可。

③有关第一专利的授权使用应是不可转让的，除非连同第二专利一起转让。

TRIPS 实施后，上述对"其他使用"过于严苛的限制，在发展中国家尤其是最不发达国家引发了严重的公共健康危机等人权问题。自21世纪初期以来国际社会方兴未艾的药品可及性运动，促使 WTO 第四届部长会议于2001年11月通过了《TRIPS 协议与公共健康多哈宣言》，规定 WTO 每个成员有权不经权利所有人同意颁布强制许可，也有权自由决定颁布强制许可的理由，这些理由包括引起公共健康危机的国家紧急情势或其他极端紧急情势——包括艾滋病、结核病、疟疾和其他传染病，以便尽早和尽快地实施强制许可措施。2005年12月6日，WTO 总理事会以决议方式通过了《修改 TRIPS 协议议定书》，对 TRIPS 第31条第1款（f）项进行了修订，在 TRIPS 第31条之下增加第31条之二，将药品专利从"一体保护"修改为"差别保护"，[①] 并在 TRIPS 第73条之后增加附件，就如何利用第31条之二所规定的机制规定了相应的条件和程序。

（六）植物新品种、生物多样性和传统知识的保护

TRIPS 第3款（b）项规定，成员应通过专利制度，或有效的专门制度（例如1961年签署，1972年、1978年和1991年修订的《保护植物新

---

① "一体保护"体现于 TRIPS 第27条第1款的规定，对于所有技术领域的任何发明，其专利权的获得和享有，均不得因发明地点不同、技术领域不同或产品是进口的还是当地生产的不同而受到歧视。依此规定，对于专利，不区分是一般商业用途的专利，还是与健康安全有关的药品专利，均应按 TRIPS 确立的规则给予高水平的保护。"差别保护"则将专利区分为一般商业用途的专利与健康安全有关的药品专利两类，仅对后者给予免除 TRIPS 第31条（f）款规定义务的特殊待遇。参见古祖雪《后 TRIPS 时代的国际知识产权制度变革与国际关系的演变——以 WTO 多哈回合谈判为中心》，《中国社会科学》2007年第2期。

品种国际公约》规定了一种专门保护制度),或这两种制度的混合制度,对植物新品种提供保护。究竟采取何种方式加以保护,由各国自行决定。①

根据 TRIPS,TRIPS 理事会于1999年对植物多样性保护进行审查。2001年《多哈部长宣言》第19段扩大了讨论的范围,认为 TRIPS 理事会应考虑 TRIPS 与《联合国生物多样性公约》②(简称 CBD)、传统知识③和民间文学④保护之间的关系。TRIPS 理事会关于这些主题的工作应以 TRIPS 第7条和第8条为指南,并充分考虑发展问题。

(七)方法专利的举证责任

TRIPS 第34条规定了方法专利侵权的举证责任倒置制度。

各成员应当规定,至少在下述两种情况下,任何未经专利所有权人同意而生产的相同产品,如无相反证据,应推定是该专利方法而获得:

(a)如果使用该专利方法获得的产品是新产品;

(b)如果相同产品极有可能是使用该专利方法所制造的,而专利所有人虽经合理努力仍无法确定产品是否使用了该专利方法生产。

同时,任何成员得自由规定,只有在(a)项条件或(b)项条件满足时,才应当由被控侵权人负担举证责任。

另外,在援引相反证据时,应顾及被告保护其制造秘密及商业秘密

---

① 基于这一规定,中国于1997年制定了《植物新品种保护条例》,采取了专门制度的保护方式。

② 根据《联合国生物多样性公约》,各缔约国可自行决定基因资源的管理,可以将基因资源规定为财产,可以规定利用基因资源和与此相关的传统知识的条件。该公约特别规定,基因提供者享有知情权和惠益共享权。如果他人利用有关基因做出发明时,基因提供者有权知悉;如果他人就该发明获得专利权或其他权利,基因的提供者有权分享由此产生的收益。

③ 传统知识是相对于现代知识而言的。根据 WIPO 的界定,它是指基于传统所产生的文学、艺术或科学作品,表演,发明,科学发现,外观设计,标记、名称及符号,未公开的信息,以及一切来自工业、科学、文学艺术领域内的智力活动所产生的基于传统的创新和创造。所谓"基于传统",意指上述知识体系、创造、创新和文化表达,通常为特定的族群或地区所固有,世代相传,并随环境变化而不断发展。传统知识的具体类型,包括农业知识,科学知识,技术知识,生态知识,医学知识,有关生物多样性的知识,民间文学艺术表达,名称、标记及符号,以及其他未固定的文化财产等,其范围几乎囊括了《建立世界知识产权组织公约》所规定的一切知识财产形式。如果说,现代知识是创新之流,那么,传统知识则是创新之源。

④ 民间文学是指某一民族或某一地区人民的传统艺术表达,如民间传说、民间诗歌、民间音乐、民间舞蹈、民间服饰、民间建筑和民间宗教仪式等。

的合法利益。

六　集成电路布图设计（拓扑图）

TRIPS 对集成电路布图设计的保护规定，以 1989 年 5 月订立的《集成电路知识产权条约》（俗称《华盛顿条约》）[①] 为基础，吸收了该条约第 2—7 条（第 6 条第 3 款除外）、第 12 条和第 16 条第 3 款的规定，并做了一些补充规定。

1. 保护范围

《华盛顿条约》第 6 条第 1 款和 TRIPS 第 36 条规定了集成电路布图设计的保护范围。除了 TRIPS 第 37 条第 1 款另有规定外，成员应将未经权利人授权的下列行为视为非法：

（1）为商业目的而进口、销售或发行受保护的布图设计；

（2）为商业目的而进口、销售或发行含有受保护的布图设计的集成电路；

（3）为商业目的而进口、销售或以其他方式发行包含上述集成电路的物品（仅以其继续包含非法复制的布图设计为限）。

与《华盛顿条约》相比，TRIPS 增加了对第（3）种行为的禁止。

2. 无须权利人授权的行为

根据 TRIPS 第 37 条的规定，无须权利人授权的行为有两种：善意买主和强制许可。

（1）善意买主

对于善意买主的行为，《华盛顿条约》不作为非法行为处理。其第 6 条第 4 款规定，对于采用非法复制布图设计的集成电路，进行商业性进口、销售或者发行的，如果从事此种行为或指示别人从事此种行为的人，在获得该集成电路时，不知道或没有合理理由知道该集成电路包含有非法复制的集成电路，则任何缔约方没有义务将上述行为视为非法行为。

关于善意买主，TRIPS 对《华盛顿条约》做了两点补充：

①将善意买主延及含有"问题集成电路"的物品；

[①] 《集成电路知识产权条约》于 1989 年 5 月 26 日通过，依该条约第 16 条第 1 款规定，至少有 5 个国家批准或加入之后该条约才能生效。

②规定了合理补偿制度。善意买主在收到关于该布图设计系非法复制的明确通知后，虽仍可对存货和此前的订货实施商业性进口、销售或者发行行为，但有责任向权利持有人支付费用，其数额相当于自愿许可协议应付的合理使用费。

（2）强制许可

关于布图设计的强制许可，TRIPS 原则上要求适用专利强制许可的前 11 项限制条件［即 TRIPS 第 31 条（a）—（k）款］，而明确排除适用《华盛顿条约》第 6 条第 3 款有关强制许可的规定。

3. 保护期限

协定第 38 条规定，布图设计的保护期限：以注册作为保护条件的，从申请注册之日起，为 10 年；不以注册作为保护条件的，从其在世界上任一地首次商业性使用之日起，为 10 年；或者从布图设定计创作之日起，为 15 年。

七 未披露信息

TRIPS 第 39 条第 1 款规定，在依据《巴黎公约》（1967 年）第 10 条之二，对反不正当竞争提供有效保护的过程中，各成员应根据 TRIPS 第 39 条第 2、3 款的规定，对未披露信息和向政府或政府机构提交的数据进行保护。

1. 未披露信息的保护

依协定第 39 条第 2 款规定，未披露信息要获得保护，须具备三个要件：

（1）属于秘密，即作为一个整体或就其各部分的精确排列和组合而言，未被通常从事该信息领域工作的人所普遍了解或轻易获知；

（2）因处于秘密状态而具有商业价值；

（3）该信息的合法控制人为保密采取了合理措施。

对于具备上述要件的信息，合法控制信息的自然人和法人可以防止他人擅自"以违背诚实商业行为的方式"披露、获取或使用该未披露信息。所谓"以违背诚实商业行为的方式"，根据 TRIPS 法律文本的注解，应至少包括违约、泄密以及诱使他人泄密的行为，并且包括通过第三方以获取未披露信息（无论该第三方是明知或因重大过失而未知该信息的获取将构成违背诚实商业行为)。

2. 提交政府的数据的保护

在许多国家,法律要求当事人向主管当局提交未披露过的实验数据或其他数据,作为批准采用新的化学成分的药品或农用化学产品上市销售的条件。鉴于此,TRIPS 要求,如果该数据符合规定的条件,成员应予保护以防止不公平的商业使用。

TRIPS 第39条第3款规定,各成员应对符合下列条件的数据予以保护:(1) 该数据是为了产品获得市场销售批准,而向政府或政府机构提交;(2) 产品是药品或农用化学产品;(3) 产品含有新的化学成分;(4) 数据在被提交前未公开;(5) 为数据的最初获取付出了相当努力。

对于此种数据,成员应采取两种保护方式:一是防止不公平的商业使用;二是保护此种数据以防被披露。但是,如果出现以下两种情况,上述数据可以披露:(1) 出于保护公众的需要;(2) 已经采取措施,保证该数据免遭不公平的商业使用。

八 许可协议中限制竞争行为的控制

在许可协议中限制合理竞争,属于滥用知识产权。这种行为对国际贸易产生了消极影响,并阻碍了技术的转让和传播,许多国家的法律对此进行了限制。为了统一这方面的规范,TRIPS 在第40条做了规定。

1. 国内措施

TRIPS 第40条第2款规定,成员在遵守协定有关规定的情况下,可按照该成员的有关法律,采取适当措施以防止和控制诸如独占性回授条件[1]、禁止对知识产权的有效性提出异议的条件以及强制性一揽子许可[2]等。

2. 磋商合作机制

TRIPS 要求,成员在处理有关问题时进行磋商和合作。协定第40条

---

[1] 在许可协议中,许可方要求,被许可方在使用技术的过程中获得的新技术,只能许可给自己。

[2] 在许可协议中,许可人将被许可人需要的技术、不需要的技术以及其他不利的"授予",强迫被许可方一揽子接受,不得拒绝。

第 3 款规定，如果一成员的国民或居民在许可中的限制竞争行为，被另一成员认为违反了本国法律，在不妨害两成员的合法行动、也无碍于各自做出最终决定的情况下，根据另一成员的请求，前一成员应该与之磋商。另一成员应对磋商给予充分和积极的考虑。

另外，协定第 40 条第 4 款规定，如果另一成员的国民或居民，在前一成员域内，因被指控违反该成员法律而被起诉，则另一成员应按与上述情况相同的条件给予前一成员磋商的机会。

第三节　知识产权的实施

与之前的公约不同，TRIPS 在规定了知识产权的保护标准之后，又在第三部分详细规定了知识产权的实施程序和措施，实体规范与程序规范相结合，使其成为最具执行力的条约。协定第三部分由五节构成，分别规定一般义务、民事程序与行政程序及救济、临时措施、与边境措施有关的特殊要求和刑事程序。

一　一般义务

TRIPS 第 41 条对实施知识产权提出了总体要求，此即"一般义务"，其内容包括：

第一，保证实施程序的法律效力。第 41 条第 1 款规定，各成员应保证，实施程序根据域内法是有效的，以便对知识产权侵权行为采取有效行动，包括及时制止侵权的补救措施和遏制进一步侵权的补救措施。但是，运用这些程序时，应避免对合法贸易构成障碍，并规定防止程序被滥用的保障措施。

第二，符合正当程序的要求。第 41 条第 2—4 款分别规定：（1）实施程序应公平公正，不得过于复杂、耗资费财，也不应有不合理的时限或毫无保障的拖延。（2）就个案做出的裁决宜采用书面形式并阐明理由。裁决书应及时送达当事各方。个案裁决应仅以各方有机会对其陈述意见的证据为据。（3）对行政终局决定，及根据一成员法律中关于案件重要性的司法管辖权制度，至少对初审司法裁决的法律方面，诉讼当事人应有机会请求司法复审。但是，对于刑事案件中的无罪判决，则没有义务提供审查机会。

第三，协定第三部分"知识产权的实施"条款并不设定如下义务：（1）为知识产权实施设立一个有别于实施一般法律的司法制度；（2）影响成员实施其一般法律的能力；（3）影响知识产权实施与一般法律实施之间的资源配置。

二 民事程序与行政程序及救济

1. 确保程序公平公正

知识产权实施及保护中的民事程序由各国民事诉讼法自行规定。为了确保民事司法程序公平公正，TRIPS 在第 42 条对此提出了一些基本要求：

（1）保障被告的诉讼权利。被告应有权及时获得包含原告权利主张依据的、内容详细的书面通知。

（2）应允许由独立的法律顾问代理诉讼，不得强制当事人出庭。

（3）保证当事人的证明权。当事各方应有权充分证明其权利主张及出示一切相关证据。

（4）为秘密信息提供识别和保护措施，除非有关措施与现行宪法的要求相抵触。

2. 证据规则

协定第 43 条规定了特定情形下证据规则的适用：

（1）要求对方提供证据的规则。第 43 条第 1 款规定，如果一方当事人已提交了证据支持其主张而且指明了处于对方控制之下的证明其主张的证据，则司法机关应有权要求对方当事人提供该证据，但应对秘密信息提供保护。

（2）根据不完全信息裁决。第 43 条第 2 款规定，如果一诉讼方在合理期间内无正当理由拒绝向有关方面提供或者不提供必要的信息，或者严重阻碍与某一强制行动有关的程序，则一成员可授权司法机关根据呈交上来的信息，包括因被拒绝提供信息而受到不利影响的一方提出的申诉或指控，做出肯定或否定的初步或最终裁决，但应向各当事方提供对指控或证据进行陈述的机会。

3. 司法救济

对民事程序中可以采用的救济措施，TRIPS 做了原则性规定，主要包括：

（1）禁令。协定第 44 条第 1 款规定，司法机关有权颁布禁令，责令一方停止侵权。协定特别强调，司法机关有权在海关结关后立即阻止侵权货物进入商业渠道。但是，如该侵权货物系一方善意取得或订购的，则成员无义务授予司法机关上述权力。

（2）损害赔偿。协定第 45 条规定，对于恶意侵权，司法机关有权责令侵权人赔偿权利人的全部损失，并可责令其向权利人支付相关的费用，包括适当的律师费。在某些场合，即使侵权人系秉持善意行事，司法机关仍有权责令其返还所得利润，和/或支付法定赔偿。

（3）其他救济。为了有效遏制侵权，协定第 46 条还规定了其他救济措施：①将侵权货物清除出商业渠道；②在宪法允许的前提下，销毁侵权货物；③将主要用于制造侵权货物的材料和工具清除出商业渠道。当然，司法机关在考虑此类请求时，应考虑侵权的严重程度与所采取的救济措施之间的相称性，并应顾及第三方的利益。

（4）获得信息。协定第 47 条规定，司法机关有权责令侵权人向权利持有人提供有关制造和销售侵权货物或提供侵权服务的第三方的身份及其销售渠道等信息。这一规定的目的在于协助权利持有人查明侵权商品的来源，以便在销售渠道采取进一步的措施。不过，如果此举与侵权的严重程度不相称，则不能适用。

4. 对被告的赔偿

为了防止实施程序被滥用，协定第 48 条规定了对被告的救济措施。

（1）向被告赔偿损失及支付费用。第 48 条第 1 款规定，一方当事人申请的措施已经实施，且其属滥用实施程序，使另一方错误地遭到禁止或限制，则司法机关有权责令该当事人向另一方赔偿因此种滥用而造成的损害，及支付被告相关的费用，包括适当的律师费。

（2）善意免责规则。第 48 条第 2 款规定，就执行任何有关知识产权保护和实施的法律而言，成员仅得在执法过程中采取或拟采取相应的执法措施是出于善意时，方可免除公共机构和官员采取适当救济措施的责任。

5. 行政程序

协定第 49 条规定，在以行政程序来确定民事救济时，该行政程序应符合本节（即 TRIPS 第三部分第二节）所规定的原则。

三 临时措施

所谓临时措施，是指在民事诉讼程序或行政程序开始之前，一方当事人请求司法机关或行政机关采取的保全措施。[①] TRIPS 第 50 条规定了知识产权保护的临时措施，共有 8 款，主要包括以下内容。

1. 临时措施的目的

司法机关采取临时措施主要有两个目的：（1）防止任何侵犯知识产权的行为发生，尤其是防止货物进入其管辖范围内的商业渠道，包括海关结关后立即进入流通领域的货物；（2）保存与侵权指控有关的证据。

2. 采取临时措施的程序

（1）条件

临时措施，可依当事人申请采取，也可由司法机关依职权采取，但均须具备下列条件：在客观上，任何迟延都可能对权利持有人造成不可弥补的损害，或存在证据被销毁的显而易见的危险；在主观上，司法机关认为有采取临时措施的必要。

（2）证据

司法机关有权要求申请人提供任何可合理获得的证据，以证明申请人确系权利持有人，且其权利正在受到侵害或此种侵害即将发生。

（3）通知与复审

一旦采取了临时措施，则至少应在执行该措施之后毫不迟延地通知受到影响的其他各方。

应被告请求，应当对此种措施进行复审，包括举行听证，以期在通知后的一段合理期限内，决定这些措施是否应予修改、撤销或确认。

（4）信息提供

协定规定，执行临时措施的主管机关可要求申请人提供确认有关货物的其他必要信息。

[①] 唐广良、董炳和：《知识产权的国际保护》，知识产权出版社 2006 年版，第 231 页。

3. 防止临时措施的滥用

（1）担保

为了保护被告及防止申请人滥用权利，司法机关有权责令申请人提供足以保护被告和防止申请人滥用权利的保证金或与之相当的担保。

（2）在合理期限内起诉

采取临时措施之后，申请人应在一合理期限内起诉。如果申请人未在合理期限内起诉，根据被告的请求，司法机关应撤销临时措施或终止其效力。至于"合理期限"如何确定，TRIPS 规定：在成员法律允许的情况下，由责令采取临时措施的司法机关确定；如果司法机关未予确定，则这一期限不得超过 20 个工作日或 31 个日历日，以二者中时间长者为准。

（3）对被告的赔偿

如果临时措施被撤销，或因申请人的任何作为或不作为而失效，或事后查明不存在侵权行为或侵权威胁，则应被告的请求，司法机关有权责令申请人就这些措施造成的任何损害向被告提供适当的补偿。

根据协定第 50 条第 8 款，本条第 1—7 款关于依民事程序采取临时措施的规定，也适用于依行政程序而采取的临时措施。

四　与边境措施有关的特殊要求

边境措施，实质上是一种对尚在海关监管之下的货物所采取的临时措施，是对前述临时措施的具体化。[①] 在 TRIPS 中，它针对的是严重侵犯知识产权的行为——假冒商标和盗版。为便于权利持有人与海关当局合作，制止侵权货物进入自由流通，TRIPS 第三部分第四节规定了"与边境措施有关的特殊要求"，其内容如下。

1. 适用范围

对于边境措施的适用范围，协定原注及第 51、60 条做了如下规定：

（1）适用边境措施的商品至少包括正在进口的冒牌商品和盗版商品；

（2）成员可自由决定是否将涉及其他知识产权侵权的商品纳入适用范围；

---

① 唐广良、董炳和：《知识产权的国际保护》，知识产权出版社 2006 年版，第 232 页。

(3) 成员可自由决定是否对自其领土出口的侵权商品采取海关中止放行制度；

(4) 成员可将旅客个人行李中携带的或在小件托运中运送的少量非商业性商品，排除于适用范围之外；

(5) 如果一成员已取消与另一成员之间边境上商品流通的所有管制，构成关税同盟的一部分，则其不必适用有关边境措施的规定。

2. 依申请采取边境措施的程序

(1) 申请。任何申请采取边境措施的权利人，应提供充分的证据以使主管机关相信，根据进口国法律可初步推定其知识产权受到侵犯；同时对有关商品提供一份足够详细的说明，以便海关易于识别侵权商品。

(2) 申请的受理。主管机关应在合理期限内告知申请人是否受理其申请；如果已确定海关采取行动的时间，应将行动时间通知申请人。

(3) 通知。如果对货物采取中止放行措施，应迅速通知进口商和申请人。

(4) 及时起诉。在采取海关中止放行措施以后，申请人应在接到中止放行通知后10个工作日内起诉，特殊情况下起诉期限可延长10个工作日。

3. 依职权采取边境措施的程序

对海关当局可否依职权采取边境措施，TRIPS交由各成员自行决定。根据协定第58条的规定，如果成员要求主管机关自行采取行动，并对其已取得侵权初步证据的商品采取中止放行措施，则：

(a) 主管机关可随时向权利人寻求可助其行使这一权力的任何信息；

(b) 将中止放行迅速告知进口商和权利持有人。如进口商就中止放行向主管机关提出上诉，则在经必要修正后，适用协定第55条"中止放行的时限"的规定；

(c) 成员仅得在采取或拟采取的行动是出于善意时，方可免除公共机构和官员采取适当救济措施的责任。

4. 防止边境措施的滥用

为了防止边境措施被滥用，TRIPS第53—56条规定了与前述临时措施相类似的条款。

(1) 担保。为了保护被申请人和主管机关，并防止滥用权利，主管机关有权要求申请人提供保证金或等值担保。

（2）及时通知。如果对货物采取中止放行措施，应迅速通知进口商和申请人。

（3）未及时起诉的应予放行。权利人在海关采取中止放行措施后10个工作日内未就案件的实质问题提起诉讼，则相关商品应予放行。

（4）交纳保证金以获准放行。在符合条件的前提下，对涉及工业设计、专利、集成电路布图设计或未披露信息的商品，所有权人、进口商或收货人在交纳一笔足以保护权利人不受任何侵害的保证金后，有权要求海关予以放行，即使权利人已就案件实质问题起诉。如权利人未在一合理期限内行使诉讼权，则该保证金应予解除。

（5）赔偿。对因商品被错误扣押造成的损失，或由于申请人未及时起诉对已放行的商品因扣留而造成的损失，有关主管机关有权责令申请人向进口商、收货人和商品所有权人支付适当的补偿。

5. 检验和获得信息的权利

协定第57条规定，成员应授权主管机关给予权利人充分的机会检查为海关所扣押的商品，以证实权利人的权利主张。主管机关还有权给予进口商同等的机会对此类商品进行检查。如判决认定确系侵权，则成员可授权主管机关将发货人、进口商和收货人的姓名、地址及所涉商品的数量告知权利持有人，以便其采取适当的行为。

6. 救济

协定第59条规定，主管机关有权依照第46条所列原则，即侵权的严重程度与所采取的救济措施之间的相称性并顾及第三方利益的原则，责令销毁或处理侵权商品，前提是该项救济措施不得损害权利人可得行使的其他诉讼权利，例如通过民事诉讼获得损害赔偿，也不得妨碍被告寻求司法审查的权利。

对于假冒商标的商品，除了例外情况以外，主管机关不得允许侵权商品依原状再行出口，或者对其适用不同的海关程序来处理。

五 刑事程序

TRIPS第三部分第五节规定了刑事程序，主要包括适用范围和救济措施。

1. 适用范围

各成员应规定,至少对于具有商业规模的蓄意假冒商标或盗版案件,应适用刑事程序和处罚。此外,成员还可规定,对于其他知识产权侵权案件,尤其是蓄意且具有商业规模的侵权案件,适用刑事程序和处罚。

2. 救济措施

可使用的救济措施,应包括足以起到威慑作用的监禁或罚金,或二者并处,并应与具有同等严重性的犯罪所受到的处罚水平一致。在适当场合,可使用的救济还应包括扣押、没收和销毁侵权商品和主要用于侵权活动的任何材料和工具。

刑事程序及刑事处罚通常涉及一国主权,且各成员间刑事制度差别甚大,因而TRIPS只提出了很笼统的要求,作为知识产权刑事保护的最低标准,至于具体的刑事保护制度,则由各成员自行制定。

第四节 知识产权的取得、维持及相关程序

TRIPS第四部分"知识产权的取得、维持及有关当事人之间的程序"只有1条,即第62条,实际上是对相关程序的综合性规定,其内容包括五个方面。

1. 合理的程序和手续。协定第62条第1款规定,各成员得要求依合理的程序和手续,取得和维持知识产权。至于此种程序、手续究竟如何才算"合理",协定只要求"符合本协定的规定"[1],未做进一步界定。

2. 及时授权或注册。协定第62条第2款规定,如果权利的获得须经授予或注册,则成员应在符合实质条件的前提下,确保授予或注册程序能在合理期间内完成,以免保护期被无保障地缩短。

3. 服务商标申请注册适用优先权。协定第62条第3款规定,《巴黎公约》(1967年)第4条应原则上适用于服务商标。该条是关于"优先

---

[1] 有人认为,依WIPO主持签订和管理的其他有关条约中关于知识产权的取得和维持的条件,也应视为符合TRIPS的规定。参见刘春田《知识产权法》,中国人民大学出版社2002年版,第443页。

权"的规定。

4. 符合正当程序要求。协定第 62 条第 3 款是一个引致性条款，规定由协定第 41 条第 2、3 款所确立的一般原则——有关正当程序的规定，均应适用于下列程序：（1）本协定中有关取得和维持知识产权的程序；（2）各成员法律所规定的此类程序；（3）行政撤销，以及当事人之间的程序，如异议、撤销或取消。

5. 司法裁决终局。协定第 62 条第 5 款规定，在本条第 4 款所规定的任何程序中做出的行政终局裁决，均应受司法机关或准司法机关的审查。例外的是，成员对于异议不成立或行政撤销不成立的裁决，没有义务提供司法审查，只要该程序的依据能够在无效程序中得到处理。

第五节　争端的防止和解决

在国际贸易中，交易双方存在利益冲突，争端在所难免。因此，有效地防止和解决争端，成为国际条约的关键一环。在以往的国际公约，如《巴黎公约》和《伯尔尼公约》等，一旦发生争端，将交由国际法院解决。由于需要双方先就争议的程序、审理结果及执行等达成协议，往往导致案件久拖不决，给争议双方带来很大的困扰。为了解决这一问题，TRIPS 规定了独特的争端防止和解决机制。

一　争端的防止——透明度

在 TRIPS，争端的防止和解决是一个整体，集中规定于协定第五部分。为了防止争端的发生，协定第 63 条规定了透明度原则。[①]

1. 公布

协定第 63 条第 1 款规定，各成员有效实施的、有关本协定主题（知识产权的效力、范围、取得、实施和防止滥用）的法律、法规及普遍适用的司法终局裁决和行政裁定，应以本国语文公布；如果这种公布不可行，则应使之可公开获得，以使政府和权利持有人知晓。

---

① 所谓透明度，是指贸易双方对有关贸易的环境如相关政策、法律以及其他信息的公布、了解的程度。

一成员政府或政府机构与另一成员政府或政府机构之间实施的有关本协定主题的协定也应予以公布。

2. 通知

协定第 63 条第 2 款规定，各成员应将第 1 款所指的法律和法规通知 TRIPS 理事会，以帮助理事会审查本协定的执行情况。

3. 信息提供

成员应就另一成员的书面请求提供第 63 条第 1 款所指类型的信息。

一成员如有理由认为属于知识产权领域的某一特定司法裁决、行政裁定或双边协定影响其在本协定项下的权利，也可以书面请求为其提供或向其告知该特定司法裁决、行政裁定或双边协定的足够详细的内容。

4. 例外

协定第 63 条第 4 款规定，前述第 1 款、第 2 款和第 3 款中关于公布、通知和信息提供的任何规定，均不得要求各成员披露会妨碍执法或违背公共利益或损害特定公私企业合法商业利益的机密信息。

二　争端解决

根据《关于争端解决规则与程序的谅解》（以下简称《谅解》）第 1 条第 1 款的规定，TRIPS 是其适用协议之一。因此，WTO 框架下的知识产权争端解决制度由两个部分组成：一是以《谅解》为主要法律文件的 WTO 争端解决制度的普遍性规范；二是以 TRIPS 第五部分之 "争端解决" 为内容的知识产权争端解决的特殊性规范。

TRIPS 协定在第五部分第 64 条就《谅解》对其的适用规则做了具体规定：

（1）TRIPS 项下产生的磋商和争端解决，依由《谅解》详述和实施的 GATT1994 第 22 条和第 23 条的规定处理，除非本协定另有具体规定。

（2）自《建立世界贸易组织协定》生效之日起 5 年内，GATT1994 第 23 条第 1 款（b）项和（c）项不得适用于 TRIPS 项下的争端解决。

第六节　过渡性安排、机构安排和最后条款

一　过渡性安排

TRIPS 所规定的知识产权保护标准，实际上是发达国家国内标准的国际化，其保护水平是非常高的。对于发展中国家和地区来说，要与发达国家同步达到协定规定的保护标准，几乎是不可能的。为了实现缔约成员的广泛性，协定在第 65 条特别为发展中国家做出了过渡性安排。

TRIPS 规定，所有缔约方均应实施协定，但并非在协定生效之后马上实施，而是安排了一个过渡期，以便各方为实施协定做好准备。这一过渡期，对一般国家，为 1 年，自《WTO 协定》生效之日起算；对发展中国家、正处于从中央计划经济向市场自由企业经济转型过程中的成员，再延长 4 年；对最不发达国家，为 10 年；应最不发达国家的请求，TRIPS 理事会还应当延长这一期限。

如一发展中国家成员有义务依本协定规定，在本协定对其生效之日将产品专利保护扩大至其域内尚未予以保护的技术领域，则可再推迟 5 年时间才对这类技术领域适用本协定关于产品专利的规定。

二　机构安排

协定第 68 条规定了 TRIPS 理事会的职责，主要有：（1）监督本协定的实施，特别是各成员履行义务的情况；（2）就知识产权事宜为各成员提供磋商的机会；（3）履行各成员所指定的其他职责，特别是在争端解决方面提供各成员所要求的任何帮助；（4）与 WIPO 磋商，寻求在其第一次会议后 1 年内达成与 WIPO 各机构进行合作的适当安排。

三　最后条款

TRIPS 第七部分之"最后条款"，涉及下列五个问题。

1. 国际合作

协定第 69 条规定，各成员承诺相互合作，以消除国际货物贸易中侵犯知识产权的现象。为此，各成员应在其政府机关中设立联络机构，就

侵权商品的贸易交换信息，特别应促进其海关当局之间对有关假冒商标的商品和盗版商品贸易的信息交换和合作。

2. 溯及力

TRIPS 没有溯及力，只要求对现有客体进行保护。

（1）对协定生效之前发生的行为，本协定不产生任何义务。

（2）除非协定另有规定，本协定对协定生效之日的所有现有客体产生义务。

（3）对于协定生效之日已进入公共领域的客体，无义务恢复保护。

（4）侵权行为在成员加入本协定前已开始，或已经为此进行大量投资，成员在协定生效后可以继续认可这种行为，但应支付公平的补偿。

（5）成员无义务对协定生效前购买的原版或复制品适用有关"出租权"的规定。

（6）对协定生效前成员域内的强制许可使用，不适用本协定项下的相应规定。

（7）如权利保护须以注册为条件，应允许对在本协定生效前未决的保护申请进行修改，以便申请人要求本协定项下规定的任何加强的保护；但此类修改不应包括新的事项。

（8）如截至《建立世界贸易组织协定》生效之日一成员仍未对药品和农用化学品提供专利保护，则该成员应：

（a）自《建立世界贸易组织协定》生效之日起提供据以提出此类发明的专利申请的方法；

（b）自本协定生效之日起，对这些申请适用本协定规定的授予专利的标准，如同这些标准在申请之日已在该成员域内适用，或如果存在并请求优先权，则适用优先的申请日期；

（c）对这些申请中符合（b）项所指的保护标准的申请，自授予专利时起和在依照本协定第 33 条自提出申请之日起计算的剩余专利期限内，依本协定的规定提供专利保护。

（9）如药品和农用化学品在一成员中属专利申请的客体，则尽管仍处于过渡期内，仍应给予专有销售权，期限或为在该成员中获得销售许可后 5 年，或为至该种产品专利在该成员中被授予或被拒绝时止，以时间短者为准，只要在《建立世界贸易组织协定》生效之后，已在另一成员中提出专利申请、该种产品已获得专利以及已在该另一成员中获得销售许可。

3. 审议和修正

协定第71条"审议与修正"条款，事关TRIPS的修订与完善，意义非常重要，这一点在后TRIPS时代国际知识产权制度的演变中表现得尤其明显。

（1）审议

TRIPS理事会应在过渡期满后，审议本协定的实施情况。此后，每间隔两年审议一次。

理事会可按照有理由修正本协定的任何新的发展情况进行审议。

（2）修正

关于修正的适用范围，协定第71条第2款规定，仅适用于提高在其他多边协定中达成和实施的、并由WTO所有成员在这些协定项下接受的知识产权保护水平的修正。

关于修正的程序，协定同款规定，在TRIPS理事会经协商一致所提建议的基础上，可依照《建立世界贸易组织协定》第10条第6款提交部长级会议讨论。

4. 禁止保留

TRIPS第72条规定，未经其他成员同意，不得对本协定的任何规定提出保留。

5. 安全例外

TRIPS在其最后一条，规定了对协定内容应遵循"安全例外"的解释原则。

对于TRIPS的任何规定不得解释为：

（1）要求一成员提供其认为如公开则会违背其安全利益的任何信息。这一规定体现了国家主权原则。

（2）阻止一成员采取其认为对保护其安全利益所必需的任何行动。如：①与裂变和聚变物质或衍生此类物质的物质有关的行动；②与武器、弹药和作战物资的贸易有关的行动，及与此种贸易所运输的直接或间接供应军事机关的其他物资有关的行动；③在战时或国际关系中的其他紧急情况下采取的行动。

（3）阻止一成员为履行《联合国宪章》赋予的维护国际和平与安全的义务而采取的任何行动。

第 五 章

国际法基础(2):东盟知识产权协调

东盟诸国中,除新加坡为发达国家外,其余均为发展中国家,是技术输入国,国内的专利、商标申请量很低,本身对知识产权的保护需求并不高,因而在加入 WTO 之前,主要通过政府命令或行政规章等来保护知识产权,导致知识产权保护的不确定性。但在经济全球化和区域经济一体化的背景下,为了吸引外国投资,加强国际经贸合作,必须提高知识产权保护水平;尤其是,在加入 WTO 后,必须遵守 TRIPS 规定的知识产权最低保护标准和透明度义务,这就从内、外两个方面为东盟各国进行知识产权协调提供了动力。

东盟知识产权协调包含两个部分:一是东盟成员国之间的内部协调。东盟各国为了避免被动地接受其他国家和地区先定原则和政策的影响,[1]在东盟内部进行协调,重塑该地区的知识产权保护秩序,其中以 1995 年 12 月在泰国曼谷通过的《东盟知识产权合作框架协议》最具代表性。二是东盟作为一个整体与其他国家进行的知识产权协调,即外部协调,目前主要有东盟与澳大利亚、新西兰、中国、日本等的协调,以使本地区的知识产权保护整体水平适应国际经贸、投资合作的需要。这两个部分协调的成果,构成中国—东盟知识产权协调的国际法基础。

第一节 东盟知识产权内部协调

东盟各国的知识产权保护水平参差不齐,新加坡的保护水平最高,

---

[1] 吴奕:《东盟知识产权一体化对中国的影响》,《东南亚纵横》2011 年第 7 期,第 22 页。

此外，东盟"新成员国"与"老成员国"之间存在明显差距，随着东盟贸易自由化的推进，其内部知识产权协调发展不可避免。从近年来东盟知识产权协调的轨迹来看，其未来有可能借鉴欧盟的经验，构建一个"统一且多样性的知识产权保护体系"。[①] 截至目前，东盟各国在知识产权领域共签署了五个重要文件，即《东盟知识产权合作框架协议》（1995年）、《2004—2010年东盟知识产权行为计划》（2004年）、《东盟专利审查合作计划》（2009年）、《2011—2015年东盟知识产权行动计划》（2011年）和《东盟知识产权行动计划2016—2025》，以下逐一论述。

一　《东盟知识产权合作框架协议》及其行动计划

（一）《东盟知识产权合作框架协议》

1995年12月15日，原东盟七国首脑（与会的老挝、缅甸和柬埔寨当时尚未加入东盟，笔者注）在泰国曼谷签订《东盟知识产权合作框架协议》（ASEAN Framework Agreement on Intellectual Property Cooperation，以下简称《框架协议》），旨在加强东盟国家在知识产权领域的合作，最终建立一个既符合国际知识产权保护公约和条约规定，又适应东盟各国经济社会发展水平的单一的知识产权保护制度，以促进东盟地区和全球性的贸易自由。[②] 据此，《框架协议》不仅规定了知识产权合作目标、合作原则和合作领域，还规定了作为条约的必备条款，是当前世界上形式最完善的区域性贸易组织的知识产权合作协定。[③]

1. 合作目标

根据《框架协议》第1条，东盟为知识产权合作确立了六个目标：（1）以开放、发展的理念加强东盟成员国在知识产权领域的合作，促进全球和东盟区域的贸易自由化；（2）促进各国政府机构、私营机构、专业机构之间在知识产权领域的合作；（3）探索适合东盟各国国情的知识

---

① 王一流：《东盟知识产权保护法制一体化之思考》，《知识产权》2009年第4期，第91页。

② 申华林：《东盟知识产权法律的一体化：问题与前景》，《桂海论丛》2005年第1期，第89页。

③ 陈宗波：《东盟传统知识保护的法律政策研究》，《广西师范大学学报》（哲学社会科学版）2006年第2期，第32页。

产权合作机制，提高东盟各国在知识产权法律保护方面的一致性，促进科技创新和技术的转让及转化；（4）探索建立东盟专利保护制度的可能性，包括建立东盟专利事务局，促进统一的区域性专利保护制度的实现；（5）探索建立东盟商标保护制度的可能性，包括建立东盟商标事务局，促进统一的区域性商标保护制度的实现；（6）加强各国在知识产权立法领域的磋商，在符合国际标准的基础上建立东盟自己的知识产权保护制度。

2. 合作原则

《框架协议》第 2 条规定了东盟知识产权合作应遵循的五个原则：第一，互利原则。各成员国在执行旨在增强东盟知识产权合作的措施与方法时，应遵循互利原则。第二，履行国际义务原则。各成员国应顾及本国所加入的知识产权国际公约以及 TRIPS 下所应承担的国际义务，并根据这些公约与 TRIPS 的目标、原则和规则来实施东盟内部有关知识产权合作的安排。第三，有利于经济、社会发展原则。各成员国应努力实施东盟内部有关知识产权合作的安排，以利于保护知识产权各方当事人的利益，以及促进经济、社会的发展。第四，坚持在履行国际义务的前提下，承认和尊重各成员国知识产权制度独特性的原则。第五，承认各成员国有权采取措施制止知识产权滥用行为的原则。

3. 合作领域

为了加强东盟知识产权管理，提高知识产权执法和保护方面的合作，并探讨建立统一的专利和商标体制的可能性，《框架协议》明确规定，各国将在版权及邻接权、专利权、商标、外观设计、地理标志、未披露信息（即商业秘密）及集成电路布图设计等领域开展合作。上述各领域的合作，应当有利于促进东盟知识产权管理体制的建立，有利于提高东盟在知识产权执行和保护领域的合作，有利于建立东盟的商标和专利保护制度。

根据规定，东盟各国进行的知识产权合作包括：（1）加强知识产权保护和执法。即切实加强知识产权执法，有效保护知识产权，并进行跨境知识产权保护方面的合作，在条件成熟时，各国司法机构和执法机构在知识产权领域可进行网络联合办公。（2）加强东盟的知识产权管理。即提高知识产权管理的自动化，建立东盟知识产权注册数据库等。

(3) 加强东盟知识产权立法。对东盟各国知识产权局规定的程序、通常做法与管理方式进行比较研究，同时对执行 TRIPS 和其他国际知识产权公约的实践进行研究，在此基础上进行东盟知识产权立法。(4) 促进人力资源开发与管理，即促进知识产权培训机构与知识产权示范中心相互沟通，探讨建立一个区域性知识产权培训机构或其他相关领域培训机构的可能性。(5) 提高公众的知识产权意识。(6) 促进私营部门在知识产权领域合作，探讨建立东盟知识产权协会及提供解决知识产权纠纷的仲裁服务或建立其他替代性纠纷解决机制的可能性。(7) 促进知识产权领域的信息交流。(8) 其他成员国认为有必要进行的活动。根据《框架协议》的要求，东盟将定期对知识产权合作情况进行审查、评议。

4. 其他条款

这些条款是作为一个典型的条约所必须具备的，具体包括：(1) 解释与适用条款。若成员国对协定的解释与适用产生分歧，首先，一方应就另一方的陈述给予适当协商的机会，并应尽可能在双方之间友好解决；如双方不能友好解决分歧，则将交由东盟高级经济官员会议解决；若东盟高级经济官员会议仍不能解决，则将争议提交东盟经济部长会议解决。(2)《框架协议》与其他安排及国内法的关系条款。根据《框架协议》第6条，本协议不妨碍成员国之间就知识产权的保护与执行方面现存或未来可能签订的双边或多边条约，也不妨碍任何成员制定有关知识产权保护与执行方面的国内法律。(3) 国内履行条款。根据规定，各成员国政府应采取适当的措施，履行《框架协议》下所规定的义务。(4) 修改条款。《框架协议》的修改，须经全体成员国一致同意，且修改经全体成员国接受后，才发生效力。(5) 关于条款保留、文本保存和生效的问题。依规定，《框架协议》的任何条款都不允许提出保留；《框架协议》提交东盟秘书处保存，东盟秘书处将及时为各成员国提供一份经认证的协议文本；当所有的签署国向东盟秘书处提交协议批准书或同意书后，《框架协议》即生效。[①]

《框架协议》是东盟协调各成员国知识产权的第一次尝试。一方面，它规定了具体的合作目标和行动原则，明确了合作范围和方式，甚至对

[①] 宋志国等：《中国—东盟知识产权保护与合作的法律协调研究》，知识产权出版社2014年版，第148—149页。

合作活动的审议和争端解决都做了规定,从而为东盟各成员国进行知识产权合作奠定了坚实的法律基础,具有里程碑意义;另一方面,它只是一个框架协议,连最基本的协调立法的机制都没有确立。为了确保《框架协议》得到实施,东盟专门成立了知识产权合作工作组(The ASEAN Working Group on Intellectual Property Cooperation,简称 WGIPC),作为执行《框架协议》的专门负责机构。该机构采用定期会议制,对合作的各种安排、合作活动的进展进行审查和评议,并将审查结果及相关建议提交东盟高级经济官员会议。

(二)《2004—2010 年东盟知识产权行动计划》

东盟知识产权行动计划旨在推动东盟境内知识产权制度的协调统一。1995 年通过的《框架协议》,不仅对东盟各成员国的知识产权合作行动进行宏观指导,而且要求各成员国制订一系列关于知识产权合作的行动计划,对《框架协议》规定的合作目标予以落实。据此,1996 年知识产权合作工作组通过了一个为期两年的行动计划(1996—1998 年),其主要内容是:(1)建立统一的外观设计、专利权和版权保护制度;(2)建立一个区域电子信息网络;(3)建立一个知识产权信息数据库。[①] 根据该行动计划,分别成立了两个专家组,就统一商标和专利保护制度开展前期工作。1997 年金融危机爆发,打断了东盟知识产权一体化的进程,WGIPC 于 1998 年将行动计划延长至 1999—2000 年。

进入 21 世纪后,东盟将知识产权协调问题提上议事日程,并以更加严谨和务实的态度,于 2004 年万象峰会通过第二个行动计划,即《2004—2010 年东盟知识产权行动计划》。该行动计划作为东盟在 2004—2010 年乃至更长一段时间内知识产权协调的纲领性文件,站在东盟区域知识产权一体化的高度,从任务、目标、路径、重点项目及活动安排等方面,勾勒了东盟知识产权协调的宏伟蓝图,而且列出落实目标的具体行动内容和各项重点举措,具有很强的指导性。[②]

[①] 申华林:《东盟知识产权法律的一体化:问题与前景》,《桂海论丛》2005 年第 1 期,第 89 页。

[②] 参见高兰英、宋志国《〈2004—2010 年东盟知识产权行动计划〉及实施述评——兼论其对构建中国—东盟知识产权合作机制的启示》,《广西师范大学学报》(哲学社会科学版)2012 年第 1 期,第 79—83 页。

1. 任务、目标和路径

行动计划在对东盟各成员国知识产权发展状况进行客观评估的基础上，以东盟区域知识产权一体化为指向，针对性地提出了"三大任务""四个目标""三种路径"。

"三大任务"是：（1）在东盟境内共同营造一种认真学习、勇于改革、加强创新的氛围，促进东盟成员国的多样化。（2）为知识产权的产生、注册、商业化和保护创建一个统一的区域体系。（3）鼓励各成员国在知识产权上跨境合作，成立相关的网络中心，加强东盟境内的科技基地建设与研发活动，并促进研发成果进行注册及商业化。

"四个目标"是指：（1）在东盟境内对有关知识资产的创造和商业化加快速度、拓展范围，促进科技研发机构的国内联系与跨境交流。（2）在东盟内部建立一套有利于知识产权注册、保护和执行的机构和政策协调机制。（3）提高东盟公众的知识产权意识，加强知识产权人力资源开发，完善知识产权管理机构。（4）督促东盟各国知识产权管理部门为企业发展提供知识产权服务，以促进前三个目标的实现。

"三种路径"指的是：（1）长期性。通过长期的计划安排，而非受限于2004—2010年的时间框架，促进东盟各国在知识产权领域合作。（2）实效性。基于知识资产的创造与东盟各国资源相对贫乏之间的矛盾，要实现知识产权保护的最大功效，须持续推进重点项目实施。（3）差异性。基于东盟各国经济发展水平的差异，对各国的知识产权保护区别对待，倡议老东盟六国对新东盟四国进行技术援助。在这一阶段，东盟于2009年建立了一个知识产权相关资源的在线目录，便于各成员国自行为企业界及其他各方获取综合资源。

2. 重点项目与活动安排

重点项目与活动安排是行动计划的主体部分。行动计划设计了四个重点项目，分别阐述了各自的背景及需要解决的问题，提出建设性建议，并附以表格将各个项目拟开展的活动细化，在操作层面上进行规范、协调。

重点项目一：促进东盟知识资产的创造。针对东盟诸国科技创新能力欠缺、科技基础能力有限且积累不足，东盟在科技研发的跨境联合和战略联盟方面可持续性较低，科研机构与工业技术需求之间隔阂甚大，知识产权对经济发展的重大促进作用未能显现等情况，该行动计划安排了三项重点活动：（1）通过加强合作，提升东盟国家各部门、各行业之间的创新力和竞争力，包括制定、实施一些有利于知识产权创新、发展的政策。（2）加强东盟境内外科研机构的跨境联系与合作，并促进科技研发部门与企业之间更紧密的联系与互动，以期通过合作提升知识产权能力。（3）加强合作活动，包括将知识产权纳入企业的战略计划、对企业的知识资产进行评估、允许企业为知识资产设立担保，以使知识资产和知识产权在企业层面发挥出最大功效。按照计划，这些项目、活动均于 2010 年前完成。

重点项目二：创建一套简化、协调的知识产权注册登记和保护体系。行动计划指出，知识产权登记不够简化、协调，导致东盟在知识产权登记、保护与执法、海外维权等方面付出了高昂的代价，并提出三项重点改进措施：其一，建立一个统一的区域性知识产权体系。据此将开展如下活动：为建立一个手续简化、程序合理、费用低廉、法律统一的知识产权体系与政策框架，包括商标和工业品外观设计体系，必须深入研究其必要性、包含的领域及可行的方法与步骤。其二，在加入和实施不同的国际知识产权条约方面，审慎考虑国内政策的相关问题以及对政策可能产生的影响，并应就此问题交换观点、交流经验。其三，就知识产权保护的信息和经验，与东盟对话伙伴国等进行经常的、深入的交流与合作，实施系列的合作计划和项目，并监督其实施。这些项目活动内容广泛，时间跨度不一，有的须在 2010 年前完成，有的则需要持续下去。

重点项目三：提高公众的知识产权意识，加强知识产权能力建设。从整体上看，东盟各国公众知识产权保护意识淡薄，而在以正式立法加强知识产权管理、知识产权专业人才培养及使用等为主要内容的知识产权能力建设方面，东盟与发达国家相比也远远落后。对此，行动计划安排了两项措施：其一，开展提高公众知识产权意识的活动，包括组织与知识产权宣传相关的研讨会、讲习班等，编撰培训教材，开设培训课程，开展知识产权月、知识产权日等活动，以提升公众的关注度，增强知识产权意识。其二，增强专业人才和机构的能力建设，包括培训知识产权执法官员、商业部门的科技研发人员等，以加强其专业执法、服务和保障的能力。其中，教材编撰和课程开设于 2007 年前完成，其余将持续开展，不受行动计划的时间跨度限制。

重点项目四：加强东盟各国知识产权局的合作，为企业发展提供服务。各国知识产权局掌握知识产权注册登记信息，可以帮助企业选择合适的专利技术，更新和扩展企业的技术能力，监督和保护企业的知识产权，对企业的知识资产进行审计等，从而直接影响企业的技术发展路径与能力。为此，行动计划拟重点开展两项工作：一是对东盟国家知识产权局的共同需要做一个详细评估。依据这项评估，所有利益相关人接下来将考虑在企业发展服务条款中合作的可能路径。二是东盟各国的知识产权局应定期磋商如何在为企业发展提供知识产权服务中提高服务效率、服务的有效性和可持续性。

(三) 2009 年《东盟专利审查合作计划》

专利权具有地域性，各国对同一发明须分别进行审查、授权，耗时费力，极为不便。为了减轻各成员国专利局的工作量，并便于专利申请人，1970 年 6 月在华盛顿签订了《专利合作条约》（Patent Cooperation Treaty，简称 PCT），对专利申请案的受理和审查程序做了国际性统一规定，以简化《巴黎公约》成员国范围内申请专利的手续。[①] 2000 年 6 月，在日内瓦召开的外交会议上通过了《专利法条约》（Patent Law Treaty，简称 PLT），集中于协调国家专利局和地区专利局的形式要件并简化取得和维持专利的程序，减轻了申请人在提出国际申请时的形式负担，并减少了申请人的相关费用。[②] 2006 年 7 月，美国、日本启动"专利审查高速路"（Patent Prosecution Highway，简称 PPH）项目，相互利用审查结果，提高效率、节省资源。[③] 2009 年 3 月，专利申请数占全球 66% 的 10 个国

[①] 《专利合作条约》是在《保护工业产权巴黎公约》的原则指导下产生的一个国际专利申请公约。它完全是程序性的，即只对专利申请案的受理和审查程序作出某种国际性统一规定，要求成员国的专利申请程序依照该条约进行调整，而不涉及专利的批准、授权事宜，不对成员国的实体法产生实质性影响。该条约的实施，简化了在成员国范围内申请专利的手续；减轻了各成员国专利局的工作量；实行"国际初审"和"国际公布"，一方面为成员国专利局进行实质审查提供参考，另一方面使技术信息尽早公布，避免重复研究；延长了申请人原先按照《巴黎公约》可以享有的优先权期限。参见郑成思《知识产权论》，法律出版社 1998 年版，第 504—509 页。

[②] 余力熔：《专利审查国际协作制度构建之探析》，《科技与法律》2014 年第 6 期，第 958 页。

[③] 唐春：《专利审查一体化制度初探》，《电子知识产权》2010 年第 4 期，第 54 页。

家,即美国、英国、德国、日本、澳大利亚、加拿大、韩国、新加坡、丹麦、芬兰,参与了"专利审查高速公路"合作,希望通过建立新机制协调各国专利审查制度。[①]

为顺应专利审查国际合作的趋势,2009年6月15日东盟国家知识产权局宣布开展《东盟专利审查合作计划》(ASEAN Patent Examination Cooperation,简称ASPEC),这是一个东盟一体适用的专利机制,是为东盟成员国(ASEAN Member States,简称AMS)量身打造的区域性专利合作计划,目的是分享东盟成员国专利检索与审查结果,使专利审查更有效率,使申请人可以更快地取得专利。ASPEC目前适用于东盟9个成员国,除了缅甸以外,其他成员国包括新加坡、马来西亚、印度尼西亚、泰国、菲律宾、文莱、越南、柬埔寨、老挝均可适用。根据该合作计划,当某一东盟成员国的专利局收到ASPEC申请案时,可以参考伴随ASPEC申请案而来的另一AMS专利局的专利检索与审查结果报告,是否采取之前的检索结果和审查意见可自主决定,这样就大大减少了工作量。大致说来,ASPEC的做法与PPH类似,只不过变成多国PPH,形成一个东盟PPH网络。[②]

1. 目标

与发达国家之间推行的PPH一样,东盟专利审查合作的目标有两个:一是为专利局减少工作量和节约审查时间。对先前审查结果的参考,可以帮助审查人更迅速、准确地理解申请专利的发明,更快地制定自己的审查标准和策略,减轻检索负担,从而更快地处理专利申请。二是更好地检索和审查。其他专利当局可能会进入审查人所不能进入的数据库,比如特定的技术数据库、本地数据库、其他语言的数据库等,如果能够参照这些检索与审查结果,可以为审查人提供一些可能的利用其他途径所无法获得的现有技术的相关信息和评价。

[①] 宋志国等:《中国—东盟知识产权保护与合作的法律协调研究》,知识产权出版社2014年版,第155页。

[②] 李淑莲:《擅用ASPEC专利审查合作计划补强东盟专利布局》,《北美智权报》第9期,http://cn.naipo.com/Portals/11/web_cn/Knowledge_Center/Industry_Economy/IPND_170421_0701.htm,访问时间:2018年6月8日。

2. 提出 ASPEC 申请案的方式①

目前共有 3 种方式可以提出 ASPEC 申请案，分别是：

（1）优先权案为东盟成员国（AMS）之一，之后于第二个东盟成员国主张第一个成员国之优先权，如图 5-1 所示。

（2）优先权案为巴黎成员国之一，之后提出东盟第一个及第二个成员国之申请案，并主张最早申请案之优先权，如图 5-1 所示。

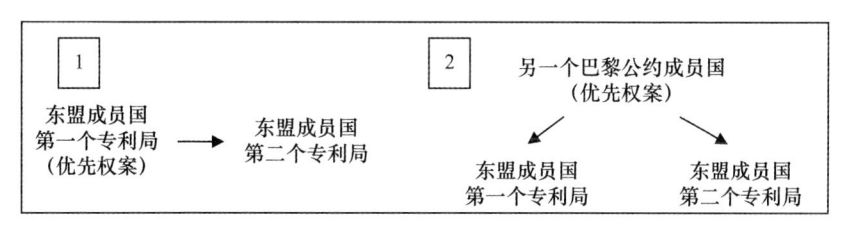

图 5-1　提出 ASPEC 申请案之方式 1 和方式 2

提出 ASPEC 申请案之方式 1 及方式 2 的范例，如图 5-2 所示。

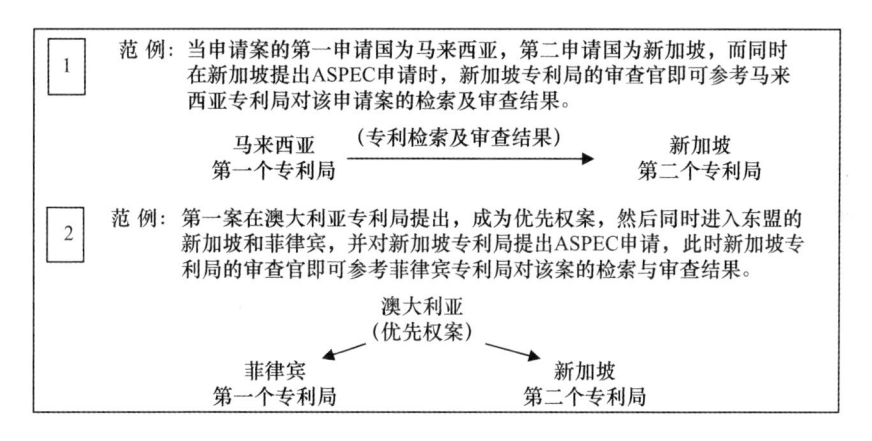

图 5-2　提出 ASPEC 申请案之方式 1 和方式 2 的范例

（3）东盟第一成员国和第二成员国的申请案同为以 PCT 方式进入国家阶段的申请案，或是有一最早在东盟以外国家申请的申请案，之后进

---

① 参见李淑莲《擅用 ASPEC 专利审查合作计划补强东盟专利布局》，《北美智权报》第 9 期，http：//cn.naipo.com/Portals/11/web_cn/Knowledge_Center/Industry_Economy/IPND_170421_0701.htm，访问时间：2018 年 6 月 9 日。

入 PCT，再以 PCT 途径进入东盟国家阶段，如图 5-3 所示。

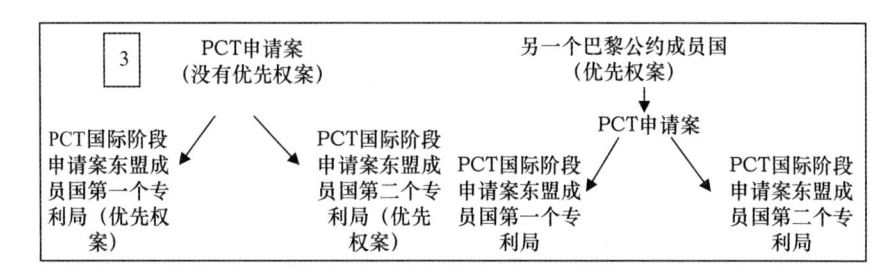

图 5-3　提出 ASPEC 申请案之方式 3

提出 ASPEC 申请案之方式 3 的范例，如图 5-4 所示。

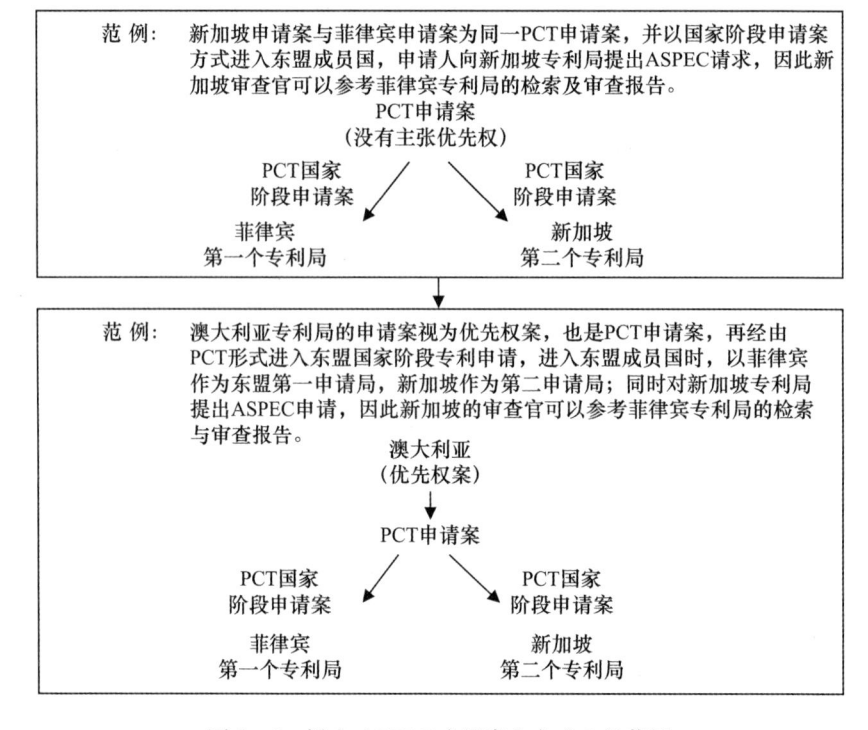

图 5-4　提出 ASPEC 申请案之方式 3 的范例

东盟专利审查合作计划以英文为主要审查语言，且不需额外收费。如果申请案、技术复印件等文件为非英文文本，在提交 ASPEC 申请时，须附英文译本。申请人在提出 ASPEC 的申请时,应同时提供第一申请国(不限于东盟成员国)的审查结果,及东盟第一或第二申请国之申请案分享,包括各请求项范围的对比结果。

(四)《2011—2015 年东盟知识产权行动计划》

2011 年 7 月,东盟知识产权合作工作组(简称 WGIPC)对之前的知识产权行动计划进行了总结,并制订了下一个行动计划——《2011—2015 年东盟知识产权行动计划》,规定了详细的战略目标、计划措施及预期成果。

1. 战略目标

该行动计划设定了五个战略目标,[①] 具体包括以下五方面。

第一,创建一个利益均衡的知识产权体系。鉴于东盟各成员国知识产权发展水平不一,各国知识产权局的机构服务能力存在差异,因而将创建一个利益均衡的知识产权体系作为首要目标。同时加强专利人员与律师、外观设计与商标人员及律师的能力建设,完善地理标志、传统知识、遗传资源、传统文艺与植物多样性的保护。

第二,加强知识产权的基础建设。为了满足知识产权领域不断发展的各种需求,应加强东盟及东盟成员国法律和政策等基础建设,鼓励东盟成员国在适当的时间积极参与国际知识产权保护体系。

第三,全面推进知识资产的创造和应用。促进知识资产创造,推动知识产权在实践中的应用,提升知识产权意识;鼓励技术转让,使公众易于获得知识技术;关注区域内当地居民的本土产品、服务与工艺的维持与保护,促进区域利益的发展。

第四,促进各成员国积极参与国际知识产权事务,加强与对话伙伴以及其他知识产权组织的紧密联系。东盟各国作为一个整体,对外形成统一的知识产权谈判立场,以提升维护本区域知识产权利益的能力。

第五,完善东盟成员国之间的合作,促进专利审查员、外观设计和商标审查员的能力建设,提高各国知识产权局的能力水平。

---

① 潘雪娇:《中国—东盟知识产权合作法律问题研究》,硕士学位论文,大连海事大学,2016 年,第 10 页。

2. 计划措施及预期成果

根据上述五个战略目标，该行动计划确定了28项计划措施，提出了107个可量化的预期成果。[①]

为实现战略目标1，确定了13项计划措施：缩短商标注册的平均周期，实施《东盟专利审查合作计划》，实施《东盟传统产品与服务分类协定》，加强专利人员与律师的能力建设，加强外观设计与商标人员及律师的能力建设，制定并实施《东盟知识产权执法行动计划》，探讨盲人和残疾人的版权例外与限制问题，充分使用东盟版权体系，在东盟成员国建立版权共同管理机构，构建智力东盟，保护地理标志（GL），保护传统知识（TK）、遗传资源（GR）和传统文艺（TCE），保护植物多样性等。

针对战略目标2，确定了3项计划措施，主要是鼓励东盟成员国加入重要的国际知识产权公约，包括《商标国际注册马德里协定有关议定书》《工业品外观设计国际注册海牙协定》和《专利合作条约》等。

针对战略目标3，确定了5项计划措施：（1）在东盟各成员国的学校建立区域性专利图书馆网络体系；（2）在东盟境内开展区域性的知识产权促进活动，从各个层面提升公众的知识产权意识；（3）提高东盟境内的技术转让与商业化意识；（4）提高东盟各成员国中小企业研发与充分利用知识产权的能力；（5）建立东盟知识产权门户网站。

对于战略目标4，确定了4项计划措施，包括在东盟层面与世界知识产权组织进行制度性合作；进一步加强与对话伙伴的知识产权合作；东盟各成员国积极参与知识产权的国际论坛，与东盟境内的知识产权私人部门取得广泛联系；形成统一的知识产权谈判立场。

对于战略目标5，确定了3项计划措施，包括加强专利、外观设计、商标审查员的能力建设；促进东盟各国知识产权局基础建设的现代化等。

[①] 宋志国等：《中国—东盟知识产权保护与合作的法律协调研究》，知识产权出版社2014年版，第160—161页。

(五)《东盟知识产权行动计划2016—2025》[①]

东盟成员国之间知识产权发展水平的差异,已经成为东盟知识产权制度协调进程中的一大障碍,因而《东盟知识产权行动计划2016—2025》在设定期限时,将时间跨度拉大为10年,2016—2025年,以期减少和消除各成员国之间的差异,达到协调统一的目标。

该行动计划提出了东盟知识产权一体化的目标;在诸如透明度、公众知识产权意识及鼓励加入国际知识产权条约等主要目标上没有什么变化,但是计划本身更加细致。此外,新的计划还包括开发区域知识产权平台,比如商标的在线申请系统等;重点关注各国知识产权局的建设,尤其关注柬埔寨、老挝和缅甸等国,当然也顾及不同国家的知识产权发展水平。这一计划的一个重要目标是,通过各种知识产权协会、私人部门及利益相关方和外部合作者加强联系。

东盟诸国对新的行动计划寄予厚望,特别期待通过完善知识产权法律制度以支持和促进东盟这一新兴市场整体的经济发展,为此,东盟提出并实施"一个愿景、一个身份、一个社区"的口号,作为东盟保持其全球竞争力的基础。

尽管推出了新的更加完善的行动计划,但东盟知识产权制度协调依然会遇到诸多挑战。因为,知识产权本身是一把"双刃剑",监管过严也会导致知识产权体制损害东盟内部的创新和经济发展。比如,马来西亚新的烟草平装立法,就被认为可能损害烟草公司的知识产权利益。

(六) 东盟版权合作与保护工作计划

2003年10月,第9届东盟首脑会议在印尼巴厘岛召开,会议发表了《东盟第二协约宣言》,提出将于2020年建成以安全共同体、经济共同体和社会文化共同体为三大支柱的东盟共同体,其中包括尽可能扩大区域内的版权保护范围并完善相关制度。[②]

[①] 参见《东盟知识产权行动计划2016—2025》,中国保护知识产权网,http://www.ipr.gov.cn/article/ydyl/201605/1890286.html,访问时间:2018年6月15日。
[②] 吕娜:《"一带一路"背景下中国和东盟知识产权保护与合作的法律协调研究》,《云南行政学院学报》2016年第2期,第167页。

1. 政策推行的目标

制定统一的政策和规则,明确版权的保护范围,充分发挥和提高东盟成员国版权保护体制的功效,并增进合作。通过增强和改进版权保护,建立区域一体化制度,将东盟建设成为一个能够广泛吸引投资者的区域。

2. 立法和执行方面

为加快东盟知识产权法律一体化的进程及对版权进行更有效的保护,成员国应尽快立法填补空白或修订现有的法律法规。具体包括:建议将有关平行进口和强制许可的条款翻译成东盟区域内通用的国际语言;鉴于版权所有者、海关官员(或机构)和相关执行机构在具体确定权利保护和义务承担时的困难与障碍,建议考虑设立专门的知识产权法院和刑事自诉的可行性;建议建立一个跨境、跨区域的联合授权执行工作的平台或区域团体,查处和打击盗版等侵权行为。同时,通过双边自由贸易协定、数字媒体和文化事务等,审查、检测版权立法与相关措施带来的发展和影响,预测其效果并及时修正有缺陷和漏洞的部分。

3. 加强教育、培训和提高公众意识

成员国共同合作,借助媒体、工作组和研讨会等,加强教育和培训力度,凸显版权保护的重要性,尽可能地提高公众意识。此外,不断扩大知识产权利益相关者的队伍,包括知识产权办公室的官员、立法者、授权执行者、法官等,从而在广泛宣传的基础上,加深知识产权领域的专业程度。

二 《关于获取生物和遗传资源的东盟框架协定(草案)》

在现代社会,生物和遗传资源对于生物制药及其他工农业相关产品的开发有着巨大的商业价值。东盟诸国大部分位于北回归线以南,全年气温高、温差小,一般在 24—32℃,除老挝是内陆国家外,其余都是海岛国家,遗传资源丰富,生物多样性明显,丰富的生物资源和多样性的生态成为东盟国家的独特优势。

《东盟知识产权合作框架协议》及其行动计划主要着眼于对现代知识的保护,而对于东盟国家具有独特优势的传统知识、遗传资源等未予涉及。为了发挥东盟国家在传统知识、遗传资源方面的区域优势,东盟利用区域法律协调之便,于 2000 年制定了《关于获取生物和遗传资源的东盟框架协定（草案）》[以下简称《协定（草案）》]，以保护遗传资源和生物多样性为核心建立自己的传统知识资源保护体系，形成区域法律政策优势。①《协定（草案）》共有 13 条，涉及传统知识的界定，传统知识主管部门的设立，取得资源的事先知情同意，资源的惠益分享，知识产权和守法措施问题上的处理等，内容相当完整且具可操作性。

根据《协定（草案）》，传统知识是指土著和地方社区的与任何生物和遗传资源或其任何部分的用途、特性、价值和方法相关的知识、创新和做法。《协定（草案）》要求东盟各成员国设立传统知识国家主管部门，成立地区委员会，其成员由国家主管部门的代表组成，在某些情况下，还可邀请其他利害关系方参加。要取得生物和遗传资源，必须填报申请书，向国家主管部门提出申请。申请书的内容包括申请人的身份，当地合作人的情况披露，遗传资源所在的具体地理区域，土著和地方社区或其他有关利害关系方参与事先知情同意等。

《协定（草案）》规定，土著和地方社区应当参与有关遗传资源获取和惠益分享协议的谈判，形成传统知识的获取和惠益分享协议，并列出了协议中应当包含的基本条款；惠益应当酌情包括金钱的和非金钱的惠益。对于因传统知识的获取和惠益分享发生的争端，《协定（草案）》明确规定，资源使用者与资源所属国之间的争议，应当根据国家有关获取生物和遗传资源的规章制度，在国家一级加以解决。此外，《协定（草案）》还就传统知识的获取工具、区域交易机制、生物多样性保护的公共基金、环境和社会影响、生物安全及守法措施等做了规定。

《协定（草案）》在 TRIPS 的基础上，提高了传统知识、遗传资源的保护标准，是未来东盟诸国生物和遗传资源保护及相关制度协调的纲领性文件，对于维护东盟国家生物开发中传统知识和遗传资源提供者的利益具有重要意义。

为了《协定（草案）》尽快转变为正式法律文件并发挥其制度效果，东盟于 2005 年 9 月签订了《成立东南亚生物多样性中心的协议》，在菲

---

① 陈宗波：《东盟传统知识保护的法律政策研究》，《广西师范大学学报》（哲学社会科学版）2006 年第 2 期，第 32 页。

律宾建立了生物多样性保护中心，在各国之间搭建了一个信息沟通和协作管理平台。2009 年，东盟在新加坡召开生物多样性保护会议，申明加快《关于获取生物和遗传资源的东盟框架协定（草案）》的谈判进程。[①]

三 东盟知识产权内部协调的主要成果

东盟知识产权内部协调可谓态度坚决、目标明确、计划完整、措施有力。以《东盟知识产权合作框架协议》构建合作的框架，以《东盟知识产权行动计划 1996—1998》《2004—2010 年东盟知识产权行动计划》《2011—2015 年东盟知识产权行动计划》《东盟知识产权行动计划 2016—2025》四个行动计划分步落实，以《东盟专利审查合作计划》实现重点突破，对于传统知识和遗传资源保护的协调，则以《关于获取生物和遗传资源的东盟框架协定（草案）》有序推进。

经过 20 余年的努力，东盟知识产权制度一体化成效显著，除达成一系列战略目标、形成系统的合作框架体系外，还取得了如下成果：[②]（1）东盟专利检索与研究合作（简称 ASPEC）。这是为东盟成员国量身打造的区域性专利合作计划，其做法与 PPH 类似，至今除缅甸外，其余 9 国均参加此项合作，大大促进了成员国之间对专利检索与研究结果的分享。（2）建立了统一的商标申请和注册系统，完成了商标申请的标准格式，并罗列了东盟国家民族商品与服务清单。（3）东盟知识产权指南（ASEAN IP Direct）。该指南为东盟成员国及其商业合作伙伴等提供"一站式"的知识产权及相关资源网络目录，包括各国知识产权立法、争端解决机构、政府关于支持技术开发合作与研究的政策、技术转让许可、知识产权管理组织、知识产权知识及公共教育等资源信息，且上述信息的提供、更新与东盟知识产权的产业价值链（例如产业创新、知识产权保护、执行和开发利用等）保持同步。

[①] 余俊：《CAFTA 框架下遗传资源及相关传统知识法律保护的对策建议》，《河北法学》2011 年第 2 期，第 114 页。

[②] 吕娜：《"一带一路"背景下中国和东盟知识产权保护与合作的法律协调研究》，《云南行政学院学报》2016 年第 2 期，第 167—168 页。

第二节　东盟知识产权外部协调

东盟知识产权外部协调，是东盟作为一个整体与其他国家进行的知识产权协调，就当前而言，主要是指《东盟—澳大利亚和新西兰自由贸易协定》（ASEAN-Australia-New Zealand Free Trade Agreement，简称AANZFTA协定）。此外，东盟与日本的知识产权协调也应关注。

一　东盟与澳大利亚、新西兰的知识产权协调

东盟国家与澳大利亚、新西兰的合作由来已久。2001年9月，东盟自由贸易区（AFTA）与澳—新紧密经济关系贸易协定（CIR）在越南河内签署了更紧密的经济伙伴关系（CEP）框架协议，内容包括消除双方贸易中的技术壁垒以及其他非关税壁垒，海关，贸易和投资的促进，标准评估、电子商务以及中小企业方面的合作等，这是东盟作为一个地区整体第一次与另一个次区域建立跨区域的合作关系。[①] 随着经济合作的深入发展，进一步提高知识产权保护水平被提上日程。2009年2月27日，东盟与澳、新两国在泰国签署了AANZFTA协定，该协定在东盟六国（新加坡、马来西亚、菲律宾、文莱、越南、缅甸）和澳、新两国完成国内批准程序后，于2010年1月1日生效。

在AANZFTA协定中，关于知识产权协调的内容规定在第13章，共12个条款，内容涉及缔约目的、知识产权的范围、国民待遇、版权、政府使用的软件、遗传资源和传统知识、知识产权合作、透明度、商标、设立知识产权委员会、AANZFTA协定与TRIPS的关系等。AANZFTA协定的一个重要特点是，采用了知识产权保护的"TRIPS-plus"标准[②]。

AANZFTA协定中的"TRIPS-plus"标准表现在两个方面：一是超出TRIPS规定的最低保护标准；二是削减缔约方根据TRIPS所享有的自由选

[①] 刘静：《澳大利亚、新西兰—东盟自由贸易区的背景、意义及展望》，《亚太经济》2005年第4期，第20—21页。

[②] 对于"TRIPS-plus"规则，学界并无统一界定，但有两点共识：其一，"TRIPS-plus"标准是高于TRIPS的标准；其二，"TRIPS-plus"规则主要存在于发达国家与发展中国家或者最不发达国家之间签订的自贸协定中，且以提高后者的知识产权保护标准为目的。

择权,[①] 具体内容包括以下几方面。

1. 设定保护"门槛",在 TRIPS 的基础上加入某些知识产权条约,以及达到特定公约条款的要求。AANZFTA 协定第9条第7款规定,缔约方应加入包括《国际承认用于专利程序的微生物保存布达佩斯条约》(1977年文本)、《国际植物新品种保护公约》(UPOV1991年文本)和《商标法新加坡条约》(STLT2006 年文本)等在内的国际公约。根据《布达佩斯条约》,缔约方必须承认为专利程序的目的向本国境内或境外的任何"国际保藏单位"交存的微生物,这就免除了申请人需要向每个要求专利保护的国家提交微生物寄存的麻烦。UPOV1991 是以育种者利益最大化为目的的植物新品种保护公约,目前生效的有 1978 年文本和 1991 年文本。1991 年文本对育种者权的保护范围最广、保护标准最高、保护时间最长。包括中国、印度在内的许多发展中国家所加入的 UPOV 均为其 1978 年文本。[②] STLT 扩大了条约的适用范围,不仅适用于视觉商标,而且适用于嗅觉商标和听觉商标。此外,还参照发达国家的标准规定了电子申请、未遵守时限的救济、使用许可备案等,这些都超过了 TRIPS 的最低保护标准。

2. 增加商标权保护的客体。TRIPS 规定的商标是可视的,即任何标记或标记的组合,AANZFTA 协定除了形状、包装、单一或多种颜色组合之外,还将声音和气味列为商标权的客体。在东盟国家中,除新加坡外,其余各国商标权的客体并不包括声音和气味。原因是,声音和气味因其非可视性,很难准确描述,在可知性和显著性等构成要素的判定上存在较大困难,国际上也没有统一的标准。

3. 强化保护措施。对于商标和版权等的侵权行为,要求缔约国加大行政处罚力度,以及以刑事措施惩治,包括处以高额罚金、无须权利人请求即予以刑事制裁等。TRIPS 第 61 条规定:"各成员应规定,至少对于具有商业规模的蓄意假冒商标或盗版案件,应适用刑事程序和处罚。"根

---

① 韦凤巧:《东盟知识产权保护新动向——以 AANZFTA 协定为视角》,《黑龙江政法管理干部学院学报》2010 年第 8 期,第 122—123 页。

② 魏艳茹:《东盟国家晚近植物品种立法价值取向研究》,《河北法学》2007 年第 6 期,第 166 页。

据专家组在中美知识产权第一案中的解释,"具有商业规模的假冒和盗版"是指某一产品在某一市场上的具有一定数量或达到一定程度的假冒和盗版的常规商业行为。换言之,并非任何故意侵权行为都应受到刑事处罚,对于构成商业规模的侵权行为,才应考虑刑事处罚问题。但 AANZFTA 协定第 5 条规定,只要是"出于商业目的或经济利益而故意侵犯知识产权的",即"应当被追究刑事责任",是否"具有商业规模",在所不问;第 61 条规定,"各成员应规定将适用于具有商业规模的蓄意假冒商标或盗版案件的刑事程序和处罚,可以使用的救济措施应包括足以起到威慑作用的监禁和(或)罚金,并且处罚程度与犯罪的严重性相一致"。

4. 将透明度义务严格化。TRIPS 对于"与本协定有关的法律、规章,以及普遍适用的终审司法判决和终局行政裁决",只要求以本国语文公布,而根据 AANZFTA 协定第 10 条,东盟国家还"应尽力使上述提到的信息公开在网上,并能够以英文的方式获悉"。这对于基础设施相对落后、技术资源匮乏的东盟国家如柬埔寨、老挝等,在执行上是一个严重的挑战。此外,TRIPS 第 63 条第 4 款为"透明度例外"条款,规定对于"披露会妨碍执法或违背公共利益或损害特定公私企业合法商业利益的机密信息",均不得要求成员披露。但 AANZFTA 协定取消了这一例外规定,实际上是变相压缩了 TRIPS 留给东盟国家的政策空间,使后者在 TRIPS 项下的优惠待遇落空。

东盟国家除新加坡外,经济社会和科技文化均相对落后,过高的知识产权保护水平明显对其不利。其之所以愿意接受"TRIPS-plus"标准,主要是出于两个原因:一是希望以知识产权为代价,换取澳、新两国开放农产品和纺织品市场、减少关税。二是部分东盟国家,如越南、新加坡,分别于 2001 年、2003 年在与美国签订的自由贸易协定中包含了"TRIPS-plus"标准,这给其他东盟国家带来了重大的先例意义和示范作用。[①] 东盟国家以在知识产权这种无形代价上的让步,来换取在有形货物或经济援助方面的利益,其能否从 AANZFTA 协定中受益,尚有待观察。

---

① 韦凤巧:《东盟知识产权保护新动向——以 AANZFTA 协定为视角》,《黑龙江政法管理干部学院学报》2010 年第 8 期,第 122 页。

二　东盟与日本的知识产权协调

2012年7月11日,东盟成员国知识产权局与日本专利局签署了一份知识产权合作协议——工业产权合作备忘录,以完善东盟与日本在以下几个方面的合作:工业产权保护系统,透明又简化的审查程序和实务,工业产权管理,私有部门工业产权开发,以及工业产权意识。其中,优先实施的活动包括:对日本创意产业领域中小企业知识产权商业化的成功案例进行研究,这些成功经验须同时适用于东盟;召开会议,建立信息技术基础设施共享专利审查文献资料信息,为东盟成员国加入国际条约提供各种支持。这一合作备忘录的签署在东盟知识产权局和日本专利局合作史上具有里程碑意义,必将进一步促进东盟和日本在商标、工业设计、专利和实用新型领域的合作。[①]

[①] 参见《东盟—日本签署知识产权合作协议》,中国保护知识产权网,http://www.ipr.gov.cn/article/ydyl/201605/1890286.html,访问时间:2018年6月19日。

第六章

目标、基本原则与模式

协调的目标,是指协调本身意欲达成的结果,它由本区域对商品、资本自由流通程度的要求所决定。协调的基本原则,是构建协调机制所应遵循的根本规则。协调的模式,是根据协调的目标、基本原则而选择的协调的标准样式。质言之,协调的目标决定了协调的基本原则;协调的目标和基本原则,决定着协调模式的选择。在知识产权区域协调中,无论是协调目标和基本原则的确定还是协调模式的选择,都需要针对自身的现状及需要解决的问题,才具有合理性和可行性。

第一节 现状和问题

中国—东盟知识产权协调,旨在通过中国与东盟、中国与东盟诸国两个层面的协调,使 CAFTA 知识产权制度达到协调状态,形成区域知识产权秩序。这一协调过程,始于 2002 年 11 月,以《中国—东盟全面经济合作框架协议》(下称"框架协议")的签署为标志;其后,于 2009 年 10 月,随着《中国—东盟知识产权领域合作谅解备忘录》(下称谅解备忘录)的签署,达到一个新的水平。中国与东盟诸国的知识产权双边协调,主要体现于双方知识产权主管部门之间的互动和合作。

一 协调的现状

(一)《中国—东盟全面经济合作框架协议》

这一协议是中国—东盟自由贸易区(简称 CAFTA)的纲领性文件,它不仅确定了本自贸区经济合作的基本框架,而且也为之奠定了法律基础，提供了制度保障。从内容上看，该协议确定的合作领域主要以货物贸易、服务贸易、投资等为主，但所有这些合作均须以知识产权得到充分、有效的保护为前提，因而该协议在第 3 条和第 7 条对知识产权保护做了规定。

根据该协议第 3 条第 8 款（h）项的规定，各缔约方之间关于建立涵盖货物贸易的中国—东盟自贸区的谈判还应包括但不限于下列内容："基于 WTO 及世界知识产权组织（简称 WIPO）现行规则和其他相关规则，便利和促进对与贸易有关的知识产权进行有效和充分的保护。"该协议第 7 条"其他经济合作领域"第 2 款规定，"合作应扩展到其他领域，包括但不限于银行、金融、旅游、工业合作、交通、电信、知识产权、中小企业、环境、生物技术、渔业、林业及林业产品、矿业、能源及次区域开发等"。

上述条文表明，该协议虽然没有具体规定知识产权的保护措施，但通过引致性条款，为自贸区的知识产权谈判确立了规则；同时将知识产权列入未来自贸区的合作领域。具体言之，该协议包含以下知识产权协调内容：(1) 条文规定了中国—东盟自贸区内进行知识产权协调的国际法律基础。在中国—东盟自由贸易区，知识产权协调以 WTO 和 WIPO 的现行规则为主，辅以其他相关规则。这意味着，CAFTA 的知识产权规则是对全球性知识产权制度的发展和补充。(2) 条文为知识产权协调指明了目标，即"便利和促进"贸易。CAFTA 贸易的发展离不开知识产权保护，只有对知识产权进行有效和充分的保护，才能"便利和促进"贸易。(3) 条文为下一步的知识产权协调提供了法律依据。在第 7 条第 2 款规定的"包括但不限于的""其他经济合作领域"中，"知识产权"名列其中。[1]

（二）《中国—东盟知识产权领域合作谅解备忘录》

2009 年 10 月 25 日，在泰国华欣举行的东盟系列峰会期间，中国政府与东盟 10 国政府签署了《中国—东盟知识产权领域合作谅解备忘录》《中国—东盟关于技术法规、标准和合格评定程序谅解备忘录》《中国—

---

[1] 吕娜：《"一带一路"背景下中国和东盟知识产权保护与合作的法律协调研究》，《云南行政学院学报》2016 年第 2 期，第 168—169 页。

东盟中心谅解备忘录》等文件。① 其中,《中国—东盟知识产权领域合作谅解备忘录》是中国—东盟进行知识产权合作与协调最直接的法律依据。

自 2002 年开始 CAFTA 建设进程以来,随着双方经贸合作的扩大与加深,知识产权合作的重要性日益凸显。该备忘录明确指出,中国和东盟诸国认识到加强知识产权领域合作对于促进经贸发展的重要性,希冀在知识产权领域加强合作。但是,由于各个国家之间发展不平衡,成员国间经济、政治、科技文化及传统等存在差异,该备忘录充分考虑了知识产权合作、协调面临的困难,对合作和协调做了极具张力的规定。②

首先,该备忘录第 1 条规定,"在知识产权领域,各成员国重申,切实履行已经加入国际公约之义务,并尊重各国现行国内法律与规章之规定"。这其实是为知识产权合作与协调规定了法律基础和基本方向,即信守国际条约与独立保护相结合。前者,追求知识产权保护的普遍性,要求各国达到知识产权保护的最低标准;后者,尊重各国国内知识产权制度的特殊性,维护各国根据本国国情设计知识产权保护体系的自主性。应该说,这一规定符合当前中国与东盟诸国知识产权法律体系和保护水平上差距较大的现实情况。

其次,该备忘录区分了政策层面的合作与具体领域的合作。根据第 2 条的规定,双方要建立一个定期的知识产权高层会晤机制——定期举行中国—东盟知识产权局局长会议,作为知识产权合作与协调的最高会议,互通最新进展和动向,加强政策层面的沟通,并就国际组织等热议的知识产权问题交流观点。同时双方在一些具体领域开展实质合作,包括知识产权审查、质量控制、审查员培训、自动化和数据库建设与信息共享等。

再次,将传统知识、遗传资源和民间文艺作为合作的重点领域。相比于发达国家在现代知识领域的绝对优势地位,传统知识、遗传资源和民间文艺(简称传统资源)是包括中国和东盟在内的发展中国家具有优

---

① 《中国与东盟签署〈中国—东盟知识产权领域合作谅解备忘录〉》,中国知识产权研究网,http://www.iprcn.com/IL_Zxjs_Show.aspx? News_PI=2559,访问时间:2018 年 6 月 26 日。
② 宋志国等:《中国—东盟知识产权保护与合作的法律协调研究》,知识产权出版社 2014 年版,第 376—378 页。

势的领域，加强对传统资源的保护或提高其保护水平，对于发展中国家无疑具有重要意义。该备忘录第 3 条规定，在尊重各国国内知识产权制度的前提下，认识到遗传资源、传统知识和民间文艺对各国科学、文化和经济发展所具有的重要作用，同意在构建与完善传统资源法律保护体系方面加强合作与信息交流。将传统资源保护作为合作的重点领域，符合中国—东盟的共同利益。

最后，倡导自觉履行，而不做刚性规定。该备忘录顾及东盟恪守"自愿、协商一致、不干预及非正式"四大原则的传统，于其第 6 条规定，"本谅解备忘录旨在表达各成员国互惠合作之意图。虽然本谅解备忘录下第 2 条与第 3 条之宗旨并无法律约束力，但各成员国应尽最大之努力，推动并达成这些目标"；第 8 条更是规定，"若成员国就本谅解备忘录条款的解释、履行或适用发生歧义或产生争议，将通过外交途径以双方磋商或协商的方式友好解决，不允许将争议提交任何第三方或国际法庭"。明确排除了对争议的法律强制性解决，只允许以友好协商的方式解决。这表明，该备忘录对各成员国仅具有软性约束，没有刚性的法律约束力，是否履行及履行到何种程度，悉由各国自主决定。

（三）中国与东盟诸国知识产权双边合作与协调

随着中国与东盟各国经贸、投资的发展，中国除与东盟整体进行知识产权合作与协调外，同时也与部分东盟国家开展双边合作与协调。

2004 年 2 月，中国与新加坡在北京签署了《中国国家知识产权局与新加坡知识产权局合作框架备忘录》；2006 年 8 月，双方将知识产权领域的合作正式纳入中国—新加坡双边合作联合委员会（JCBC）框架下，使知识产权合作成为两国整体外交的一部分。

2005 年 4 月，中国与泰国签署了《中国国家知识产权局和泰国知识产权厅专利合作行动计划》，根据该行动计划，双方将建立联系人机制，并在人力资源开发、信息交换以及知识产权保护等领域加强合作。2013 年 8 月，中国与泰国签署《中国国家知识产权局与泰国知识产权厅 2013—2014 年行动计划》，双方同意今后继续加强人员交流，不断深化合作。

2009 年 8 月，中国与越南签署《中国和越南商标及商标相关领域合作谅解备忘录》，这标志着中越在商标及相关领域正式建立了双边战略合作框架。根据该备忘录，双方就商标及其他知识产权热点问题、商标管理和审查、反不正当竞争、知识产权数据库开发等进行信息交流，组织有关商标审查、商标管理以及其他相关问题的培训、座谈会、研讨会和学习访问等，并明确了协商、争议解决等有关条款。[1]

2015年11月，中国与马来西亚在吉隆坡签署了《中国政府和马来西亚政府市场主体准入与商标领域合作谅解备忘录》。根据该谅解备忘录，中国国家工商总局和马来西亚国内贸易、合作与消费事务部作为其实施机构，将在市场主体准入和商标领域开展有关法律、法规、政策信息交流，就共同关心的重要事项和热点问题进行深入探讨，并适时开展能力建设活动。

2017年9月，中国和柬埔寨签署关于知识产权合作的谅解备忘录，确认中国的有效发明专利可在柬埔寨登记生效。据此，凡经中国国家知识产权局授权、维持有效，且申请日在2003年1月22日之后的中国发明专利，均具备在柬埔寨生效的资格。[2] 此外，2018年4月，中国与老挝签署首份《中华人民共和国知识产权局与老挝人民民主共和国科技部知识产权领域合作谅解备忘录》，老挝对中国发明专利审查结果予以认可。[3]

二 需要解决的问题

应该说，中国—东盟知识产权合作与协调取得了令人瞩目的成效，特别是根据《中国—东盟知识产权领域合作谅解备忘录》，双方在国家层面建立了定期磋商机制，定期举办具有针对性、前沿性的研讨会，渐次开展人员培训和信息交流，在很大程度上便利和促进了双方的经贸、投资。但无论是政策对话、研讨交流，还是人员培训、能力建设，都属于

---

[1] 郭家驹：《中越将在商标及相关领域进行双边战略合作》，《中华商标》2009年第9期，第37页。
[2] 柳鹏：《中国有效发明专利可在柬埔寨登记生效》，国家知识产权局，http://www.sipo.gov.cn/zscqgz/1120427.htm，2018年3月5日，访问时间：2019年9月27日。
[3] 邱隽畅：《中老签署首份知识产权领域合作谅解备忘录 老挝对中国发明专利审查结果予以认可》，国家知识产权局，http://www.sipo.gov.cn/zscqgz/1121286.htm，2018年4月3日，访问时间：2019年9月27日。

知识产权协调的软约束安排，具有刚性的协调机制和制度性安排比较欠缺。① 在下一步的合作与协调中，以下几个方面的问题需要重点解决。

（一）明确协调的目标定位

协调目标的确定，决定着协调模式和路径的选择。从《中国—东盟知识产权领域合作谅解备忘录》来看，"为进一步推动成员国之间的战略伙伴关系"，是合作与协调的外在目标，而非其本身的目标；"希冀在知识产权领域加强合作"，只是表达了合作的愿望；"认识到为促进各成员国之间经济贸易关系而加强知识产权领域合作的重要性"，也只是说明了协调的外在目标，即促进各成员国之间的经济贸易关系。综观整个谅解备忘录，对于双方知识产权合作与协调的目标定位，并无清晰、明确的规定。当然，这是由目前双方协调层次较低所决定的。随着 CATFA 升级，双方经贸、投资合作深化，低层次的知识产权协调显然不能满足需要，协调的升级是必然的，因而必须有清晰的目标定位。

（二）规定协调的基本原则

基本原则作为其他规则的来源和依据，在知识产权协调中是不容缺失的。在中国—东盟知识产权区域协调中，基本原则应包括具有基础性意义的准则，反映国际知识产权保护与合作的最高准则，以作为具体规则、制度运行的基本依据，比如国家主权原则、公共秩序保留原则等。明确了知识产权合作与协调的基本原则，即便在合作当中缺乏具体的规定，也能够基于协调的基本原则来指导各成员国采取具体措施、开展活动。

（三）加强传统资源保护的协调

中国—东盟知识产权合作与协调，应当体现本区域的传统文化特色。② 中国和东盟各国都有着悠久的历史，沉淀了丰富的文化遗产，在传统知识、遗传资源和民间文学艺术表达上具有比较优势。传统资源的核心要素往往被发达国家所利用，成为新的创造性成果的基础，从而形成

---

① 宋志国、贾引狮：《中国—东盟知识产权保护与合作机制研究》，《知识产权》2012 年第 4 期，第 97 页。

② 陈彬：《试析区域性知识产权保护制度对中国—东盟知识产权协作模式的借鉴意义》，《国际经济法学刊》2007 年第 2 期，第 253 页。

新的知识产权。随着现代科技的广泛运用，利用这些传统资源开发具有知识产权的新成果的可能性越来越大。在中国—东盟知识产权区域协调中，应该对传统资源的保护予以高度重视。构建有 CAFTA 特色的传统资源保护制度，不仅有利于延续和发展本区域传统资源，而且有利于在未来国际知识产权规则塑造中与发达国家的谈判，变被动为主动，争取应有的权利。

（四）抵制"TRIPS-plus"规则扩张

知识产权的保护水平，应与本国的经济社会和科技文化发展水平相适应，盲目追求保护水平的提高，可能使国家利益受损。中国—东盟知识产权区域协调应当体现本区域的实际情况，确定相应的知识产权保护水平。

为了获得市场准入及投资的利益，东盟与澳大利亚、新西兰于 2009 年签署了 AANZFTA 协定，一些东盟国家如越南、新加坡分别于 2001 年、2003 年与美国签订了《美国—越南双边自由贸易协定》《美国—新加坡自由贸易协定》，这些 FTA 所设定的知识产权保护水平均超过了 TRIPS 的最低保护标准，导致"TRIPS-plus"标准在东盟呈现泛滥之势。

但是，从 CAFTA 的区域情况出发，应当抵制"TRIPS-plus"标准在本区域扩张。因为，CAFTA 成员国基本上都属于发展中国家，有的甚至是最不发达国家，部分东盟国家切实履行 TRIPS 规则尚且存在困难，如果在短时间内推行"TRIPS-plus"规则，并不利于本区域的经贸、投资合作。

（五）建立区域性知识产权管理和执行机制

区域知识产权保护制度要获得成功，离不开统一、高效的执行机制，中国—东盟知识产权合作与协调的成败，其关键亦在于此。[①]

中国—东盟知识产权区域协调，应当力求在实体规定上取得一致，这是不言而喻的。但在 CAFTA 中，我国与东盟各国对知识产权的利益诉求点并不完全相同，加上内外各方面因素的影响，实体规则上的一致短期内难以实现。根据当前的实际情况，在知识产权的管理和执行机制方

---

① 参见陈彬《试析区域性知识产权保护制度对中国—东盟知识产权协作模式的借鉴意义》，《国际经济法学刊》2007 年第 2 期，第 254 页。

面建立区域性的合作机制，应当是更加现实的选择，具体包括：（1）实施区域"专利审查高速路"（PPH）；（2）构建复式商标注册体系；（3）建立刚性的知识产权特别审查机制和区域执法合作机制。

（六）完善知识产权争端解决机制

在国际经贸、投资活动中，知识产权争议可以在两个层面上发生，一是国与国之间，就知识产权制度问题发生争议，谓之"知识产权争端"；二是私人与私人之间，或私人与国家之间，对于知识产权侵权或知识产权滥用等发生的争议，谓之"知识产权纠纷"。相应地，用于解决"争端"的，谓之"争端解决机制"；用于解决"纠纷"的，谓之"纠纷解决机制"。中国—东盟知识产权协调，仅涉及知识产权争端的解决问题，不直接针对知识产权纠纷的处理，但对于因知识产权纠纷案件而引发的国际司法协助等，则属应予关注的范围。

中国与东盟各成员国于 2004 年 11 月签署了《中国—东盟全面经济合作框架协议争端解决机制协议》，该争端解决机制协议适用于《中国—东盟全面经济合作框架协议》下发生的所有争议，包括货物贸易、服务贸易、投资、知识产权领域等。然而，该争端解决机制处理的核心问题是货物贸易，其中很大一部分是农产品贸易，并没有具体规定知识产权争端的处理方式，[①] 对于因货物贸易而引发的知识产权纠纷甚至没有提及，因此有学者认为，其对于中国与东盟之间的知识产权纠纷的解决有着很大的障碍；[②] 更何况，该争端解决机制本身存在若干缺陷，需要予以完善。[③]

第二节　目标和基本原则

一　中国—东盟知识产权协调的目标

FTA 知识产权协调目标的确定，虽有设计成分，但并不能纯凭主观

[①] 王帆乐等：《中国—东盟国家知识产权保护合作机制的构建》，《中国科技论坛》2016 年第 7 期，第 137 页。

[②] 廖柏明：《中国—东盟知识产权争端解决机制探析——兼论环境知识产权纠纷的解决》，《知识产权》2010 年第 5 期，第 95 页。

[③] 朱继胜：《也论 CAFTA 争端解决机制的缺陷与完善》，《河北法学》2015 年第 2 期，第 97—106 页。

任意设定，而必须根据区域实际、斟酌各方诉求而定。如何确定中国—东盟知识产权协调的目标，取决于中国和东盟双方的客观情况与主观诉求。

有学者认为，在中国和东盟诸国知识产权协调保护体系的制度设计中，应将协调实体法和统一注册制度作为最终目标，在操作上，可以采取下列步骤分阶段实施：其一，在中国和东盟诸国间建立协调对话机制；其二，力求在实体规定上取得一致；其三，建立复式的工业产权注册体系；其四，在时机成熟时，制定统一的知识产权法。① 这一主张有如下可取之处：（1）将建立对话机制作为协调的基础，将谋求实体规则的一致作为远期目标，符合 CAFTA 的实际，具有合理性；（2）主张建立复式的工业产权注册体系，从管理和执行入手协调工业产权的保护，值得肯定。

不过，该主张提出之时，CAFTA 尚在建设当中，且当时部分东盟成员国（如老挝、越南）尚未加入 WTO，② 不受 TRIPS 约束，故其具有一定的前瞻性，时至今日，其局限性也逐渐显露，具体包括：（1）未虑及传统资源保护的协调。其仅及于现代知识保护的协调，主要是著作权、商标权和专利权等，对于传统知识、遗传资源和民间文学艺术保护的协调，未予涉及。这一点在东盟着力于探讨传统知识资源的保护机制并于 2009 年制定《关于获取生物和遗传资源的东盟框架协定（草案）》之后，显得尤为突出。（2）未虑及区域专利审查方面的合作与协调。实际上，与商标注册相比，专利审查要求更高、工作更复杂，因而更有协调的必要性，合作空间更大。（3）未虑及知识产权争端解决问题。营造和谐的市场氛围，实现互利共赢，是驱动中国与东盟诸国建立自由贸易区的重要因素，2015 年 1 月 1 日 CAFTA 全面建成以后，横亘于双方之间的关税壁垒基本破除，中国与东盟国家经贸合作深化的前途一片光明，但日益增加的区域知识产权纠纷如欠缺完善的争端解决机制，极有可能刺激各国出台非关税壁垒——知识产权壁垒，使 CAFTA 的前途蒙上阴影，因而

---

① 柳福东、蒋慧：《中国和东盟诸国知识产权制度协调模式研究》，《广西师范大学学报》（哲学社会科学版）2005 年第 2 期，第 78 页。

② 该主张于 2005 年提出，越南于 2007 年 1 月加入 WTO，老挝于 2012 年 10 月加入 WTO。

建立妥适的争端解决机制倍加重要。①

上述三个方面,在确定中国—东盟知识产权协调的目标时,是不容忽视的。除此之外,以下几个因素,也必须予以考虑。

第一,东盟诸国之间知识产权制度差异很大,保护水平参差不齐。新加坡的知识产权保护水平已经跻身于发达国家之列,其余的老东盟国家基本达到 TRIPS 的要求,但新东盟四国,尤其是柬埔寨、缅甸和老挝,则差距明显,有的甚至连基本的知识产权国际保护公约都没有参加。这种情况的存在,是由东盟成员国之间经济社会和科技文化发展水平不平衡所决定的,因而不可能通过主观努力在短期内消除。这意味着,中国—东盟知识产权协调,不能以建立单一的区域性知识产权法律体系作为目标,至少短期内这不现实,当然这并不排除在某些有着共同利益诉求的领域,比如在传统资源的保护上,构建统一的实体规则。

第二,部分东盟成员国是否有能力切实履行 TRIPS 的最低保护标准尚存疑问。② 截至 2012 年 10 月,东盟十国均已加入 WTO,受到 TRIPS 规则约束,但它们是否已经切实履行,却不无疑问。以专利制度为例,首先,越南尚未使 TRIPS 中任何与专利相关的条款生效。越南虽通过了自己的专利法、小型专利法和工业品外观设计法,但实施细则还在讨论之中,其是否与 TRIPS 的规定一致,尚难定论。其次,缅甸、老挝等尚未使其立法与 TRIPS 相符。两国均尚未将国际专利法的要求引入国内立法中,原因在于,两国的主要制造业与创新型工业几无联系。老挝的主要产业是服装生产、木材加工和电力。缅甸的主要产业包括粗放型农业、纺织业和钢铁工业。由于极度缺乏创新能力,两国对于由发达国家制定的全面保护专利的规则异常敏感。最后,老挝、缅甸和柬埔寨尚未完成保护植物多样性的立法。这显然与 TRIPS 第 27 条第 3 款(b)项的规定不相符。③ 这表明,中

---

① 王帆乐等:《中国—东盟国家知识产权保护合作机制的构建》,《中国科技论坛》2016 年第 7 期,第 137—138 页。

② 宋志国等:《中国—东盟知识产权保护与合作的法律协调研究》,知识产权出版社 2014 年版,第 183 页。

③ TRIPS 第 27 条第 3 款(b)项规定:"各成员应规定通过专利或一种有效的特殊制度或通过这两者的组合来保护植物品种。"中国人民大学知识产权教学与研究中心、中国人民大学知识产权学院编:《知识产权国际条约集成》,清华大学出版社 2011 年版,第 379 页。

国—东盟知识产权协调任重道远，近期应根据"条约必须信守"原则，以 TRIPS 规则为基础进行协调，将确保 TRIPS 义务的切实履行作为目标。

第三，部分东盟国家履行国际知识产权条约的资源和资金缺乏，能力不足。知识产权保护除了建立法律体系之外，还涉及相关设施的建立和维护，信息的获取和沟通，以及防范、制止和惩治侵权行为等，需要耗费大量的资源和资金。东盟国家除新加坡外，都属于发展中国家，有的甚至是最不发达国家，是小国、穷国。由于经济发展水平不平衡，东盟国家对知识产权保护的监督和执行能力差距很大，一些国家受制于经济发展水平，能够用于实施国际知识产权条约的资源和资金非常有限，能力明显不足。结果是，执行机制可能成为知识产权保护链条中最薄弱的环节；[①] 不仅如此，知识产权争端的解决机制，也必须尽可能简便、易行，以适应东盟国家资源有限、能力不足的境况。

综上，中国—东盟知识产权区域协调，应将目标定位于以下几个方面：（1）在 TRIPS 的基础上协调知识产权制度，以切实履行 TRIPS 的要求、达到 TRIPS 规定的最低保护标准为目标；（2）对于中国和东盟具有共同利益诉求的领域，即传统知识、遗传资源和民间文学艺术等，则应在 TRIPS 的基础上，构建新型"TRIPS-plus"规则[②]，加强保护，提高保护水平；（3）根据 CAFTA 的实际情况，完善知识产权争端解决机制，以使之既能在相当程度上满足现实需要，又能为资源资金有限、能力不足的东盟国家所承受；（4）在建立和完善知识产权定期磋商机制的基础上，着力于知识产权管理和执行机制方面的协调，争取建立区域性的知识产权执法合作机制，以及实施区域专利审查高速公路（PPH）。

二 中国—东盟知识产权协调的基本原则

知识产权具有地域性，其保护受制于一国法律的空间效力，在不承认一国法律具有域外效力的前提下，知识产权不受其他国家的保护。从

[①] 宋志国等：《中国—东盟知识产权保护与合作的法律协调研究》，知识产权出版社2014年版，第185页。

[②] 新型"TRIPS-plus"规则，是在 TRIPS 的基础上，提高传统资源保护水平的规则。参见朱继胜《"南南联合"构建新型"TRIPS-plus"规则研究——以中国—东盟自由贸易区为例》，《环球法律评论》2016年第6期，第170—186页。

这个意义上说，知识产权的国际保护，必然意味着知识产权制度的国际协调，其核心是知识产权国际造法，国际条约、公约及谅解备忘录等，则是国际协调的结果。中国—东盟知识产权区域协调，包含协调的过程与通过协调达成的结果，而协调的基本原则，既是协调过程中应遵循的根本准则，也是协调结果应具有的基本品格。

有学者认为，中国—东盟自贸区知识产权法律制度统一与协调应坚持以下原则：（1）互利互惠的原则；（2）坚持国际公约、国际协定义务与区域协定义务相一致的原则；（3）坚持有利于保护知识产权各方当事人的利益、有利于促进经济社会发展的原则；（4）坚持在履行国际义务的前提下，尊重各国知识产权保护制度独特性的原则；（5）坚持承认各国有权采取措施制止滥用知识产权的原则。①

也有学者认为，中国—东盟知识产权法律协调应遵循如下基本原则：（1）"条约必须信守"原则，在条约缔结后，缔约国必须按照条约的规定，善意履行条约义务、行使权利，如果违反义务，必须承担国际责任。（2）独立保护原则，即是否授予知识产权，如何保护知识产权，由各缔约国按照其国内法来决定。（3）国民待遇原则，在知识产权保护上，各缔约国（成员）之间相互给予平等待遇，使缔约国国民与本国国民享受同等待遇。（4）公共利益原则，即知识产权的保护与权利行使不得违反社会公共利益，以维持公共利益与私人利益的平衡。②

学者所列的上述基本原则，具有一般性、普适性，对于所有 FTA 的知识产权协调均适用，对于中国—东盟知识产权区域协调当然也有指导意义，其不足之处在于，没有根据 CAFTA 的具体情况来制定协调原则，针对性不强。古祖雪先生认为，国际造法应遵循四项基本原则：（1）客观性原则，国际法在内容上应具有合法性（合规律性），是国际社会发展规律的反映；（2）国际民主原则和国际合作原则，因为国际法是相互冲突的国际意志经过协调后达成的一种"共同同意"，在形式上应具有合意

---

① 申华林：《中国—东盟自由贸易区知识产权法律制度研究》，广西人民出版社 2011 年版，第 220 页。

② 宋志国等：《中国—东盟知识产权保护与合作的法律协调研究》，知识产权出版社 2014 年版，第 191—199 页。

性；(3) 国际法治原则，国际法在适用上应具有普遍性，是具有普遍约束力的行为规范。① 中国—东盟知识产权区域协调，应在上述四项基本原则的指导下，确立自己的基本原则。

根据"客观性原则"，中国—东盟知识产权协调应适合于本区域的经济发展水平、知识产权立法和保护水平，因而应确立以下两项协调原则。

1. "多边为主、双边为辅"原则

根据本书第四、五章的论述，东盟知识产权一体化已经取得相当丰硕的成果，它们是中国—东盟知识产权协调的坚实基础，且东盟十国均已加入 WTO，受到 TRIPS 约束，故 CATFA 知识产权区域协调，应在 TRIPS 的基础上，以中国与东盟整体的多边协调为主；同时，根据本书第三章第二、三节的论述，东盟诸国之间的知识产权制度体系差别甚大，保护水平参差不齐，在新东盟四国与老东盟六国之间存在明显的落差，因此，必须辅以中国与东盟各成员国的双边协调，才能取得实效。

2. "有差别的统一"原则

根据东盟成员国的实际情况，在协调中，应在确保各国切实履行 TRIPS 最低保护标准的基础上，尊重东盟成员国根据本国情况建立符合本国国情的知识产权保护制度的意愿，尊重东盟各成员国国内法的特殊制度，以期在信守国际条约与维护国家主权之间保持平衡。

根据"国际民主与国际合作"原则，在 CAFTA 知识产权协调中，应确立"共同参与、平等协商、互利互惠"原则。中国作为新兴经济体，正走在民族复兴的道路上，经济社会、科技文化都处于快速发展之中，与东盟各国对知识产权的利益诉求点并不完全相同，为了达成"共同同意"，必须在互利互惠的基础上，通过"共同参与、平等协商"，才能协调相互冲突的国家意志。

根据"国际法治"原则，应在 CAFTA 知识产权区域协调中，确立"协调机制条约化"原则。东盟一向秉持"自愿、协商一致、不干预和非正式"四大原则，以此作为其所达成的各项贸易与投资等协议的制定理念，从标准和时间上进行一系列灵活性安排，以达到与区

---

① 古祖雪：《国际造法：基本原则及其对国际法的意义》，《中国社会科学》2012 年第 2 期，第 127—146 页。

域内各国国内法的协调一致。但是,这一"东盟方式"与"国际法治"原则相悖,在客观上,已经在一定程度上影响到东盟内部的深化合作;在主观上,东盟国家也逐渐有了比较深刻的认识,因而应当加以改进。在中国—东盟知识产权协调中,应在尽可能尊重"东盟方式"这一传统的基础上,通过"共同参与、平等协商",将各种松散的区域合作条款、合作路径整合,使协调机制法律化、条约化,提高其对各国的约束力和控制力。[①]

第三节 模式

根据《现代汉语词典》,所谓"模式",是指某种事物的标准形式,使人可以照着做的标准样式。[②] 由此,我们可以说,模式既是事物的标准样式,也是主体行为的一般方式。知识产权区域协调的模式,是不同的FTA在进行知识产权协调中,形成的协调样式。中国—东盟知识产权区域协调宜采取何种模式,应依据CAFTA自身的特点,并吸收其他FTA的成功经验,加以确定。

一 知识产权国际协调的几种模式

在当今世界,各国、各区域组织根据自身情况,在实践中探索出多种知识产权协调模式,[③] 这些协调模式对于中国—东盟知识产权区域协调,具有借鉴意义。

(一)最低标准模式

即在双边或多边国际条约中,规定知识产权保护的最低标准,要求各缔约方均达到这一标准。当条约的成员方在知识产权保护上都达到了最低标准时,在该条约的区域内,知识产权保护就在最低标准的基础上

[①] 王帆乐等:《中国—东盟国家知识产权保护合作机制的构建》,《中国科技论坛》2016年第7期,第139页。

[②] 中国社会科学院语言研究所词典编辑室:《现代汉语词典》(修订本),商务印书馆1996年版,第894页。

[③] 参见柳福东、蒋慧《中国和东盟诸国知识产权制度协调模式研究》,《广西师范大学学报》(哲学社会科学版)2005年第2期,第76—77页。

得到了协调。

最低标准模式的典型是 TRIPS。TRIPS 第 1 条规定:"各成员应实施本协定的规定;各成员可以,但并无义务,在其法律中实施比本协定要求更广泛的保护,只要此种保护不违反本协定的规定。"第 72 条规定:"未经其他成员同意,不得对本协定的任何规定提出保留。"这表明,对于 TRIPS 为各种知识产权确立的最低保护标准,各成员方须无保留地予以遵守。

除 TRIPS 以外,《保护工业产权巴黎公约》和《保护文学艺术作品伯尔尼公约》,也都采用了最低保护标准的模式来协调各国间的知识产权制度。在区域性贸易组织中,北美自由贸易区(North American Free Trade Area,简称 NAFTA)与南方共同市场等,都依此模式进行协调。

(二)"TRIPS-plus"模式

所谓"TRIPS-plus"模式,是指以"TRIPS-plus"规则来协调国际或区域知识产权制度。其做法是,美欧发达国家以市场准入和跨国投资等作为交换条件,以双边或区域自由贸易协定(简称 FTA)等作为载体,确立一种超过 TRIPS 的保护标准,此即"TRIPS-plus"规则。"TRIPS-plus"规则主要存在于发达国家与发展中国家或者最不发达国家之间签订的 FTA 中,且以提高后者的知识产权保护标准为目的。

一般而论,"TRIPS-plus"规则主要涉及但不限于以下内容:(1)设定保护"门槛";(2)增加保护客体;(3)变更保护期限;(4)强化保护措施;(5)限制强制许可及平行进口;(6)将透明度义务严格化。[1] 通过在 FTA 中设定"TRIPS-plus"条款,在 TRIPS 的基础上,提高现代知识的保护水平,从而使本区域的知识产权制度实现协调。

在后 TRIPS 时代,随着 FTA 的盛行,"TRIPS-plus"模式呈扩张态势。在 2009 年签署的《东盟与澳大利亚和新西兰自由贸易协定》,2015 年东盟国家马来西亚、越南、新加坡、文莱与美国、日本等签署的《跨太平洋伙伴关系协议》(简称 TPP),2001 年签署的《美国—越南双边自由贸易协定》,2003 年签署的《美国—新加坡自由贸易协定》,以及东盟

---

[1] 参见朱继胜《"南南联合"构建新型"TRIPS-plus"规则研究——以中国—东盟自由贸易区为例》,《环球法律评论》2016 年第 6 期,第 172—173 页。

诸国与欧盟等签订的类似 FTA 中，均采用了"TRIPS-plus"协调模式。

（三）知识产权统一注册（申请）模式

这一模式为非洲知识产权组织的《班吉协定》、欧洲共同体的《欧洲共同体专利公约》（简称 CPC）和比荷卢经济联盟所采用。

自 20 世纪 60 年代初以来，部分法语非洲国家致力于加强工业产权方面的协调。1962 年 9 月，这些国家在加蓬首都利伯维尔缔结《建立非洲—马尔加什工业产权局协定》（简称《利伯维尔协定》）。该协定的成员国于 1963 年通过并实行《统一商标法条约》，依据该条约获得的商标注册，不仅在所有的成员国均有效，而且也仅依该条约享受有关权利。

1976 年，马达加斯加（原马尔加什）宣布退出《利伯维尔协定》，"非洲—马尔加什工业产权局"也于同年更名为"非洲知识产权组织"（African Intellectual Property Organization，法语字头的缩略语为 OAPI），总部设在喀麦隆首都雅温得，统一管理各个成员国的商标事务。[①] 1977 年 3 月，OAPI 于中非首都班吉修改了《利伯维尔协定》，并通过《班吉协定》（全称为《关于修订〈建立非洲—马尔加什工业产权局协定〉及建立非洲知识产权组织的协定》）。[②]

《班吉协定》是世界上第一个全面产生跨国工业产权与版权的地区性公约，根据该协定及其附件的规定，成员国应保护的知识产权包括发明专利、实用新型、商标、工业品外观设计、商号、产地名称、版权和文化遗产。《班吉协定》基本沿用了《利伯维尔协定》在商标、专利领域的知识产权协调做法，即取消各成员国的工业产权制度，在工业产权领域完全受 OAPI 约束，从而实现知识产权制度的协调统一。以商标为例，由于 OAPI 成员国并无各自独立的商标制度，所以不存在向各个成员国逐一注册的可能性，只能通过 OAPI 注册。凡向 OAPI 总部申请商标注册的，经核准注册后，即在所有的 OAPI 成员国同时受到保护。

除 OAPI 以外，《比荷卢统一商标法》也实行知识产权统一注册的协

[①] "非洲知识产权组织"是由前法国殖民地中官方语言为法语的国家组成的保护知识产权的一个地区性联盟，当时有 12 个成员国，即喀麦隆、中非共和国、加蓬、科特迪瓦（象牙海岸）、毛里塔尼亚、布基纳法索、贝宁、刚果、乍得、塞内加尔、多哥，后来马里、几内亚、几内亚比绍、尼日尔、赤道几内亚和科摩罗加入，扩大为 17 个成员国。

[②] 郑成思：《知识产权论》，法律出版社 1998 年版，第 666—668 页。

调模式。1958年，比利时、荷兰、卢森堡三国经济联盟制定《比荷卢统一商标法》。根据该法，比荷卢商标注册的申请案由设在海牙的统一商标注册局受理，一次获得比荷卢商标注册，即同时在该三国有效，无须三国各自再考虑接受或拒绝。商标诉讼案则由比荷卢统一法院依据《比荷卢统一商标法》处理。

在专利权保护的协调方面，欧洲共同体亦采此种协调模式。1975年12月，欧洲共同体9个成员国在卢森堡签订《欧洲共同体专利公约》（CPC），第一次以法律条文的形式明确规定，只需1份申请，经审查通过后，就能获得在欧共体全体成员国均有效的"共同体专利"。《里斯本条约》于2009年12月1日生效后，原欧洲共同体的地位和职权由欧盟承接。欧盟延续了统一申请、审查模式，并以立法的形式将"共同体专利"明确为"具备统一效力的欧洲专利"（简称为"欧洲单一专利"）。①

（四）知识产权复式注册模式

这一协调模式为欧盟与其成员国所采用。为了实现商标权的协调保护，欧盟与其成员国实行两种商标法律制度：一是各欧盟成员国国内的商标法律制度。依某一成员国国内商标制度取得的商标权，仅在该国享有商标专用权。二是依1993年通过的《共同体商标条例》建立的欧盟统一商标注册制度。一件商标，只需经位于西班牙阿利坎特（Alicante）的欧共体"内部市场协调局"（The office for the Harmonization of the Internal Market）核准注册，即成为"共同体商标"，在整个欧盟范围内均有效。自1996年1月1日起，共同体商标开始接受注册申请，在一年的时间里，就接到45000起注册申请案。

（五）延伸注册协调模式

此种协调模式为英联邦部分成员及斐济、中国澳门等国家和地区所采用。英联邦的部分成员，如基里巴斯、图瓦卢、汤加、所罗门群岛、瓦努阿图等，自己没有独立的工业产权审查制度，仅为在英国已经注册的工业产权再在本国延伸注册。上述国家的版权制度，则基本上沿用英国的版权法。中国澳门的工业产权法，在实现本地化之前，也仅注册在

---

① 参见任晓玲《浅析从"共同体专利"到"欧洲单一专利"的称谓变化——欧洲单一专利制度的创建历程及实质解析之一》，《中国发明与专利》2013年第9期，第32页。

葡萄牙已经注册的工业产权，本身没有独立的工业产权注册制度。而且，在葡萄牙注册的工业产权，只需在注册文件上注明，其效力即可延伸至中国澳门。斐济的做法，可以说是部分采用了延伸注册模式，一方面，它也注册在英国已经注册的工业产权；另一方面，它仍保留了自己的工业产权注册制度，两种工业产权在其国内具有同等的法律效力。

考察上述知识产权协调实践，可以得到如下启示：首先，知识产权协调是可以做到的。原因在于，知识产权属于私权，知识产权法属于私法范畴，其中多数为技术性规范，相较于其他法律而言，协调的难度要小一些。其次，知识产权协调难以一步到位，要建立统一的实体规则更是困难重重。这是因为，知识产权协调受到各国国情影响，如果参与协调运作的各国之间在知识产权利益诉求、法制环境、风俗习惯、社会制度等方面差异较大，则协调进程必然异常艰难，一步到位建立统一的知识制度几无可能。例如，在法语非洲国家商标权协调中，从提出协调动议，到初步建立协调机制，到最后制定成熟的统一商标制度，历时达16年之久。中国—东盟知识产权协调亦不能期望一蹴而就，而应采取分阶段、分步骤的方法来进行。最后，知识产权协调不存在统一的模式，各区域经济组织应根据本区域的具体情况、需要以及不同领域的知识产权的特点，分别确定协调的模式，才能取得实效。

二 中国—东盟知识产权协调的模式选择

根据中国—东盟知识产权协调的目标、基本原则，并吸收现有知识产权协调模式的合理之处，我们认为，中国—东盟知识产权区域协调模式应做如下选择。

1. 应采以 TRIPS 为基础的最低标准模式，抵制提高现代知识保护水平的"TRIPS-plus"模式，构建提高传统知识、遗传资源和民间文学艺术表达保护水平的新型"TRIPS-plus"模式。

TRIPS 作为 WTO 一揽子协议中的一个部分，是当今世界最具影响力的知识产权规则，可谓"知识产权法典"。TRIPS 确立了知识产权保护的最低标准，不仅包括实体性规则，还包括执法标准、执法程序等程序性规定，以及争端解决机制，并将违反协议与单边和多边制裁挂钩，从而使协议具有很强的执行力。TRIPS 从生效以来，已经成为世界各国知识产权立法的基本准则，也是处理各国间知识产权问题的主要法律依据。《东盟知识产权合作框架协议》和《东盟知识产权行动计划》虽规定了 AFTA 知识产权协调与合作的目标、基本原则、合作范围及争端解决机制，与世界上的其他 FTA 相比较，在形式上算得上完备，但它毕竟只是一个框架性协议，不仅内容空泛，而且缺乏扎实的立法和司法基础，两相比较，自然是将 TRIPS 作为协调基础更为可取。

而且，截至 2012 年 10 月，CAFTA 所有成员国均加入了 WTO，受到 TRIPS 规则约束，一者，遵守 TRIPS，本是各国法定的国际义务；二者，达到这一标准，也是《中国—东盟全面经济合作框架协议》的明确要求。[①] 据此，采用以 TRIPS 为基础的最低标准模式，符合 CAFTA 的意旨和客观需要，是合理的选择。

之所以抵制"TRIPS-plus"的协调模式，是因为：首先，根据 TRIPS 的规定，达到 TRIPS 规定的最低保护水平，已经履行了信守国际条约的义务，CAFTA 成员无义务在 TRIPS 的基础上提高对现代知识的保护水平；其次，CAFTA 主要由发展中国家构成，技术基础、研究能力相对不足，给予现代知识过高的保护水平，与本区域的经济、科技发展需要不符；最后，一些东盟国家，尤其是新东盟四国，其履行 TRIPS 项下的义务尚且有困难，要求其履行"TRIPS-plus"项下义务，不具有现实性。

而传统知识、遗传资源和民间文艺表达等（简称"传统资源"），80% 以上分布在发展中国家，在 CAFTA 中尤其丰富。TRIPS 对传统资源采取漠视态度，不予保护，或仅给予极为有限的保护，导致大量的"生物剽窃"事件发生，对传统资源保有国的权益造成严重损害，很不公平。中国—东盟在知识产权协调中，基于 CAFTA 各成员国的国内立法和《关于获取生物和遗传资源的东盟框架协定（草案）》，通过开发和共享数据库、确立惠益共享制度等，构建具有区域特色的新型"TRIPS-plus"规则，具有广阔的空间。

---

① 《中国—东盟全面经济合作框架协议》第三条"货物贸易"之第 8 款第（h）项规定："基于 WTO 及世界知识产权组织（简称 WIPO）现行规则和其他相关规则，便利和促进对与贸易有关的知识产权进行有效和充分的保护。"

2. 针对不同领域的知识产权，采用不同的协调模式。

对于著作权，应以 TRIPS 为基础，要求各国修改国内法以达到 TRIPS 规定的最低保护标准，来实现协调。

在经济全球化的时代，商标是国际经贸的"世界语"。对于商标权，比较合理的选择，是采用复式注册模式，一方面，CAFTA 各成员国保留本国的商标权制度，凡依某一国国内商标制度取得的商标权，仅在该国有效；另一方面，CAFTA 建立一个类似于欧共体"内部市场协调局"的商标统一注册机构，一经该机构核准注册，即成为"CAFTA 自贸区商标"，在整个 CAFTA 范围内均有效。

对于专利权，由于受制于各国经济、科技发展水平，即使在将来也不太可能实现实体规则的统一，故其协调应着眼于实施 CAFTA 区域专利审查高速公路（简称 PPH），但申请是否批准，仍由各国自行决定。

3. 应将构建一个切合 CAFTA 自身实际的、比较完善的 CAFTA 知识产权争端解决机制，作为中国—东盟知识产权协调的最后保障。

大致说来，争端解决机制可分为司法性的、政治性的和两者兼容性的。司法性争端解决机制以权威的司法判决或仲裁机构的裁决来解决争端。欧盟是实行司法性争端解决机制的代表，其争端解决机构主要是欧洲法院。政治性的争端解决机制主要以传统的协商、外交斡旋、调解、调停等方式来解决经济组织内的争端。

根据 CAFTA 的实际，未来最适合的知识产权争端解决机制应是以权威独立的司法性争端解决机制为主，辅以传统的政治性争端解决机制。[①] 2005 年 1 月 1 日生效的《中国—东盟全面经济合作框架协议争端解决机制协议》，并未针对知识产权争端解决做出详细的规定，需要根据知识产权争端的特殊性予以细化、完善，以提高区域内部知识产权争端解决能力，同时以此监督成员国的知识产权保护状况。

---

① 吴奕：《东盟知识产权一体化对中国的影响》，《东南亚纵横》2011 年第 7 期，第 25 页。

第七章

法律进路(1)：完善基础性设施与基于 TRIPS 协调

协调的目标、基本原则和模式确定后，下一步就是如何选择协调的法律进路了。选择协调的法律进路，既涉及"路径依赖"的因素，[①] 更需要根据 CAFTA 的客观情况和各方的主观诉求进行"路径创新"。大致说来，应着眼于以下几点：（1）完善协调的基础性设施，包括完善定期对话和磋商机制，设立协调机构，建设信息平台。（2）以 TRIPS 为基础进行协调：在执法层面，建立复式的商标注册体系，实施 CAFTA 区域专利审查高速路（PPH），以及建立 CAFTA 知识产权特别审查机制和区域执法合作机制等；在立法层面，构建新型"TRIPS-plus"规则。（3）构建一个独具特色的 CAFTA 知识产权争端解决机制。鉴于实施 CAFTA 区域 PPH 和构建新型"TRIPS-plus"规则较为复杂，以及争端解决机制的特殊重要性，拟分别于第八、九、十章专门探讨，本章仅论述如何完善协调的基础性设施与基于 TRIPS 协调的其他内容。

[①] 所谓"路径依赖"（Path-Dependence），是指人类社会中的经济、社会、技术或制度等系统的变迁类似于物理学中的惯性，某一体制一旦被选定，无论它是好还是坏，都会在惯性的作用下不断自我强化，从而对这一路径产生依赖。之所以会有"路径依赖"，是因为某一体制一旦被选定，由于规模经济（Economies of Scale）、学习效应（Learning Effect）、协调效应（Coordination Effect）以及适应性预期（Adaptive Effect）和既得利益约束等因素的存在，会导致该体制沿着既定的方向不断自我强化。严重的"路径依赖"，就构成"路径锁定"。参见尹贻梅等《路径依赖理论研究进展评析》，《外国经济与管理》2011 年第 8 期，第 1—7 页。

第一节　完善基础性设施

从CAFTA的实际来看，要提高知识产权协调的实效，需要完善以下基础性设施：首先，是在现有基础上，完善定期对话磋商机制，通过对话、交流，消除隔阂、解决分歧，为协调奠定良好的基础。其次，是设立一个专门的协调机构，及时将对话、磋商的成果上升到立法层面，使各方遵照执行。最后，是要建设一个高水平的信息平台，为知识产权协调提供强有力的信息支持。

一　完善定期对话和磋商机制

良好的对话和磋商是发展双边关系、区域合作的基础，而这对于成员国发展水平很不平衡的CAFTA尤其重要。在东盟内部，既有新加坡、文莱和泰国这样的相对发达的经济体，也有缅甸、老挝和柬埔寨等较不发达经济体。马来西亚联昌东盟研究机构的数据显示，按照人均国内生产总值来衡量，欧盟中最富国与最穷国之间的财富差距为8倍，而东盟内部则高达61倍，[①] 极为悬殊。经济发展不平衡不仅成为阻碍东盟经济一体化的原因之一，也是中国—东盟知识产权协调面临的主要挑战。

从现状来看，中国和东盟国家依托现有的合作机制，已经开展了诸多旨在提高区域战略层面交流的活动，其中既有区域层面的"东盟+1""东盟+3"领导人峰会，也有国家层面的知识产权交流会、研讨会，如中泰知识产权法律保护交流会、中国—新加坡知识产权研讨会等。但是，正如学者所指出的，中国—东盟双边的对话和磋商仍然存在规模小、信息交流少等问题，具体表现：（1）在主体上，国家之间的交流多，而中国与东盟整体的交流较少，官方合作会议较少；（2）在形式上，主要采取互访、会议等，而没有成立知识产权法律协调小组或签订法律交流合作协议等；（3）在内容上，局限于互相通报各国知识产权的最新发展和动态，对国际热议问题较难形成统一意见，在具体领域中，多集中于专

[①] 欧阳为、郑捷、夏凡：《东盟经济共同体建设面临多重挑战》，《中国信息报》2013年10月16日第8版。

利的保护,对版权、商标权等较少涉及。①

由于对话、磋商不足,成员国之间政策、法律信息交换和沟通不够充分,加之在不同利益出发点和利益侧重点上存在分歧,部分东盟国家担心区域一体化会削弱本国知识产权管理机构的效用,进而影响其收益。此外,对于协调、统一区域知识产权制度能否比各国已加入或将加入的类似 PCT 的国际多边制度发挥更大的作用,一些国家也心存疑虑。② 上述情况的存在,显然不利于各国构建和执行区域合作条款的动力和信心,不利于区域协调成果的取得和实施,加强对话、磋商势在必行。

在原有的基础上加强对话和磋商,一是要建立高层对话机制,二是要进行各种形式的相互学习和交流,在对话、磋商的广度和深度上取得突破。③ 在操作上,比较可行的做法是:(1) 将定期举办中国—东盟知识产权高层论坛或部长级知识产权专题会议制度化,并将其纳入政府间合作框架,作为官方对话、磋商机制固定下来。通过这一知识产权高层会晤机制,彼此通报各自的知识产权政策、立法和执行情况,对知识产权保护与合作中的重大问题进行对话、磋商,寻求共识、消除分歧、化解纷争。2009 年《中国—东盟知识产权领域合作谅解备忘录》规定要建立一个定期的知识产权局高层会晤机制,但在执行上还有待加强。(2) 进行各种形式的对话、交流,相互学习、增进了解。具体形式可以是:定期互派知识产权专业人员;定期召开知识产权法律专题会议;定期举办知识产权论坛、研讨会、培训班等。通过对话、交流,进一步消除隔阂、解决分歧,为知识产权合作与协调奠定基础。

二 设立专门协调机构

协调机构是协调的组织者和实施者,协调的实效如何,很大程度上取决于它的工作效能。因此,中国—东盟知识产权协调的关键一环,是

---

① 吕娜:《"一带一路"背景下中国和东盟知识产权保护与合作的法律协调研究》,《云南行政学院学报》2016 年第 2 期,第 170 页。
② 杨静:《东盟国家知识产权立法与管理的新发展》,《东南亚纵横》2008 年第 2 期,第 69 页。
③ 参见宋志国等《中国—东盟知识产权保护与合作的法律协调研究》,知识产权出版社 2014 年版,第 214—215 页。

设立统一的协调机构。如果没有一个固定的、常设的知识产权协调机构，知识产权协调将难以统一部署、有序展开，而协调也必将因失于零散、暂时、片面而效果不佳。

何以如此？这是因为，战略高层对话、定期磋商固然十分重要，但单纯的对话磋商常因其"软约束"而陷于尴尬境地。如不能将对话、磋商取得的成果上升到立法层面，则对话磋商必将流于形式、于事无补，长此以往，对话磋商亦必出现严肃性下降和动力不足的问题，难以持续。相反，如果设有正式机构，能够将对话协商的成果及时转变为具有约束力的法律文件，则能大大促进 FTA 的紧密联系和深化合作，这一点，无论是在北美自由贸易区（NAFTA）还是欧盟（EU），都已经得到证实。

EU 具有超国家主权性质，其组织机构甚为完整、严密，自不待言。NAFTA 由美、加、墨三国组成，与 CAFTA 具有一定的相似性，因而更具有借鉴价值。NAFTA 的核心机构是"自由贸易区委员会"（The Free Trade Commission），委员会下设秘书处、专门委员会、工作组、专家组和其他辅助机构。自由贸易委员会由美、加、墨三国的贸易部长和内阁高级官员组成，通过年度定期会议，负责《北美自由贸易协定》的执行，检查各专门委员会和工作组的工作，协调、解决区域内国家之间的争端。秘书处为自由贸易委员会提供帮助，为专门委员会和专家组提供行政支持。专门委员会是根据协议建立的专门负责某一领域事项的委员会。工作组和专家组则主要解决某一领域的专门问题，并就此向自由贸易委员会、专门委员会和仲裁庭提供咨询意见。上述组织机构协调一致，负责处理 NAFTA 的日常工作和重要专题，保证了 NAFTA 的正常运行。

有学者建议，将 CAFTA 的知识产权协调部门设置于中国—东盟商务理事会之下，用以协调各方的行动。[①] 不过，现有的中国—东盟商务理事会，为一非政府组织，无法有效承担 CAFTA 的管理和政策、法律协调工作。另有学者提出，应借鉴 NAFTA 的做法，在适当的时候，设立 CAFTA 官方机构，包括自由贸易区理事会、秘书处、执行委员会、商务谈判委员会、仲裁委员会、原产地委员会等，以监督有关条约的实施，并随时

[①] 贾引狮：《中国—东盟知识产权法律协调机制变迁的路径依赖与创新》，《法学杂志》2011 年第 5 期，第 132 页。

调整本区域的政策和法律法规，使条约规定的宗旨和目标得以实现。① 事实上，设立正式的官方组织机构，以便于 CAFTA 稳定、健康运行，早已引起中国和东盟领导人的高度重视。2009 年，中国—东盟签署了《中国政府和东盟成员国政府关于建立中国—东盟中心的谅解备忘录》，拟据此建立一个信息和活动中心，即"中国—东盟中心"。

2010 年 10 月，中国—东盟中心官方网站启动，其实体中心则于 2011 年 8 月 8 日试运行，于同年 11 月初正式揭碑成立。其中心总部设在北京。中国—东盟中心是一个政府间国际组织，旨在促进中国与东盟在贸易、投资、旅游、教育和文化等领域的合作，其职责定位是：成为信息、咨询和活动的核心协调机构，向中国和东盟的公司及民众介绍和宣传中国和东盟的产品、产业和投资机会、旅游资源、文化及教育；为中国和东盟的商务人士和民众提供一个关于贸易、投资、旅游、文化和教育的综合信息库；成为中国与东盟就有关促进贸易、投资、旅游和教育信息进行有益交流的渠道；开展贸易和投资领域的研究等。②

中国—东盟中心的成立，标志着 CAFTA 官方组织机构建设开始起步，下一步的工作，是围绕"中国—东盟中心"健全机构、完善职能，逐渐将其建设成为名副其实的 CAFTA 核心机构。中国—东盟知识产权的保护与合作，应作为中心的具体职能之一，予以明确。在操作上，可考虑在中心设立"知识产权协调委员会"或"知识产权协调工作组"，作为 CAFTA 统一的知识产权协调机构，专门负责本区域的知识产权协调工作。在人员组成上，"知识产权协调委员会"的成员，应由中国和东盟各国分别委任；在构成上应当包括两类人员：一是由各国政府委派的官员；二是各国知识产权相关领域的著名专家、学者。

CAFTA"知识产权协调委员会"应担负以下几个方面的职责：（1）专门负责落实中国—东盟知识产权高层对话、磋商所取得的成果，审查、协调 CAFTA 各方有关知识产权方面的事务。（2）应定期、不定期

---

① 申华林：《中国—东盟自由贸易区知识产权法律制度研究》，广西人民出版社 2011 年版，第 193 页。
② 于卫亚、李斌：《"中国—东盟中心"将于 2011 年 11 月正式揭碑成立》，中国政府网，2011 年 10 月 23 日，http：//www.gov.cn/jrzg/2011 - 10/23/content_1976305.htm，访问时间：2018 年 7 月 21 日。

组织有关政府官员、法律专家等沟通、交流,确定知识产权协调各个阶段的目标、政策,以促进各方知识产权保护和合作顺利开展、有序推进。(3)以各方共同加入的知识产权国际条约尤其是 TRIPS 为基础,组织研究、梳理各国在知识产权保护政策、法律上的异同点及其影响,而后制定类似于欧盟商标指令的协调标准,要求各国在规定的时间内修改国内法,使之符合协调指令的规定。(4)组织研究、制定本区域经济发展水平评估标准,并据以对 CAFTA 各国进行经济发展水平评估,对于落后国家实行政策倾斜,通过合作和能力建设帮助其发展,按照"有差别的统一"原则实现 CAFTA 知识产权保护的区域协调。[①]

三 建设高水平信息平台

FTA 知识产权区域协调离不开强有力的信息支持,因此建设一个覆盖整个 CAFTA、适应各成员国需要的知识产权信息平台,为各成员国以及企业、民众等提供知识产权信息资源共享和服务,是 CAFTA 知识产权协调中必不可少的一个环节。

在知识产权国内保护中,信息平台的建设和运行得到了中国和部分东盟国家的重视,并积累了一定的经验。中国专利信息服务平台试验系统于 2007 年 4 月 26 日向社会公众开放,提供中国、美国、欧洲和 WTO 专利的全文检索,以及中国专利法律状态检索、IPC 分类表查询和导航、数据统计和打包下载等服务。[②] 马来西亚知识产权公司向专利申请人提供简便的申请程序和快速的注册服务、清晰的注册指南、高质量的公共检索设施以及有效的信息传播制度。[③] 为了方便专利、商标和外观设计的申请人在网上注册,新加坡开发了网上"冲浪 IP"服务项目,为使用者提供与知识产权密切相关的网址,以便于浏览、查询相关信息,包括查询先有技术、搜集商务情报和跟踪技术发展等。[④] 此外,东盟的其他成员

[①] 宋志国等:《中国—东盟知识产权保护与合作的法律协调研究》,知识产权出版社 2014 年版,第 219—220 页。

[②] 刘力:《专利信息服务平台试验系统》,《中国发明与专利》2007 年第 5 期,第 59 页。

[③] 尚武:《马来西亚发布知识产权政策》,《中国贸易报》2007 年 10 月 25 日第 10 版。

[④] 刘海洋:《新加坡保护知识产权政策措施》,《全球科技经济瞭望》2006 年第 11 期,第 43 页。

国,如越南、泰国、印度尼西亚、文莱、柬埔寨等,其国家知识产权部门也都设立了知识产权信息服务机构,为公众提供知识产权信息查询、申请、交易等服务。

CAFTA知识产权信息平台建设,应以各成员国现有的信息平台资源为基础,对之整合、改进来实现。在操作上,应根据实际需要,设置如下子平台:(1)专利基础信息服务子平台;(2)重点产业专利信息服务子平台;(3)科技文献信息服务子平台;(4)商标信息服务子平台;(5)版权信息服务子平台;(6)标准信息服务子平台;(7)知识产权专家库子平台;(8)知识产权政策、法律子平台。[①] 信息平台将面向政府机构、科研机构、企业、高校、中介服务机构、社会公众等不同服务对象,提供"一站式"综合信息查询服务。

CAFTA知识产权信息平台建成后,将发挥两大功能:一是导航功能。该信息平台由工作系统、查询系统和服务系统三大模块构成,集知识产权的普及、管理和培训为一体,向政府和社会提供全面、专业的服务。二是信息检索功能。通过提供网络化的知识产权信息检索、情报服务,为不同应用层面的需求提供知识产权信息检索、研究、利用、传播服务,以提升各国对知识产权信息的采集、整理、分析和利用水平。[②]

鉴于信息平台建设投资大、周期长,涉及的技术复杂,很难一步到位,可以考虑分步实施:首先,组建专门的CAFTA信息服务机构。在条件成熟之前,可以先在中国设立,同时邀请东盟各成员国参加。其次,根据信息资源需求的迫切程度以及建设的难易程度,分阶段实施,同时以"边建设、边服务、边优化"的方式开放服务,提高资源的利用效率。比如,可以先就中国—东盟现有的专利文献等,有选择地进行数据双向开放,而后逐步规范数据库的体系结构、内容项目和自动化程度等,待条件具备后,再形成同一平台的数据库系统。再次,通过在信息平台建设上的实质性合作,拓展知识产权合作与协调的范围,提高知识产权商

[①] 参见魏庆华、徐宇发、陈宇萍《拓展职能提升服务——建设广东省知识产权综合服务平台》,《中国发明与专利》2009年第6期,第10页。

[②] 张克勤:《论甘肃省知识产权信息服务平台建设》,《甘肃科技》2009年第9期,第1页。

业化服务合作的成效。最后，借助于信息平台的建设，为 CAFTA 培养一批知识产权综合信息服务人才，从而提高信息服务的能力和水平。[①]

第二节　基于 TRIPS 协调

根据 CAFTA 的现实情况，中国—东盟以 TRIPS 为基础进行知识产权协调，可以从两个层面来进行，即立法层面和执法层面。

一　立法层面的协调

知识产权的客体是知识产品，知识产品分为传统知识和现代知识。传统知识在 TRIPS 中地位不高，实际上遭到了严重忽视，如何加强对传统知识、遗传资源和民间文学艺术的保护，属于构建新型"TRIPS-plus"规则范畴，留待后文探讨。关于现代知识的法律保护，由 TRIPS 确立的知识产权体系涉及的知识产权类型甚多，但主要还是集中在版权、专利权和商标权三大领域。在 CAFTA 知识产权协调中，应根据这三种权利各自的特点，选择不同的法律进路。

（一）版权

版权的保护水平以及保护规则的设定，受制于一国的文化、教育和科学发展水平，且涉及诸多利益平衡问题，难以实现统一。CAFTA 在版权上的协调，应着眼于敦促各国信守 TRIPS 规定的义务，切实达到 TRIPS 的最低保护标准，在此基础上，则应尊重各国根据国情设计其版权制度的意愿，无须强求一致。

（二）专利权

专利权的保护水平，取决于一国科技、经济发展水平，其间的关系甚为复杂。Keith E. Maskus 的研究表明，"在专利权和人均国民收入两者之间存在着一个 U 形的关系"（见图 7-1）。[②] 在人均国民收入达到最低

[①] 宋志国等：《中国—东盟知识产权保护与合作的法律协调研究》，知识产权出版社 2014 年版，第 217 页。

[②] 转引自张平《对知识产权若干问题的认识》，人民网，http://theory.people.com.cn/GB/49150/49153/4845300.html，访问时间：2018 年 7 月 23 日。

点——临界点之前，专利保护需求呈递减趋势；越过临界点后，专利保护需求逐渐增强。这个临界点，按照购买力平价，接近于1985年的2000美元。Keith E. Maskus 对"U 型曲线"的解释是，最不发达国家几无创新能力，不存在知识产权保护需求问题；当收入和技术能力达到中等水平后，国家才倾向于采用弱保护政策，但主要精力仍放在模仿；只有收入和技术能力达到发达水平后，才开始重视对知识产权的保护。

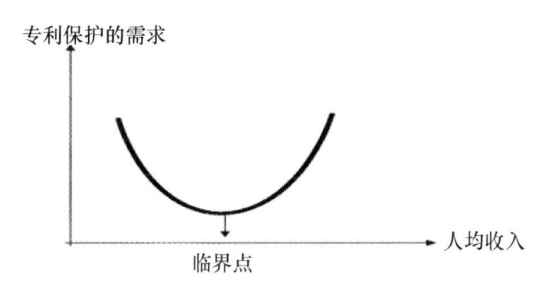

图 7-1　人均收入与专利保护需求关系

资料来源：人民网。

在 CAFTA 中，中国和除新加坡外的其他东盟国家都属于发展中国家，东盟诸国尤其是新东盟四国，人均收入和技术能力相对低下，创新能力不足，即使是履行 TRIPS 规定的最低标准，也存在一定困难。因此，中国—东盟在专利权上的协调，亦应以遵守 TRIPS 规定的保护义务为已足，坚决抵制"TRIPS-plus"规则。在操作上，应尊重和支持各国充分利用 TRIPS 的弹性条款①，设计适合于本国的专利制度。此其一。

其二，中国—东盟专利领域协调的重点，应放在专利审查的程序机制上，具体来说，就是实行 CAFTA 区域专利审查高速路（PPH），至于

---

① TRIPS 的弹性条款，分为基础性弹性条款和派生性弹性条款，其第1条第1款为基础性弹性条款，此外均属派生性弹性条款，包括第13、17、26、30条，它们分别就版权、专利、商标、工业品外观设计作了灵活性的规定。弹性条款的存在，使各成员方可以在 TRIPS 协定之内根据自身情况设计法律制度，以满足本国的政治、社会、经济等政策目标。参见朱继胜《"南南联合"构建新型"TRIPS-plus"规则研究——以中国—东盟自由贸易区为例》，《环球法律评论》2016年第6期，第180页。

申请是否批准,则由各国自行决定。CAFTA 如何实施 PPH,需要深入研究,故放到第八章专门论述。

（三）商标权

与版权和专利权不同,在国际经贸关系中,商标是"世界语",它对于 CAFTA 的深化合作影响甚大而协调、统一的难度较小,应予优先解决。中国与东盟各成员国在商标权的保护领域、范围、权利内容、保护期限等实体规定方面差别不大,已经在 TRIPS 的基础上得到了较好的协调。当前的问题,主要在于商标注册。依现在的制度,一个商标要获得 CAFTA 成员国保护,申请人必须到各目的国逐一提出商标注册申请,不仅程序烦琐、耗时费力,而且费用很高,十分不便。那么,应该如何协调中国和东盟的商标注册制度呢?

从国际社会的实践来看,当前商标注册的协调模式主要有三种,即统一注册模式、复式注册模式和延伸注册模式。采用统一注册协调模式的,有非洲知识产权组织《班吉协定》和"比荷卢经济联盟"。复式注册模式为欧盟与其成员国所采用。延伸注册模式为英联邦部分成员及斐济、中国澳门等国家和地区采用。上述三种协调模式各有其合理性,CAFTA 应如何选择,需根据自身情况斟酌而定。

延伸注册模式显然不适合。延伸注册属于法律依附,其根源在于经济依附。采用这种模式的,多因一国没有独立的商标注册制度,故将他国的注册商标,直接在本国注册,因而在实践中,通常发生于原殖民地与其宗主国之间。中国和东盟国家在近代均受西方列强欺压,彼此之间并无殖民关系,而各国也都建立了自己独立的商标注册制度,故不宜采用这种协调模式。

统一注册模式也不符合 CAFTA 的情况。制度变迁涉及"路径依赖"问题。[①] 统一注册的前提条件,是彼此有关商标注册的文化背景、法制传统及现行制度差别不大,易于统一,而 CAFTA 各成员国的情况并非如

[①] 所谓路径依赖,是指人类社会中的经济、社会、技术或制度等系统的变迁类似于物理学中的惯性,某一体制一旦被选定,无论它是好还是坏,都会在惯性的作用下不断自我强化,从而对这一路径产生依赖。参见尹贻梅等《路径依赖理论研究进展评析》,《外国经济与管理》2011年第 8 期,第 1—7 页。

此。以商标权的取得论，一些国家实行"使用原则"，如菲律宾、马来西亚、新加坡、文莱等，在这些国家，商标权依使用而获得，无须注册，即使要求注册，也属于权利宣示性质；另一些国家，如中国、越南和老挝等，则实行"注册原则"，商标专用权的获得，须经注册，未注册的商标，除非是驰名商标，否则不受保护；印尼原来实行"使用原则"，后改为"注册优先原则"；泰国则实行使用与注册相结合的原则。[①] 此外，各国在商标权的客体、权利内容等方面也存在差别，比如部分东盟国家接受了"TRIPS-plus"规则，对声音商标、气味商标等给予保护，而中国及另一些东盟国家则不予保护。这表明，CAFTA各国的商标注册制度差异甚大，以商标统一注册的模式来协调，不具有现实性。

应该说，从CAFTA的实际出发，比较适于中国和东盟协调商标注册的，是复式注册模式，在CAFTA建立商标复式注册体系，是现阶段的合理选择。[②] 一方面，在CAFTA建立一个类似于欧共体"内部市场协调局"的统一商标注册机构，由该机构研究制定一套跨国的商标权法规，凡经该机构核准注册的商标，即成为"CAFTA商标"，在CAFTA各成员国均受到保护，以解各国逐一注册之难；另一方面，各成员国仍保留自己的商标注册制度，而依一国国内商标制度获得注册的商标，只能在该国受到保护，又顾及了各国在商标立法的传统和现实，可谓两全之选。

须注意的是，在"CAFTA商标"和各国国内商标之间，应建立适当的协调机制，以减少可能产生的冲突。在操作上，可参照欧盟的做法，建立以下三种协调机制：[③]（1）优先注册制度。对于受一国保护的商标，权利人享有注册为CAFTA商标的优先权；对于申请注册CAFTA商标未获批准者，权利人同样享有注册为国别商标的优先权。（2）转换申请制度。当申请为CAFTA商标失败时，不影响其申请为国别商标。（3）诉讼管辖和法律适用制度。在CAFTA商标和国别商标同时存在的情况下，权利人

---

① 柳福东、蒋慧：《中国和东盟诸国知识产权制度协调模式研究》，《广西师范大学学报》（哲学社会科学版）2005年第2期，第76页。
② 柳福东、蒋慧：《中国和东盟诸国知识产权制度协调模式研究》，《广西师范大学学报》（哲学社会科学版）2005年第2期，第78页。
③ 朱雪忠、柳福东：《欧盟商标法律制度的协调机制及其对我国的启示》，《中国法学》2001年第4期，第160页。

可选择该商标权产生所依据的法律,其管辖则以被告所在地为主,辅以最密切联系地。对于 CAFTA 商标案件,可成立专门法院来管辖,或指定有关法院专门管辖。

二 执法层面的协调

在执法层面,中国—东盟知识产权协调的重点有两个方面:一是建立刚性的知识产权特别审查机制,为 CAFTA 各国知识产权政策、法律和措施的协调提供法律保障;二是建立 CAFTA 知识产权区域执法合作机制,以统一执法标准和执法程序等。

(一)建立 CAFTA 知识产权特别审查机制

根据《中国政府与东盟政府知识产权领域合作谅解备忘录》的规定,双方将在知识产权审查、质量控制、信息交流、观点交换等方面进行合作,但该备忘录的意旨仅限于表达双方互惠合作的意图,并无法律上的约束力,因而具有明显的软约束性质。这对于中国—东盟知识产权协调应该说是不够的,从取得协调的实效出发,双方有必要建立刚性的知识产权特别审查机制,以避免因不能确保协调成果落实而导致协调机制软弱无力。

知识产权特别审查机制,是指对中国—东盟知识产权立法和政策制定活动进行审查、监督的一系列规则和制度。[1] 建立这一审查机制,目的在于通过审查、监督各成员国的知识产权政策、法律和措施,督促所有成员国切实遵守中国—东盟知识产权协调达成的规则,防止出现与协调成果相背离的倾向和做法。

根据 CAFTA 的现实需要,特别审查机制的内容应包括审议原则,审议结构,审议频率,以及审议内容等。审议的职能,根据前述协调机构的设置,可考虑由"中国—东盟中心"下设的"知识产权协调委员会"来承担,其核心职责是,对各成员国的知识产权政策、法律、相关措施以及对自由贸易产生的影响等进行经常性的、强制性的审查,以提升 CAFTA 知识产权保护的协调性,从而营造出良好的区域经贸、投资环境,

---

[1] 宋志国、贾引狮:《中国—东盟知识产权保护与合作机制研究》,《知识产权》2012 年第 4 期,第 99 页。

实现互利共赢。

(二) 建立 CAFTA 知识产权区域执法合作机制

在知识产权协调中，执法合作很重要。以欧盟为例，为了保障《共同体商标条例》所确立的欧洲统一商标注册制度的运作，欧盟专门设立了"内部市场（商标和外观设计）协调局"这一"超国家性"的机构来进行管理，而在处理知识产权纠纷时，亦注重多边磋商，并依其缔结或者加入的国际贸易条款授予的行动权，采取调查行动。

相较于立法层面的协调，执法方面的合作相对简单、牵涉面小，更易于达成。当前 CAFTA 的一体化程度远不能与欧盟相比，因而在立法层面进行协调的同时，将执法方面的合作作为协调的重点，力争建立一个区域性知识产权执法合作机制，以更好地将立法层面协调的成果予以落实，无疑是切合实际的选择。①

建立 CAFTA 知识产权执法合作机制，在具体操作上，应由"知识产权协调委员会"以 TRIPS 等为依据，通过谈判签署专门的知识产权执法合作协议，统一各成员国的执法标准，明确执法程序和案件移送模式；加强各国的知识产权机构的合作，整合区域内的知识产权执法资源，协调各方执法行动，切实打击侵权行为，保护知识产权。

---

① 杨静：《东盟国家知识产权立法与管理的新发展》，《东南亚纵横》2008 年第 2 期，第 69 页。

第 八 章

法律进路(2):实施 PPH

"专利审查高速路"(Patent Prosecution Highway,简称 PPH),使各国专利审查机构共享检索/审查信息、避免重复工作,对跨国专利申请意义重大。中国和东盟国家之间,目前已启动中新 PPH、中马 PPH 试点,此外,老挝对中国发明专利审查结果予以认可,柬埔寨对中国发明专利实行登记生效,但在其他东盟国家,海外专利申请、获权仍是一件耗时费力、成本高昂的事。随着 CAFTA 升级版全面实施以及"一带一路"建设的铺开,中国—东盟的贸易、投资数额和技术层次都大大提高,这一矛盾越来越突出。鉴于此,中国—东盟有必要深化专利审查合作,实施 PPH,为企业进行专利申请、专利布局提供更为便捷、有效的途径。

第一节 PPH 及其优势

在专利审查的国际合作中,PPH 是对《专利合作条约》(简称 PCT)的衔接。PPH 分为常规 PPH 和 PCT-PPH。常规 PPH 包括巴黎公约路径和 PCT 路径。因此,讨论 PPH,还需要从 PCT 讲起。

一 PCT:专利申请手续的简化

以授权为界,专利制度分为两个部分,呈现为两个阶段:一是专利取得,包括专利申请、审查和授权,涉及申请、检索、初审、公开、实质审查、授权公告等;二是专利保护,涉及专利权的性质、内容、效力、限制、维持和诉讼等。① 其中，专利授权和权利保护，根据独立性原则，是一国主权范围内的事，主要由《与贸易有关的知识产权协定》（简称TRIPS）予以协调。专利申请和审查如何开展国际合作？国际社会经过长期的实践，先后探索出PCT和PPH制度。

在经济全球化和区域经济一体化背景下，企业的跨国专利申请，多为同一发明向多个国家申请。基于知识产权的地域性，各国对同一发明须分别审查、授权，这不仅耗时费力、浪费审查资源，而且申请费用高昂、极为不便。为了减轻各国专利局的工作量，以及便于专利申请人，1970年6月在华盛顿签订了《专利合作条约》（Patent Cooperation Treaty, 简称PCT），对专利申请案的受理和审查程序做了统一规定，以简化专利申请的手续。②

根据PCT的规定，申请者只需向世界知识产权组织（简称WIPO）提交一份申请，经国际检索单位检索后，PCT申请将转化为申请者寻求专利保护的各目标国的国家申请，从而获得多国专利保护。③ PCT是在《保护工业产权巴黎公约》的原则指导下产生的一个国际专利申请公约，它完全是程序性的，只对专利申请案的受理和审查程序做统一规定，而不涉及专利的批准、授权事宜，不对成员国的实体法产生实质性影响。

PCT的实施，达到了如下法律效果：（1）在成员国范围内，简化了申请专利的手续，减轻了各国专利局的工作量。（2）实行"国际初审"和"国际公布"，一者，为成员国专利局进行实质审查提供参考；二者，使技术信息尽早公布，避免重复研究。截至2019年3月，中国和东盟成员国中，除缅甸外，都加入了《巴黎公约》和《专利合作条约》，④ 能够享受PCT带来的好处。不过，利用PCT虽然能够以一份申请书、

---

① 唐春：《专利审查一体化制度初探》，《电子知识产权》2010年第4期，第56页。
② 参见郑成思《知识产权论》，法律出版社1998年版，第504—509页。
③ 赵洁：《专利审查高速路（PPH）简析》，《中国发明与专利》2011年第12期，第26页。
④ 弋谦：《东盟国家知识产权国际化发展水平统计分析》，中国国际贸易促进委员会，http://www.ccpit.org/Contents/Channel_4133/2019/0308/1136834/content_1136834.htm?tdsourcetag=s_pcqq_aiomsg，2019年3月8日，访问时间：2019年8月5日。

一次申请向各国提交，但其国际检索和国际审查程序对各国没有约束力。换言之，针对同一发明的检索、审查工作，仍然需要在各国重复进行。

那么，如何解决这一问题？这就需要建立审查一体化制度，以共享审查信息、避免重复工作。审查一体化制度的代表，也是当今国际社会中使用最广泛的，是"专利审查高速路"（PPH）。

二 PPH：一种加快审查机制

PPH 是一个发展中的概念，它的内涵以及合作模式，都在实践中不断发展。

最初，PPH 着眼于"申请"，关注的是，向各国专利局提交申请的先后，此时的 PPH，是指首次申请局（Office of First Filing，简称 OFF）认为，申请至少有一项或多项权利要求可授权，则只要后续申请满足一定条件，包括首次申请与后续申请的权利要求充分对应、OFF 的工作结果可被后续申请局（Office of Second Filing，简称 OSF）获得等，申请人就可以以 OFF 的工作结果为基础，请求 OSF 对后续申请加快审查。[①]

但在实践中，PPH 遇到了两个问题：其一，只能是 OSF 利用 OFF 的审查结果，具有单向性，如果 OFF 效率低下，迟迟出不了审查结果，申请人便无法向 OSF 提交 PPH 请求，只能等待，通过 PPH 加快审查，也就失去了意义；其二，随着向 OFF 提交的申请越来越多，等待 OFF 出审查结果的申请人必定越来越多，显然，这会导致 OFF 压力巨大。于是，2014 年 1 月 6 日启动的中、美、欧、日、韩五局联合 PPH 试点（IP5 PPH）引入审查结果"反向利用"制度，实行"双向 PPH"，一方面，申请人向 OSF 提交 PPH 申请时，无须等待 OFF 先出审查结果；另一方面，如果 OSF 比 OFF 先出审查结果，申请人可以反过来请求 OFF 参考 OSF 的审查结果，加快审查。

PPH 由"单向"发展为"双向"，内涵发生了重大改变，其关注点，

[①] 桂林：《我国专利审查高速路（PPH）项目情况介绍》，《电子知识产权》2013 年第 Z1 期，第 101、102 页。

也从提交申请的先后，转变为做出审查结果的先后。于是，首次申请局（OFF）和后续申请局（OSF）的称谓，就改为在先审查局（Office of Earlier Examination，简称 OEE）和在后审查局（Office of Later Examination，简称 OLE），而谁是 OEE、谁是 OLE，最终往往由审查效率来决定，至于是哪个专利局作为 OFF 或 OSF，并不重要。①

作为一种加快审查机制，PPH 的流程大致如图 8-1 所示。②

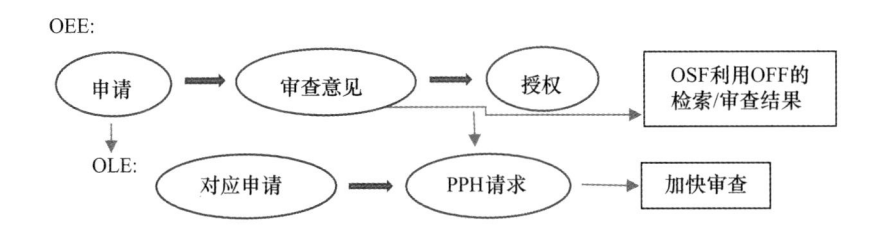

图 8-1 PPH 流程

PPH 的合作模式，也在实践中不断丰富。通常所说的 PPH，有常规 PPH 和 PCT-PPH 之分。常规 PPH，是指申请人以某一专利局为 OFF，其在 OFF 提交专利申请后，以 OFF 的可授权意见为依据，向 OSF 提出加快申请请求。常规 PPH 又分为巴黎公约路径和 PCT 路径。③ PCT-PPH 是指，PCT 申请的申请人，在国际申请阶段，从特定的国际检索单位或国际初审单位收到书面意见或国际初审报告，认定其 PCT 申请中至少有一项权利要求可授权，则申请人可在 PCT 申请进入国家阶段后，请求有关国家/地区对相应申请加快审查。

---

① 佘力焓：《专利审查高速路的运行特征、影响及其策略——基于中国本土化的视角》，《情报杂志》2016 年第 10 期，第 67 页。

② 赵晨：《专利审查高速路（PPH）的新发展》，《中国知识产权》（网络版）2014 年 5 月（总第 87 期），http：//www. chinaipmagazine. com/journal-show. asp？id＝1913，访问时间：2019年 8 月 7 日。

③ 巴黎公约路径是指，申请人在 OFF 申请的优先权期限内，以巴黎公约途径进入 OSF，而后在满足一定条件的前提下，向 OSF 提出加快审查请求；PCT 路径，是指 OFF 申请和 OSF 申请，都是以 PCT 申请进入国家阶段的方式提出的，申请人在满足一定条件的前提下，对 OSF 申请提出加快审查请求。

2011年7月，日本特许厅（JPO）提出"PPH MOTTAINAI"，对常规PPH中巴黎路径下的PPH适格申请的范围进行拓展，[①] 既开辟了专利局之间共享检索/审查结果的新空间，又增加了申请人在全球加速获权的途径，是对PPH概念的重要发展。

不过，需注意的是，PPH只是一种加快审查的机制，专利局之间对审查结果只是"参考"和"利用"，而不是"承认"或"认可"；至于是否对该项申请予以授权，仍由各国根据本国的专利法进行实质审查或履行其他的审查程序，而后自主决定。

三 PPH的优势

实施PPH，使OSF和OFF相互利用检索/审查结果，避免重复工作，优势是显而易见的。

对于专利审查机构，PPH至少有两个优势：一是加快审查进程，提高审查效率，有利于解决申请积压问题；二是通过利用他局的检索/审查结果，有利于提高专利授权质量。

对于专利申请人，优势就更突出了：首先，提高了审查结果的可预见性。OLE在审查时，虽然对是否授权可以自主决定，但在实践中，它会充分考虑和借鉴OEE的检索结果和授权意见，这样，PPH路径下的专利申请，授权率自然提高。其次，缩短了授权时间。使申请人能够更快地在他国/地区获得专利，利于企业进行跨国专利申请、专利布局。最后，是节省申请费用。原因在于，PPH简化审查程序后，减少了通知书的发放次数，相应地，申请人就可以减少答复的次数，答复过程中免不

[①] 根据"PPH MOTTAINAI"，以下两种申请也可以请求PPH：一是，申请人在OFF提交专利申请后，以该申请为优先权先后在其他两个OSF提出相应申请，若其中一个OSF审查确定申请具有可专利性，则申请人可向另一OSF对相应申请提出加快审查请求；二是，申请人在OFF提交专利申请后，以该申请为优先权在OSF提出相应申请，若OSF审查确定申请具有可专利性，则申请人可向OFF对相应申请提出加快审查请求。2014年1月6日启动的全球PPH试点（Global PPH）和五局PPH试点（IP5 PPH），均包含了"PPH MOTTAINAI"的合作模式。参见赵晨《专利审查高速路（PPH）的新发展》，《中国知识产权》（网络版）2014年5月（总第87期），http://www.chinaipmagazine.com/journal-show.asp? id=1913，访问时间：2019年8月8日。

了的律师费、翻译费等，就节省下来。①

PPH 的上述优势，使其自 2006 年产生以来，发展迅速。至 2009 年 3 月，专利申请数占全球 66% 的 10 个国家，即美、英、德、日、韩、澳大利亚、加拿大、新加坡、丹麦、芬兰，均参与了 PPH 项目合作。② 而且，除了常见的"双边"PPH 外，还出现了若干"多边"PPH，其中典型，有 2014 年 1 月 6 日启动的、由 17 个国家/地区参与的"全球 PPH"试点（Global PPH），以及同日启动的五局联合 PPH 试点（IP5 PPH）。随着 PPH 影响不断扩大，其在全球专利申请和审查中的作用日益凸显。

第二节 实施 PPH 的可行性

实施 PPH 是否可行，主要取决于两个条件：一是能力问题；二是动力问题。如果中国—东盟既有实施的能力，又不乏实施的动力，那么，实施 PPH 就是可行的。

一 关于能力问题

从中国一方来看，中国在实施 PPH 方面积累了丰富的经验。自 2011 年 11 月 1 日启动中日 PPH 试点以来，2011 年 12 月 1 日，中美 PPH 试点启动；2014 年 1 月，中国国家知识产权局与欧洲专利局、美国专利商标局、日本的特许厅、韩国特许厅正式启动"中欧美日韩 5 局联合 PPH 试点"。截至 2019 年 6 月，中国已与日、美、韩国、俄罗斯、加拿大、冰岛等 28 国/地区的专利审查机构达成 PPH 试点合作协议，③ 其中既有双边 PPH，也有多边 PPH 网络。中国的成功经验，可以为 CAFTA 实施 PPH 提供借鉴和指导。

从东盟方面来看，为了顺应专利审查国际合作的趋势，东盟国家于

---

① 余力焓：《专利审查国际协作制度构建之探析》，《科技与法律》2014 年第 6 期，第 969 页。

② 宋志国等：《中国—东盟知识产权保护与合作的法律协调研究》，知识产权出版社 2014 年版，第 155 页。

③ 国家知识产权局"PPH 指南"，http://www.cnipa.gov.cn/ztzl/zlscgslpphzl/pphzn/index.htm，访问时间：2019 年 8 月 9 日。

2009 年 6 月 15 日宣布开展《东盟专利审查合作计划》（ASEAN Patent Examination Cooperation，简称 ASPEC）。这是一个为东盟成员国（ASEAN Member States，简称 AMS）量身打造的区域性专利审查合作机制，对东盟成员国一体适用。根据该计划，当某一国的专利局收到 ASPEC 申请案时，可以参考伴随 ASPEC 申请案而来的另一 AMS 专利局的检索与审查结果报告，至于是否采用，后专利局可自主决定，这样就避免了重复工作。大致说来，ASPEC 的做法与 PPH 类似，只不过是在多国之间实施 PPH，形成一个东盟 PPH 网络。① 自实施 ASPEC 以来，东盟在加快专利审查进程、提高审查效率方面成效显著。不过，目前 ASPEC 只适用于东盟 9 个成员国，对缅甸尚不适用。

有人可能担心，各东盟国家专利审查能力相差悬殊，会不会影响实施 PPH。其实，PPH 重在使 OLE 能够利用 OEE 的工作成果，而不是要求"认可"，换言之，是否"利用"，是 OLE 的权利，而非义务，是否授权，更是由各国自主决定。一些东盟国家能力低些，并不构成实施 PPH 的实质障碍。这一点从东盟国家成功实施 ASPEC 也可得到印证。相反，实施 PPH，通过利用 OEE 的检索/审查结果，还可以弥补这些国家能力上的不足。

综上，中国—东盟实施 PPH，不仅有中国的经验可供分享，ASPEC 的成功实践也为之奠定了良好基础，至于一些东盟国家能力较低，这并不构成实质障碍，因此，在能力上，应不成问题。现在的问题是，有没有实施的动力？

二 关于动力问题

PPH 是审查一体化制度，旨在避免重复审查、节约审查资源。因此，实施 PPH 的动力，直接来源于跨国专利申请和审查的需要，归根结底，在于国家之间经济联系的紧密程度，而反映国家之间经济联系的，是贸易、投资合作的规模和技术层次。

---

① 李淑莲：《擅用 ASPEC 专利审查合作计划补强东盟专利布局》，《北美智权报》第 9 期，2017 年 4 月 21 日，http://cn.naipo.com/Portals/11/web_cn/Knowledge_Center/Industry_Economy/IPND_170421_0701.htm，访问时间：2019 年 8 月 16 日。

就中国—东盟而言，东盟是中国的近邻，又是"一带一路"的节点地区，双方是最有发展潜力的合作伙伴。在贸易方面，自2010年1月1日CAFTA建成以来，中国已经连续10年成为东盟最大贸易伙伴，东盟则连续8年成为继欧盟、美国之后的中国第三大贸易伙伴，进入2019年后，东盟更是超过美国，成为中国第二大贸易伙伴。在投资方面，截至2018年年底，中国对东盟累计投资额为890.1亿美元，东盟对中国累计投资额为1167亿美元，双向投资存量在15年间增长了22倍；东盟首次超过英属维尔京群岛，成为继中国香港之后的中国第二大对外投资目的地，同时也仅次于中国香港和欧盟，成为中国第三大投资来源地。[①] 可见，中国和东盟的经济联系非常密切。

未来，随着CAFTA升级版的全面实施以及"一带一路"建设的铺开，中国和东盟国家将开展基础设施、能源、跨境光缆、新兴产业等方面的合作，双方的贸易、投资数额和技术层次都会大大提高，前景可期。因此，从总体上说，实施PPH的动力，也是没有问题的。不过，东盟有10个成员国，各国情况不一、动力有别，在实施PPH中，应针对各国情况，采取不同的策略，选择不同的合作模式。

第三节 实施PPH的操作策略

一 影响策略选择的因素

一国实施PPH的策略，主要受两个因素影响：一是该国的知识产权国际化发展水平；二是国际专利申请数量。这两个方面情况不同，策略选择也会有区别。

判断一国的知识产权国际化发展水平，主要看它参加了哪些国际条约。如前文所述，PPH有常规PPH和PCT-PPH之分，常规PPH又有巴黎公约路径和PCT路径，"PPH MOTTAINAI"则是对常规PPH中巴黎路径下的PPH适格申请的范围进行拓展。因此，在知识产权国际化方面，与

[①]《2018年中国—东盟经贸合作再创佳绩》，中国驻东盟使团经济商务参赞处，2019年3月15日，http://asean.mofcom.gov.cn/article/zthdt/dmjmtj/201905/20190502867536.shtml，访问时间：2019年8月17日。

实施 PPH 相关的,是《巴黎公约》和 PCT。

目前,东盟国家除缅甸以外,均已加入《巴黎公约》和 PCT。这表明,撇开缅甸不谈,至少其他东盟 9 国,在知识产权国际化发展上,是可以接受 PPH 的。或许这也正是 ASPEC 何以只适用于该东盟 9 国的一个原因。这也预示着,实施 CAFTA 成员国一体适用的 PPH 不可能一步到位,至少缅甸不行。

在国际专利申请数量上,各东盟国家相差悬殊(具体数据见表 8 - 1)①,呈现为三个层次:第一层次,申请数超过 10 万件的,有新加坡、马来西亚、泰国、印度尼西亚四国;第二层次,为越南和菲律宾,申请数在 1 万件以上;第三层次,有文莱、柬埔寨和老挝三国,均不足 2 千件,其中柬埔寨、老挝最少,不足 20 件。

表 8 - 1　　　　　　　东盟国家国际专利申请数量

国家	累计申请数(件)	数据更新日期
新加坡	201845	2019. 1. 30
马来西亚	162517	2019. 2. 23
泰国	139918	2019. 2. 14
印度尼西亚	129123	2018. 12. 7
越南	65577	2018. 12. 25
菲律宾	24495	2019. 1. 28
文莱	1423	2019. 2. 7
柬埔寨	15	2017. 4. 11
老挝	13	2018. 2. 1

资料来源:中国国际贸易促进委员会网站。

应该说,处于不同层次的国家,其对专利审查国际合作的需要也不同。这可以在一定程度上解释,何以在东盟 10 国中,目前仅有新、马两

---

① 未收录缅甸数据。弋谦:《东盟国家知识产权国际化发展水平统计分析》,中国国际贸易促进委员会,2019 年 3 月 8 日,http://www.ccpit.org/Contents/Channel_4133/2019/0308/1136834/content_1136834.htm?tdsourcetag=s_pcqq_aiomsg,访问时间:2019 年 8 月 10 日。

国参加了PPH。中国—东盟实施PPH，也应以这两个因素为依据，对不同的东盟国家采取相应的策略。

二 现行操作策略下的合作模式

当前，中国正是根据东盟各国的具体情况，在专利审查、授权方面采取针对性的操作策略，实行不同的合作模式。按合作水平由低到高排序，大致有如下三种模式。

(一)"PPH"模式

包括中新、中马两个双边PPH，和中、新、马共同加入的"第三方"PPH。中国和新加坡PPH试点于2013年9月1日启动，自2017年9月起第二次延长，这次延长后的中新PPH试点增加了PCT-PPH合作模式。中国和马来西亚PPH试点于2018年7月1日启动，为期两年。此外，中国、新加坡和马来西亚均加入了欧洲专利局（EPO）PPH项目。这是因为，在东盟国家中，新、马两国知识产权国际化发展水平最高，国际专利申请数量也最多，实施PPH，是它们的合理选择。

(二)"直接认可"模式

适用于中国和老挝之间。2018年4月，中国和老挝签署《知识产权领域合作谅解备忘录》，老挝对中国发明专利审查结果予以认可。[①]这一模式突破了PPH的现有含义，它意味着，老挝科技部对中国知识产权局的专利审查结果不是"参考和利用"，而是直接"认可"、采用，实际上是对PPH的升级，可称为"升级版PPH"。它的达成，不仅在于老挝对中国发明专利审查质量的高度认可，以及双方在知识产权领域的互信，而且在于，以此促进中国企业尤其是创新型企业赴老挝投资。

(三)"登记生效"模式

适用于中国与柬埔寨之间。2017年9月，中国和柬埔寨签署《关于知识产权合作的谅解备忘录》，确认中国的有效发明专利可在柬埔寨登记

---

① 邱隽畅：《中老签署首份知识产权领域合作谅解备忘录 老挝对中国发明专利审查结果予以认可》，国家知识产权局，2018年4月3日，http://www.sipo.gov.cn/zscqgz/1121286.htm，访问时间：2019年8月10日。

生效。据此，经中国国家知识产权局授权、维持有效，且申请日在 2003 年 1 月 22 日之后的中国发明专利，只需办理登记手续，经柬埔寨工业及手工业部审查合格后，即可在柬埔寨获得专利保护。[①] 这一模式已经超越了 PPH 概念，可称为"PPH 超越"，它是柬埔寨对中国专利审查、授权结果的单方面且溯及既往的直接认可。较之 PPH，"PPH 超越"模式无疑具有更好的便捷性。这一模式之所以能够达成，是基于中柬良好的政经关系以及柬埔寨对中国专利制度、审查效率、审查质量和授权结果的高度认同。

三 下一步实施 PPH 的策略选择

下一步，中国—东盟在实施 PPH 中，应在现有合作的基础上，根据东盟各国在知识产权国际化发展水平、国际专利申请数量及其诉求的不同，以及中国与该国在知识产权领域的互信关系，采取针对性的合作模式和策略。

（一）对于 PPH 模式的实施策略和操作步骤

中国—东盟实施 PPH，应区分各东盟国家的情况，依下列步骤进行：

第一步，增加双边 PPH 试点。目前已启动中新、中马 PPH 试点，鉴于泰国、印尼在国际专利申请数量上与新加坡、马来西亚同为第一层次国家，也同样有加强专利审查国际合作的需求，接下来应着手启动中泰、中印两个双边 PPH 试点，甚至于，对属于第二层次的越南和菲律宾，也可考虑。

第二步，丰富双边 PPH 的内涵。中新 PPH 试点在第二次延长后，增加了 PCT-PPH 合作模式。以后，对于中国与东盟国家的各个双边 PPH，应根据合作的需要丰富其内涵，包括 PCT-PPH、"双向 PPH""PPH MOT-TAINAI"等合作模式，均可适时增加。

鉴于多边 PPH 网络比双边 PPH 更有优势，因此，在第一、二步打好基础之后，应继续推进合作，走向第三、四步。

第三步，加入"ASPEC"多边网络。中国在条件成熟的时候，可考

[①] 柳鹏：《中国有效发明专利可在柬埔寨登记生效》，国家知识产权局，2018 年 3 月 5 日，http://www.sipo.gov.cn/zscqgz/1120427.htm，访问时间：2019 年 8 月 10 日。

虑加入《东盟专利审查合作计划》（ASPEC），直接利用东盟现有的专利审查合作网络，为中国企业在东盟国家进行专利布局、开拓市场提供便利。

最后，是第四步，构建 CAFTA 成员国一体适用的"CAFTA PPH"，当然，这是远景目标，须以缅甸加入《巴黎公约》和 PCT 为前提。

（二）对于"升级版 PPH"和"PPH 超越"模式的实施策略

当前，"升级版 PPH"和"PPH 超越"模式分别适用于中老和中柬之间，这两种合作模式都是单向的，前者是老挝对中国专利审查结果的单向"认可"；后者是柬埔寨对中国专利的溯及以往的单向"登记生效"。

这两种合作模式的达成，与下面两个因素有关：一是该国的专利审查能力严重欠缺，与中国相比，完全不对称，且该国与中国在知识产权领域互信；二是该国对中国企业尤其是创新型企业赴该国投资有大量需求。因此，对于与老挝、柬埔寨情况类似的其他东盟国家，如缅甸[①]等，可以争取采用这种"单向的"合作模式。

---

① 缅甸与老挝、柬埔寨同为最不发达国家，国情相似；共建"中缅经济走廊"意味着来自中国的大量投资；至于知识产权领域的互信，鉴于中国一直坚持亲、诚、惠、容的周边外交理念，应能逐渐建立。

第 九 章

法律进路(3):构建新型"TRIPS-plus"规则

中国—东盟知识产权协调,应吸收"TRIPS-plus"模式的合理因素,对于为 TRIPS 规则所忽视的传统知识、遗传资源和生物多样性(简称"传统资源"),在 TRIPS 的基础上构建新型"TRIPS-plus"规则,提高其保护水平,以维护区域知识产权共同利益。

第一节 新型"TRIPS-plus"规则的制度意蕴

新型"TRIPS-plus"规则是相对于"TRIPS-plus"规则而言的。现行的"TRIPS-plus"规则,系由发达国家主导制定,旨在提高现代知识的保护水平,而 CAFTA 欲构建的"TRIPS-plus"规则,则以提高传统资源的保护水平为宗旨和内容,故称其为新型"TRIPS-plus"规则。中国—东盟构建新型"TRIPS-plus"规则,不仅是为了维护 CAFTA 共同的知识产权利益,而且有利于在南北国家之间重建利益平衡,使国际知识产权法律秩序回归公平正义。与"TRIPS-plus"规则相比,新型"TRIPS-plus"规则在制度安排和价值取向上,呈现出独特的意蕴。

一 以 TRIPS 为基础,提高传统知识、遗传资源等的保护水平

所谓"传统知识"(Traditional Knowledge),是相对于现代知识的另一类知识。如果说现代知识是创新之流,那么传统知识则是创新之源。传统知识的内涵非常复杂,很难给出一个一般性的定义,于是 WIPO 退而

求其次，以列举的方式界定其范围。根据 WIPO 的界定，传统知识是指基于传统而产生的文学、艺术或科学作品，表演，发明，科学发现，外观设计，标记、名称及符号，未公开信息，以及其他一切来自工业、科学、文学或艺术领域内的智力活动所产生的基于传统的创新和创造。"基于传统"意指，上述知识体系、创造、创新和文化表达，是为特定的族群或者地区所固有，一代代传承下来，并随着环境的变化而不断发展。传统知识的具体类型包括农业知识，科学知识，技术知识，生态知识，医疗知识（包括药品和治疗方法），名称、标记及符号，民间文学艺术表达，以及其他未固定的文化财产。[1] 上述界定表明，传统知识除了"基于传统"之外，与《建立世界知识产权组织公约》第 2 条第（8）款所规定的知识财产形式几乎完全一致。

所谓"遗传资源"（Genetic Resources），依照 1992 年 6 月签署、1993 年 12 月生效的《生物多样性公约》的界定，是指具有实际或潜在价值的遗传材料，包括取自植物、动物、微生物或其他来源的任何含有遗传功能单位的材料，如植物遗传资源、动物遗传资源、人类遗传资源等。世界上的遗传资源 80% 集中在生物技术相对落后的发展中国家，这些国家的社区和群体为保持、繁衍遗传资源做了大量工作，付出了艰辛的劳动。由于遗传资源对生物技术意义重大，近年来成为"生物剽窃"的对象。

生物剽窃（bio-piracy），又称"生物掠夺""生物海盗"，是指发达国家的跨国公司、研究机构以及其他有关生物产业的机构凭借其生物技术上的优势，未经资源拥有国及土著和地方社区的许可和同意，从社区中勘探、盗取遗传资源，在物种、粮食和医药等领域进行研究和商业开发，进而根据西方现行的知识产权法律体系对开发的技术申请专利，完全不顾资源提供国/者的利益而独自获利的行为。[2] 跨国公司、研究机构等通过生物剽窃，获取了丰厚的利润回报，却对社区的贡献只字不提，遑论与之分享惠益。更有甚者，如果社区成员要使用此种专利，还需向专利

---

[1] WIPO, "Intellectual Property Needs and Expectations of Traditional Knowledge Holders", *WIPO Report on Fact-Finding Missions on Intellectual Property and Traditional Knowledge* (1998–1999), Geneva, April 2001, p. 25.

[2] 参见杨巧主编《知识产权国际保护》，北京大学出版社 2015 年版，第 221 页。

权人支付费用,这对遗传资源所有者非常不公平。

鉴于此,《生物多样性公约》为遗传资源的保护确立了三项原则,即遗传资源归属的国家主权原则、遗传资源获取的事先知情同意原则和遗传资源利用的惠益分享原则。《生物多样性公约》的签署和生效,标志着国际社会对遗传资源的保护与可持续利用达成了一定共识。但该公约仅仅是一个框架性文件,缺乏有力的执行机制和争端解决机制,法律约束力不强。2001年10月,《生物多样性公约》"遗传资源获取和惠益分享特设工作组"发布了《关于获取遗传资源并公正和公平分享其利用所产生惠益的波恩准则》。该准则为资源获取和惠益分享提供了一个有效的框架和可操作的具体指导,但仅为建议性质,并无法律约束力。2010年10月,生物多样性缔约方大会通过了《关于获取遗传资源并公正和公平分享其利用所产生惠益的名古屋议定书》,为解决发达国家和发展中国家自《生物多样性公约》生效以来就获取遗传资源与惠益分享一直存在的矛盾和冲突确立了基本规则,具有里程碑意义。但因各方分歧太大,该议定书未能对申请专利时披露遗传资源来源及原产地做强制性规定;未能对建立遵约监测检查点做严格要求,导致监测与追踪环节失去实际意义;在处理收集保存库中遗传资源的获取与惠益分享方面也不太明确。[①] 上述法律文件表明,构建遗传资源保护的法律框架取得了一定进展,但仍远不能满足需要。

TRIPS的制度缺陷之一,是在保护对象上有所偏颇,对现代知识与传统知识区别对待。一方面,对现代知识依照发达国家的标准给予高水平保护;另一方面,对于发展中国家占优势的传统知识、民间文学艺术和遗传资源等缺乏应有的法律关注,仅给予极为有限的保护。其中,对于传统知识的权益问题,TRIPS并未直接涉及,因此,除非传统知识的表现形式符合现代智力创新成果条件,否则很难得到知识产权保护;对于生物多样性和遗传资源的保护,TRIPS更是保持沉默、完全无视。"TRIPS-plus"规则走得更远,在TRIPS的基础上,对现代知识进一步提高保护水平,而对传统知识、遗传资源等,则予以种种限制,力图降低保护水平。

---

① 参见汤跃《〈名古屋议定书〉框架下的生物遗传资源保护》,《贵州师范大学学报》(社会科学版)2011年第6期,第64—65页。

与之相反，新型"TRIPS-plus"规则在 TRIPS 的基础上，着眼于提高传统知识、遗传资源等的保护水平，从而矫正 TRIPS 的不合理之处，减少南北国家之间的利益失衡。

二 重建利益平衡，促成公平正义回归

法律的逻辑前提和基本价值，是平衡各方利益、追求公平正义。国际知识产权法作为知识产权利益分配的国际机制，平衡各方利益是其内在要求。在 TRIPS 的基础上，构建新型"TRIPS-plus"规则，提高传统资源的保护水平，蕴含着公平正义的法律价值。

首先，从经济上说，在现代经济生活中，无论是传统知识还是遗传资源等，都是极有价值的知识产权资源，具有广阔的商业前景。对此，2003 年世界知识产权组织在其《关于与遗传资源和传统知识有关的公开要求问题的技术研究报告草案》中明确指出："生物技术日益重要，与生物技术相关的发明的专利授权数量不断增加。由此可见，遗传资源及相关传统知识作为原材料对某些生物技术发明具有潜在的价值；然而，有大量技术可用遗传资源作为投入，并可对传统知识加以利用，因此其重要性和价值决不仅限于生物技术本身。"[①] 由传统资源所产生的利益，无疑应当受到法律的保护。

其次，从法律上说，TRIPS 片面重视现代知识的国际保护，而对于发展中国家储藏丰富的生物多样性、传统知识、民间文学艺术、遗传资源等极力回避，不符合法律的公平原则，也与 TRIPS 自身的内在要求相悖。具体表现在：（1）违背了知识产权制度公平保护各类知识产权客体的要求。根据 TRIPS 第 27 条第 1 款的规定，"对于专利的获得和专利权的享有不因发明地点、技术领域、产品是进口的还是当地生产的而受到歧视"，此即非歧视原则。这一原则虽然是就专利领域规定的，如果将它推演开来，同样适用于整个知识产权领域：人类的一切智力成果，无论其获得方式如何，也不管是现代知识，还是传统知识、遗传资源等，只要

[①] WIPO 秘书处：《关于与遗传资源和传统知识有关的公开要求问题》，载国家知识产权局条法司编《专利法研究》（2004 年），知识产权出版社 2004 年版，第 467—468 页。

具有知识产权性，均应获得知识产权的保护。[1]（2）违背了 TRIPS 确立的"利益平衡"原则。[2] 应当说，TRIPS 在其规定的客体范围内，也是按照利益平衡原则做出制度安排的。但是，其将适用范围主要限于基于现代科学技术和文化所产生的知识，而把传统知识、遗传资源等排除在外，无疑违背了这一基本原则。

TRIPS 协定和 "TRIPS-plus" 规则对传统资源的漠视，造成了严重后果：在经济上，这一制度安排与传统资源在现代经济中的巨大价值完全不相称；在法律上，它导致利益机制向发达国家倾斜。结果是，作为现代科技创新之源的传统资源成为跨国公司"第二次圈地运动"的目标，而传统资源的所有者因欠缺相应的利益分配机制和法律保护措施不能分享惠益，知识产权秩序进一步背离公平正义，以至于知识产权背上"富国的食品，穷国的毒药"[3] 的恶名。新型 "TRIPS-plus" 规则着眼于提高传统资源的保护水平，促使发达国家承担其本应承担的义务，维护传统资源所有者的应有权利，以弥补 TRIPS 的制度缺陷，促成秩序与公正融合。

第二节 构建新型"TRIPS-plus"规则的实体问题

国际知识产权制度从来都不是价值中立的，它服务于推动规则制定的国家。如果说，已经建立的制度、规则本身属于知识产权的"实体问题"，那么，这些制度、规则是如何构建起来的，其背后的社会环境如

---

[1] 参见古祖雪《基于 TRIPS 框架下保护传统知识的正当性》，《现代法学》2006 年第 4 期，第 138 页。

[2] 关于 TRIPS 究竟确立了哪些基本原则，学界尚无一致见解，但一般认为，利益平衡原则应是其中之一。TRIPS 首先在序言中规定："知识产权是私权"，明确了知识产权的私权性质。紧接着在第 7 条规定知识产权的保护和实施的公共利益宗旨，以及权利、义务之间的平衡；在第 8 条规定各成员应采取必要措施保护公共利益，并防止知识产权人滥用权利。这些规定表明，利益平衡是 TRIPS 的一项基本原则。

[3] Commission on Intellectual Property Right. Integrating Intellectual Property Rights and Development Policy, London, September, 2002, Foreword, P. iv. http：//iprcommission.org/papers/pdfs/final_report/ciprfullfinal.pdf.

何，制度形成的参与者是谁，它们是如何运作以使制度得以形成的，以及参与者与社会环境之间的关系如何等，则可称为知识产权制度形成的"程序问题"。知识产权的实体问题与知识产权制度形成的程序问题相辅相成、不可分离。在此先探讨实体问题，包括构建新型"TRIPS-plus"规则的法律依据、制度内容和规则架构。

一 法律依据：TRIPS 的制度目标、非歧视原则与弹性条款

法律规则的构建要获得合法性，需要有其合法性依据，包括实质合法性依据和形式合法性依据。新型"TRIPS-plus"规则的实质合法性依据是 TRIPS 的制度目标及前文所述之非歧视原则，形式合法性依据则存在于 TRIPS 的弹性条款中。

TRIPS 的制度目标由该协定第 7 条表述，即"知识产权的保护和实施应有助于促进技术革新及技术转让和传播，有助于技术知识的创造者和使用者之间的互利，并在一定程度上有助于社会和经济福利及权利义务的平衡"。这一制度目标包括三个层次上的平衡：一是"激励创新"与"促进使用"之间的平衡，二是创造者利益与使用者利益之间的平衡，三是创造者与使用者各自的权利义务之间的平衡。[①]

法律的制度目标作为法律的立法意旨和价值取向，为法律确定了恒定标准，该恒定标准不仅提示着对现行法律进行批判的尺度，也指引着未来法律的调整和构成。TRIPS 在制度安排中将传统资源的保护排除在外，不仅违背了法律的公平原则，也有悖于其利益平衡的制度目标。根据 TRIPS 的制度目标的指引，将传统资源纳入保护或提高其保护水平，从而在传统资源的创造者和使用者之间重建利益平衡，进而平衡发达国家与发展中国家之间的利益，无疑应成为 TRIPS 未来调整的方向。因此，TRIPS 追求利益平衡的制度目标，乃是构建新型"TRIPS-plus"规则的一个重要法律依据。

构建新型"TRIPS-plus"规则的另一个法律依据，是由 TRIPS 第 27 条第 1 款确立的"非歧视原则"。如果说 TRIPS 的制度目标，主要强调对

---

① 参见古祖雪《TRIPS 框架下保护传统知识的制度建构》，《法学研究》2010 年第 1 期，第 198 页。

不同的知识产权主体公平保护，那么"非歧视原则"则强调对不同的知识产权客体公平保护。有一种观点认为，特定区域内的传统群体持有的传统知识难以作为知识产权的客体而受到保护，因为按照 TRIPS 的规定，知识产权本质上是"私权"，传统知识是一种集体权利，不具有私权特征；而 TRIPS 关于知识产权的获得条件——创新性，传统知识也难以满足；更严重的是，传统知识已经处于公有领域，不属于"专有"知识。①这种观点在理论上是站不住脚的，也与 TRIPS 的规则不符。

从理论上说，传统知识同样具有可知识产权性，在纳入 TRIPS 保护方面并不存在实质障碍。②诚然，传统知识是"基于传统"的创新和创造，由传统群体集体创造，且属于特定区域，与 TRIPS 保护的典型知识产权客体的确有所不同，但这无碍于它属于私权，也无碍于它的"创新性"。所谓"私权"，是相对于公法意义上的"公权"而言的，指的是私法意义上的权利。"私权"意味着权利的私域性，他人不得染指，但并不等同于"个人权利"，它也可以是"群体权利"或"集体权利"；TRIPS 确认了知识产权的"私权"性质，但并没有将这种"私权"界定为"个人化的权利"。在 TRIPS 的规则中，私权除个人权利外，也包括集体权利，比如集体商标、地理标志，都属于集体权利。因此，传统知识的集体创造、群体持有，并不构成其属于"私权"的理论障碍。

创新性是一切知识获得知识产权保护的内在根据。TRIPS 对创新性的要求在不同的知识产权领域有所不同：在著作权领域，是作品的独创性；在专利权领域，是发明的新颖性、创造性和实用性；在商标权领域，是标记或标记组合的显著性。传统知识是基于传统的创新和创造，其"传统"性仅仅意味着知识的获得和使用方式属于特定族群或地区文化传统的一部分，将其理解为"古老"的知识或"一成不变"的知识，纯属误

---

① 参见李明德《TRIPS 协议与〈生物多样性公约〉、传统知识和民间文学的关系》，《贵州师范大学学报》（社会科学版）2005 年第 1 期，第 22—23 页；张今《民间文学艺术保护的法律思考》，《法律适用》2003 年第 11 期，第 67 页。

② 关于传统知识的可知识产权性和基于 TRIPS 框架下保护传统知识的正当性，参见古祖雪《论传统知识的可知识产权性》，《厦门大学学报》（哲学社会科学版）2006 年第 2 期，第 11—17 页；古祖雪《基于 TRIPS 框架下保护传统知识的正当性》，《现代法学》2006 年第 4 期，第 136—141 页。

解。事实上，为了应对生存环境的变化，传统知识在传统群体的代代传承中，需要不断地调适、创造，其内容和形态亦在不断地改变、更新。因此，传统知识虽源于传统，但又超越传统，是基于传统的创新。① 与现代知识相比，它除了获得方式和文化特征有所不同外，在创新性及其所具有的价值方面并无本质区别，能够满足 TRIPS 的创新性要求。

至于将传统知识当作"公有知识"，如果不是基于强盗逻辑的话语霸权，则只能说是一种误判。依现代知识产权保护的规则，公有知识或为无主知识，或为丧失新颖性的知识，或为法定保护期限届满的知识。传统知识由特定的传统群体持有，并非无主；其亦非法定保护期限届满的知识，则是显而易见，于是，问题的焦点在于，它是否丧失了新颖性，是否仍保持其"专有性"。笔者认为，传统知识虽为特定区域内的传统群体所共知、共享，从而具有区域公开性，但只要尚不为该区域之外的主体所知，仍不失其新颖性、专有性。这有点类似于商业秘密。"处于秘密状态"是商业秘密获得法律保护的前提，但这并不意味着，该秘密只为某一个体知晓，它也可能为若干个体或某一特定范围的群体知晓。只要它不为这一范围之外的人知晓，就依然具有秘密性。因此，传统知识的区域公开、特定群体共享，对于社会整体而言，并不丧失其新颖性，从而不影响其专有性质。

从 TRIPS 的规则来看，与传统知识具有相同特征的地理标志，已经列入 TRIPS 保护。"地理标志的核心构成要素是客观存在的'地理名称'。这种'地理名称'从其存续时间来看，是'传统'的而不是新近的；从其存在状态来看，是客观的而不是臆造的。"② 从某种意义上说，地理标志也是一种与现代知识有别的"传统资源"，且地理标志的保护与传统知识的保护具有内在契合性。这种契合性主要表现在：（1）历史性：地理标志人文因素与传统知识客体上的契合；（2）群体性：地理标志与传统知识主体上的相似；（3）文化性：地理标志人文底蕴与传统知识文化表

---

① 参见宋红松《传统知识与知识产权》，《电子知识产权》2003 年第 3 期，第 36—37 页。
② 吴汉东：《知识产权国际保护制度的变革与发展》，《法学研究》2005 年第 3 期，第 137 页。

征的可通约性。① 但是，对于地理标志的知识产权保护，人们并无太大争议，它不仅是各国知识产权法和各种国际公约共同的保护对象，在 TRIPS 框架中更是被当作"与贸易有关的知识产权"之一，堂而皇之地予以保护。同为智力劳动成果，传统知识等却被排除在 TRIPS 的保护之外，这与 TRIPS 确立的"非歧视原则"明显不符，也有悖于法律的公平价值。

由此可以说，新型"TRIPS-plus"规则在制度安排上，以 TRIPS 为基础，将传统知识、遗传资源纳入保护范围或提高其保护水平，是对 TRIPS 偏离其利益平衡的制度目标和"非歧视原则"的矫正，其价值取向符合 TRIPS 的内在要求，具有毋庸置疑的实质合法性。

TRIPS 的弹性条款，分为基础性弹性条款和派生性弹性条款，其第 1 条第 1 款为基础性弹性条款，此外均属派生性弹性条款。TRIPS 第 1 条第 1 款规定："各成员实施本协定的规定。各成员可以，但并无义务，在其法律中实施比本协定要求更广泛的保护，只要此种保护不违反本协定的规定。各成员有权在其各自的法律制度和实践中确定实施本协定规定的适当方法。"这一规定蕴含三层意思：（1）TRIPS 只要求缔约国达到知识产权保护的"最低标准"；（2）在达到最低保护标准以后，各成员国有权利但无义务提供更高水平的知识产权保护；（3）在达到最低保护标准的前提下，缔约国可选择适当的方式，自由塑造符合本国国情和发展需要的知识产权制度。TRIPS 的派生性弹性条款包括第 13、17、26、30 条，它们分别就版权、专利、商标、工业品外观设计做了灵活性的规定。

弹性条款的存在使 TRIPS 包含了诸多"建设性模糊"（Constructive Ambiguities），从而在国内和国际两个领域为发展知识产权制度留下了空间：在国内领域，"建设性模糊"使缔约国在执行协定时拥有一定的"政策空间"，各成员方可以在 TRIPS 协定之内根据自身情况设计法律制度，以满足政治、社会、经济等政策目标。正是在这个意义上，有学者提出，TRIPS 只是"提供了一个游戏场，在 TRIPS 之内国内法律能够被塑造以满

---

① 参见严永和《论传统知识的知识产权保护》，法律出版社 2006 年版，第 153—158 页。

足成员方的政治、社会、经济和其他政策目标"。[1] 在国际领域,则在知识产权"最低标准"的基础上,为保护水平的提高、保护范围的拓展留下了广阔空间。据此,新型"TRIPS-plus"规则的构建,同样具有无可置疑的形式合法性。

如果说"TRIPS-plus"规则也许不失其形式上的合法性,但因其对现代知识过度保护而在实质合法性上不无疑问的话,那么根据 TRIPS 确立的制度目标、非歧视原则和弹性条款构建新型"TRIPS-plus"规则,以提高传统资源的保护水平,则兼具形式合法性和实质合法性。反之,现行制度对传统资源不予保护或保护不充分,恰恰违反了法律的实质合法性。

二 制度内容:提高传统资源的保护水平

在 CAFTA 中,中国与东盟诸国同为发展中国家,至少在以下三方面已经达成共识:一是在知识经济时代,无论是现代知识、传统知识,抑或遗传资源、生物多样性等,其于未来经济发展均举足轻重,不容忽视;二是在现代知识方面,自身处于明显劣势地位,短期内无法与发达国家平等竞争;三是在传统知识、遗传资源等方面,本区域资源丰富,产业潜力巨大。[2] 事实上,基于上述共识,中国、东盟诸国及东盟整体均已行动起来,在保护传统知识与遗传资源的制度建设上取得了一定进展。

就中国而言,随着传统知识、遗传资源的文化、经济和政治价值逐渐为国人所认识,以及一系列中国传统知识、遗传资源遭受盗用和滥用的刺激,[3] 朝野上下对保护传统资源等产生了强烈诉求,并体现于法制建设当中。首先,在 2008 年 6 月发布的《国家知识产权战略纲要》中,将

---

[1] Ghosh, Shubha (2003), "Reflections on the Traditional Knowledge Debate", *Cardozo Journal of International and Comparative Law*, 11, pp. 501 – 502.

[2] 东盟诸国地理位置特殊,多位于北回归线以南,以热带雨林、热带季风气候为主,遗传资源、珍稀动植物品种均甚丰富,生物多样性比较明显,民间秘方、民间文学艺术等传统知识甚有特色,其中蕴藏着很大的经济潜力。这些都构成东盟诸国在传统资源保护上的利益基础。

[3] 为维持传统知识的价值,传统知识持有者有权适当控制传统知识的衍生利用,禁止对传统知识进行盗用和滥用。盗用,是指利用传统知识或资源并通过错误授予的知识产权来获得对这些传统知识或资源的控制权,从而侵占传统知识持有人的利益。滥用,主要指违背传统知识持有者的意愿而进行商业性使用。参见丁丽瑛《传统知识保护的权利设计与制度构建——以知识产权为中心》,法律出版社 2009 年版,第 73—74 页。

传统知识的保护列入知识产权战略目标、战略重点和战略任务中。例如，在战略重点"完善知识产权制度"中，就将"适时做好遗传资源、传统知识、民间文艺和地理标志等方面的立法工作"列入。其次，针对传统知识的保护专门立法，如1992年10月发布《中药品种保护条例》，1997年5月发布《传统工艺美术保护条例》，2003年4月发布《中医药条例》等。最后，修订法律，尝试将传统知识、遗传资源纳入保护。如在2008年12月颁布的《专利法》第三次修正案中新增规定"对违反法律、行政法规的规定获取或者利用遗传资源，并依赖该遗传资源完成的发明创造，不授予专利权"（《专利法》第5条第2款），"依赖遗传资源完成的发明创造，申请人应当在专利申请文件中说明该遗传资源的直接来源和原始来源；申请人无法说明原始来源的，应当陈述理由"（《专利法》第26条第5款），并通过《专利法实施细则》（2010年修订）第26、109条等予以落实。

就东盟诸国而言，菲律宾是保护传统资源态度最为积极、立法进程最为深入的国家之一。早在1987年，《菲律宾宪法》第17章第14条就规定：政府应当承认、尊重和保护本土文化社群保存和发展其文化、传统和制度的权利。1997年，菲律宾颁布了《菲律宾本土居民权利法》和《菲律宾传统可用医药法》。前者基于宪法框架就所有本土文化社群和本土居民的权利进行承认、促进、保护和尊重，后者则以法律形式表明了菲律宾保护传统医药知识的态度。2001年，通过《群体知识产权保护法案》，尝试运用保护现代知识的制度安排来保护传统知识。泰国不仅在1997年宪法第46章对传统知识、民间文学艺术等的保护做了原则性规定，[①] 还制定了《传统泰医药知识产权保护法》，为传统泰医药建立专门的保护制度。此外，菲律宾、越南和马来西亚等国，在生物多样性和遗传资源保护方面也做了大量工作。

就作为整体的东盟而言，1995年在泰国通过了《东盟知识产权合作框架协定》。这一协定在形式上堪称完善，虽然其合作领域限于现代知识

---

① 泰国1997年宪法第46章规定："业已形成的土著社区的成员享有保存或恢复其自身风俗习惯、本土知识、艺术或该社区优良文化的权利，并有权按法律的规定，以可持续发展的方式参与管理、保存和使用自然资源和环境的工作。"参见刘笋《知识产权国际造法新趋势》，《法学研究》2006年第3期，第156页。

产权,① 但为构建传统知识、遗传资源的保护提供了法律框架。2000年制定的《关于获取生物和遗传资源的东盟框架协定（草案）》，开始探讨传统知识、遗传资源的保护机制。上述种种努力，为在CAFTA构建新型"TRIPS-plus"规则奠定了基础。

有鉴于此，可以考虑以TRIPS为基础，吸收上述各方在保护传统资源方面的制度成果，在CAFTA构建新型"TRIPS-plus"规则，将TRIPS没有列入保护范围的传统知识、遗传资源、生物多样性、民族民间文学艺术等纳入中国—东盟合作保护的范围。对于TRIPS已经予以保护的地理标志等，则争取提高其保护水平，符合中国—东盟各方的共同利益。

三 规则架构：一般条款与特殊条款相结合

在构建新型"TRIPS-plus"规则时，对传统知识、遗传资源保护的制度选择，既涉及中国自身的利益实现，又关系到中国—东盟知识产权协调机制的运作。中国和东盟应致力于制度创新，对传统资源既要采取与现行知识产权制度有别的保护机制，又要避免倾覆知识产权制度根基的法律变动。鉴于此，笔者认为，中国和东盟在构建新型"TRIPS-plus"规则中，宜采用"一般条款"与"特殊条款"相结合的规则架构。

首先，通过"一般条款"引入TRIPS的"最低标准"，为新型"TRIPS-plus"规则确立"门槛"。新型"TRIPS-plus"规则是一种在传统资源保护方面高于TRIPS的标准。自老挝于2012年10月加入WTO后，东盟十国均为WTO成员方，履行TRIPS的"最低标准"本就是其国际法上的义务。而老挝《知识产权法》于2008年4月14日实施后，其知识产权保护也已基本达到TRIPS的最低标准。在操作上，可以根据《中国—东盟全面经济合作框架协议》第3条第8款（h）项,② 由各方谈判

---

① 根据《东盟知识产权框架协定》的规定，东盟诸国将在著作权及其邻接权、专利权、商标、外观设计、地理标志、未披露信息、集成电路布图设计等领域开展合作。除"地理标志"外，其余各领域基本上都属于现代知识产权的范畴。

② 《中国—东盟全面经济合作框架协议》第3条第8款规定了各缔约方之间关于建立涵盖货物贸易的中国—东盟自贸区的谈判还应包括但不限于的事项，其（h）项规定："基于WTO及世界知识产权组织（简称WIPO）现行规则和其他相关规则，便利和促进对与贸易有关的知识产权进行有效和充分的保护。"

订立《中国—东盟全面经济合作框架协议知识产权保护协议》，以 TRIPS 为基本依据，明确规定《中国—东盟自由贸易协定》中知识产权的保护对象、保护标准，根据各方的知识产权保护状况，对知识产权的执行、过渡期限等问题，协商确定合理的标准与期限，从而协调 CAFTA 的知识产权制度。

其次，通过"特殊条款"为传统知识、遗传资源等确立适当的保护机制。在设计"特殊条款"时，需要考虑如下因素：（1）整合现有的制度成果，包括中国、东盟诸国、东盟整体以及其他国际公约在保护传统资源上的制度成果，尤其是《关于获取生物和遗传资源的东盟框架协定（草案）》、《生物多样性公约》以及 TRIPS 中的有关规定等，然后在 TRIPS 的基础上，构建具有中国—东盟特色的传统资源保护体制；（2）寻求和扩展中国与东盟诸国在知识产权发展中的共同利益，找到各方在发展上的平衡点，以此作为构建新型"TRIPS-plus"规则的利益基础；（3）考虑到东盟诸国知识产权保护水平参差不齐，彼此之间的差距甚大，新型"TRIPS-plus"规则的构建，应遵循以多边为主、兼顾双边的原则，最大限度地协调传统知识、遗传资源的保护问题。

值得注意的是，CAFTA 的现行规则仅约定各方就建立和完善保护传统知识、遗传资源和民间文学艺术的法律制度加强合作，而未约定强制性的保护义务，属于"软法"性质。[①] 未来在构建新型"TRIPS-plus"规则中，应改变这一立法模式，明确规定成员方的保护义务和实施措施，以使传统资源的保护取得实质性进展。

第三节　构建新型"TRIPS-plus"规则的程序问题

构建新型"TRIPS-plus"规则的程序问题主要涉及四个方面，即动力的发掘、环境的塑造、立法机制的完善以及策略的选择。

[①] 参见任虎《FTA 框架下传统知识保护模式研究》，《上海大学学报》（社会科学版）2013 年第 5 期，第 112 页。

一 动力的发掘

国家之间缔结贸易协定的动力主要源于对经济利益的追求。经济利益的实现大体有两种途径,一是在同一议题之内实现,二是通过"议题交换"来实现。前者如发达国家结盟主导制定TRIPS,通过控制知识产权保护的规则来维系其国际贸易竞争力;后者如南方国家与北方国家缔结"TRIPS-plus"规则,将知识产权与贸易、投资等议题关联,南方国家牺牲隐性的知识产权利益,以换取当前的市场准入、投资等显性利益。

从本质上说,各国对传统知识、遗传资源保护所持的态度,主要取决于两个因素,一是该国传统资源的储量是否丰富,二是该国经济发展对传统资源的依赖程度,而与其经济发展水平没有直接关系。因此,尽管不同的发展中国家之间在一些具体问题上存在不同意见,但从整体上说,发展中国家在传统资源储量方面较之发达国家具有比较优势,这就决定了发展中国家之间在传统资源的保护上存在共同的利益基础。由此,发展中国家普遍要求在TRIPS的框架下建立有约束力的保护传统资源的国际规则,也就不足为奇。当美国、日本、韩国、加拿大、澳大利亚、新西兰等发达国家主张在国家层面上以合同法的途径解决传统资源的保护,而反对在TRIPS的框架内建立传统资源保护的国际规则时,一些发展中国家(如非洲国家集团和委内瑞拉)更是特别强调,除非建立TRIPS框架内的国际体制,否则任何有关传统资源的保护措施都是无效的。

中国和东盟国家,如菲律宾、泰国、缅甸、柬埔寨、印度尼西亚、老挝等,均属于传统知识、遗传资源非常丰富的国家,且具有加强保护的迫切需要。[①] 这表明,构建新型"TRIPS-plus"规则以加强传统资源的保护,符合CAFTA整体的利益诉求,因而具有现实基础和内在动力。不过也要看到,东盟诸国经济发展境况差别很大,传统资源的储量及对传统资源的依赖程度各不相同。这也是菲律宾、泰国等国态度积极而部分

[①] 参见贾引狮、宋志国《中国—东盟知识产权合作若干问题研究》,知识产权出版社2014年版,第100—102、113—116页。

东盟国家不甚关心的一个根本原因。在 CAFTA 构建新型"TRIPS-plus"规则，应当以知识产权合作为手段，以促进中国—东盟共同发展为目的，平衡各方利益，达到多赢、共赢的制度效果。对于菲、泰等前一类国家，其本身即充满动力，提高传统资源保护水平符合双方利益；对于后一类国家，则应考虑通过"议题交换"的方式发掘动力，以寻求中国—东盟传统资源保护的平衡点。

二 环境的塑造

在全球层面，2000 年 8 月 WIPO 专门设立了"知识产权与传统知识、遗传资源、民间文艺政府间委员会"（简称 WIPO-IGC），开始探索传统资源的知识产权保护问题。自设立以来，WIPO-IGC 召开了多次会议，形成了一系列文件，集中反映了联合国众多体制的立法成果。2001 年 11 月，WTO 第 4 次部长会议通过《多哈宣言》，其第 18—19 段将 TRIPS 与《生物多样性公约》、传统知识及民间文学保护的关系列为下一次多边谈判的议题。这表明，传统资源的保护逐渐引起了国际社会的重视，并对相关制度安排做了有益的探索，在构建新型"TRIPS-plus"规则中宜对此善加利用。

在中国—东盟层面，无论中国、东盟诸国还是东盟整体，对传统资源的保护均已有了比较深刻的认识，并在制度建设上做出了相应努力。下一步应该通过对话机制凝聚共识，并发挥观念的建构功能，对内积极充实、完善《中国—东盟全面经济合作框架协议》，致力于订立《中国—东盟传统资源保护协议》，明确规定传统资源保护的具体内容；对外秉持发展中国家的利益立场，积极参与全球知识产权规则的制订与完善，争取将传统资源的保护纳入世界多边体制，尤其是纳入 TRIPS 框架内予以保护。

三 立法机制的完善

知识产权国际立法机制，是指在一定的宏观环境下，立法参与主体赖以推动制度形成的一套结构化的规则，包括正式的组织机构设置、制度安排和非正式的方法。① 立法机制作为宏观环境和参与主体之间的桥梁，在新型"TRIPS-plus"规则的构建中起着非常重要的作用。由于东盟是"一个东盟，两组成员"，至2010年1月1日，CAFTA在中国与东盟6个老成员国之间已然建成；而在中国与另外4个新成员国之间，则迟至2015年1月1日方始建成，加上东盟一直秉持"自愿、协商一致、不干预、非正式"这四项原则，因此中国—东盟构建新型"TRIPS-plus"规则，需要同时在中国与东盟层面以及中国与东盟诸国层面展开制度协调。

在中国与东盟层面，根据《中国—东盟全面经济合作框架协议》，各缔约方承诺基于WTO及WIPO现行规则和其他相关规定，对知识产权的国际保护予以谈判，这就为构建新型"TRIPS-plus"规则奠定了法律基础。2009年10月，中国与东盟诸国在泰国签订《中国—东盟知识产权领域合作谅解备忘录》和《中国—东盟关于技术法规、标准和合格评定程序谅解备忘录》等协议。据此，双方除加强知识产权政策沟通之外，还将展开一系列实质性合作，包括知识产权审查、质量控制、审查员的培训、自动化以及数据库等方面的交流。考虑到将传统知识、遗传资源等纳入合作领域符合中国—东盟双方利益，下一步应将实质性合作的重点拓展到构建新型"TRIPS-plus"规则上。

在中国与东盟诸国层面，近年来中国知识产权局与新加坡、泰国和越南等国的知识产权部门签署了诸多的备忘录，如2004年《中国国家知识产权局和新加坡知识产权局合作框架备忘录》、2005年《中国国家知识产权局和泰国知识产权厅专利合作行动计划》、2009年《中国和越南商标及商标相关领域合作谅解备忘录》等。总体而言，中国与东盟诸国的双边知识产权合作尽管取得了一定进展，但仍局限于信息交换、人员培训、知识产权执法以及协商、争议解决等，尚待拓展到基于共同利益的知识产权立法领域。

就中国自身而言，作为CAFTA的重要一方，中国在构建新型"TRIPS-plus"规则中要发挥规则制定的有力推动者的作用，尚需在以下方面予以完善：（1）制定一套明晰的CAFTA知识产权战略安排，以使我

---

① 参见吴汉东、郭寿康主编《知识产权制度国际化问题研究》，北京大学出版社2010年版，第32页。

国在构建新型"TRIPS-plus"规则过程中科学把握知识产权保护问题。（2）借鉴发达国家经验，设立专门的知识产权贸易政策管理和执行机构，根据中国在 CAFTA 的知识产权战略，制定和执行统一的知识产权政策。（3）建立健全相关法律机制，在国内建立和完善有关传统资源保护的相关立法，进而在自贸协定的谈判中予以拓展。[①] 在具体实施时，应注意组织企业界和社会各界参与知识产权贸易政策的制定和谈判，利用企业界的信息优势和民间智囊的力量，推动新型"TRIPS-plus"规则的构建。

四 策略的选择

在争取国际经济新秩序的斗争中，南方国家"舍韧性的南南联合自强，别无他途可循"。[②] 从关贸总协定乌拉圭回合谈判的教训，到从"体制转换"到"体制协调"矫正 TRIPS 的成功经验，这一点得到了反复证明。中国—东盟构建新型"TRIPS-plus"规则，加强传统资源的保护，正是"南南联合自强"的一个重要举措。当然，在具体实施时，由于东盟诸国无论是经济发展水平还是知识产权保护水平均参差不齐，彼此之间差距甚大，因而应丰富"南南联合"的内涵，在"南南联合"的基础上，辅以"区别对待"，包括"议题交换"等，以达到最佳效果。

在步骤安排上，可以考虑分四步走：第一步，开展国内立法，就我国的传统资源保护制定法律和政策，积极探索传统资源保护的立法模式和实践经验；第二步，由中国与态度积极的东盟国家缔结双边条约，防止传统资源遭到破坏；第三步，待条件比较成熟后，通过修改《中国—东盟全面经济合作框架协议》，缔结知识产权保护协议，将传统资源保护

---

① 在中国已经签署的 11 项自贸协定中，含有传统知识保护条款的有 6 项，即中国—东盟、中国—新西兰、中国—哥斯达黎加、中国—秘鲁、中国—澳大利亚及中国—韩国之间的自贸协定。中国自由贸易区服务网：http://fta.mofcom.gov.cn/，访问时间：2016 年 5 月 19 日。从文本内容来看，它们对传统知识的保护只做了原则性的确认，承认缔约方在传统知识保护方面享有独立的立法权，在实质性制度上则采取"保持协商"的基本态度。中国之所以在自贸协定谈判中未能强硬坚持传统知识保护，一个重要原因，是中国国内尚未建立完整的传统知识保护法律制度和政策。

② 陈安：《南南联合自强五十年的国际经济立法反思——从万隆、多哈、坎昆到香港》，《中国法学》2006 年第 2 期，第 103 页。

作为重点内容予以规范；第四步，加强国家间的交流与合作，争取 CAF-TA 在传统资源的保护上以共同声音说话，将新型"TRIPS-plus"规则纳入 TRIPS 框架，矫正 TRIPS 的制度缺陷。

第十章

法律进路(4)：完善争端解决机制

以《中国—东盟全面经济合作框架协议争端解决机制协议》（简称《争端解决机制协议》）于2005年1月1日正式生效为标志，中国—东盟自由贸易区（简称CAFTA）构建了自己的争端解决机制。《争端解决机制协议》是一个多边协议，拥有11个缔约方，即中国与东盟10国，适用于《中国—东盟全面经济合作框架协议》（简称《框架协议》）下发生的争端，包括知识产权争端。该协议规定了磋商、调解或调停、仲裁等争端解决方式，为中国—东盟知识产权争端解决提供了法律途径。

争端解决机制是CAFTA的一个核心要素，从构建以来即受到学界关注，其中参照欧洲联盟（简称EU）、北美自由贸易区（简称NAFTA）、世界贸易组织（简称WTO）等的制度设置予以批评并提出完善意见者不在少数。从比较法的视角研究当然是有益的，但CAFTA争端解决机制应依据自身需求来设计，评判基准也不是其他区域贸易协定（下称RTA）及WTO的现行规定，而是法的客观性原则。本章将循此评判基准，结合体系解释、目的解释，检讨这一机制，并提出完善建议。

第一节 评判的基准

事物都有其本质和规律，反映事物的本质和规律，是法的内在要求，此即法的客观性原则。[①] 这一原则的基本要求，可以用马克思在《论离

[①] 古祖雪：《国际造法：基本原则及其对国际法的意义》，《中国社会科学》2012年第2期，第128页。

婚法草案》中的一段话来表述:"立法者应该把自己看作一个自然科学家。他不是在创造法律,不是在发明法律,而仅仅是在表述法律……如果一个立法者用自己的臆想来代替事情的本质,那么人们就应该责备他极端任性。"① CAFTA 争端解决机制是否符合法的客观性原则,取决于两个方面:是否具有 RTA 争端解决机制的品格;是否适合于 CAFTA 的个性。

一 RTA 争端解决机制的品格

RTA 的特殊的本质和规律,它必然产生的各种关系,以及其中所蕴含的内在法则,决定了 RTA 争端解决机制的品格。笔者以前曾提出:这样的品格至少应包括四个方面,即规则取向、公正性、效率性和拘束力。② 现在看来,这一主张大体上是合理的,但对四者的价值层次疏于考虑。实际上,公正性、效率性是目的价值,属于一个较高的层次,规则取向、拘束力是工具价值,属于一个较低的层次。因此,RTA 争端解决机制的品格,不是四个方面的并列,而是集中体现在两个方面,即公正性和效率性。

RTA 争端解决机制属于程序性规则,其公正性主要体现为正当程序。人们对正当程序的追求,意在以直观的程序上的公正,谋求争端解决结果的公正;当"法律事实"与"客观事实"是否一致存疑,进而导致裁判结果的公正性存疑时,程序的正当无疑能使裁判结果获得更大的可接受性。公正性的实现,主要取决于:(1) 在实力取向的解决方式中,各方实力是否相当;在实力不对称时,强者是否滥用优势。(2) 在规则取向的解决方式中,居中裁判者是否公正。(3) 裁判者能否获得足够信息,包括事实信息和法律信息;在信息不充分时,程序安排是否适当。(4) 证据规则,包括证据范围、举证责任及证据效力等是否公正。以 WTO 知识产权争端解决机制为例,其补偿和报复机制表面为规则取向,实际上是实力取向,在实践中对知识产权处于绝对劣势的发展中国家造

---

① 《马克思恩格斯全集》第一卷,人民出版社 1995 年版,第 347 页。
② 朱继胜、高剑平:《自然法思想与 CAFTA 争端解决机制》,《经济与社会发展》2007 年第 7 期,第 115 页。

成了严重不公。①

公正性的获得需要付出代价，这就涉及 RTA 争端解决机制的效率性——为公正解决争端耗费尽可能少的时间。一者，迟来的正义不是正义；二者，时间拉长也往往意味着成本增加。这意味着，争端解决机制不仅应对每一程序做严格的时间限制，而且所有程序的设计都应考虑效率问题。比如，专家组报告的通过从 GATT 采用"协商一致"原则，到 WTO 采用"反向协商一致"原则，就是基于效率原则的制度革新。

公正性与效率性都是 RTA 争端解决机制追求的价值，但两者之间常常存在张力。我们认为，公正性比效率性更为基本，对效率的追求应以公正有保障为前提。比如，当 WTO 专家组报告的通过采用"反向协商一致"原则后，其公正性很可能受到挑战，因为专家组在解释和适用 WTO 规则上可能出现错误，而"反向协调一致"原则使包含错误的报告易于通过。虑及于此，WTO 乃增设上诉程序。实践证明，这一制度安排是正确的，上诉程序的存在使公正性的可能的偏离有了补救的途径。② 当然，效率性依然具有独立的价值，并不就此从属于公正性。RTA 的争端解决机制，应该是公正性与效率性的结合，这取决于制度设计是否符合该 RTA 的个性及由此衍生的特殊需要。

二 CAFTA 的个性

CAFTA 是一个以发展中国家为主（包括最不发达国家）组成的自由贸易区，各缔约方在地理上相互毗邻，在政治、文化上有深厚的历史渊源，经济上互补性与竞争性并存，其与 NAFTA 和 EU 在各成员方的经济实力、贸易依附程度、政治经济文化特点，以及成员方本身具有的区域争端解决机制模式等方面，存在重要的差别，从而使 CAFTA 呈现出独特

---

① 李晓玲：《WTO 知识产权争端解决实践十三年：回顾与评述》，《国际经贸探索》2009 年第 11 期，第 73 页。

② 截至 2008 年 1 月 1 日，通过的 110 份专家组报告中，有 74 件被提起上诉，占比为 67%，大部分专家组报告被当事方上诉。可以说，正是上诉机制卓有成效的工作，使专家组可能在解释和适用 WTO 规则上出现错误与"反向协商一致"原则的隐患，进而损害处理结果的公正性获得了补救，从而维护了 WTO 法的一致性和权威性。参见左海聪《WTO 争端解决实践综合分析》，《南开学报》（哲学社会科学版）2008 年第 6 期，第 107 页。

的个性，并衍生出对争端解决机制的特殊需求。

第一，CAFTA 是"南南合作"。

中国与除新加坡以外的东盟国家均属于"南方国家"，"南南合作"使 CAFTA 具有如下特点：（1）在政治上，对维护国家的经济主权非常敏感，对于需要让渡部分主权的争端解决方式，难以接受。（2）在贸易争端上，需要处理的核心问题是货物贸易，其中很大一部分是农产品、轻工产品的贸易，决定了程序的设置不需要非常正式与复杂。（3）在投资争端上，各国难免存在市场不规范、法制不健全、政策多变等复杂问题，加上彼此在政治制度、经济架构、文化传统、社会发展程度及经贸政策上的差异，可能争议频繁，这对争端解决机制的公正性和效率性提出了很高的要求。（4）在法律能力上，不同程度地存在经验欠缺、人才匮乏、没有足够资金聘请法律专家等困难，因此，争端解决机制的利用成本不能太高，各程序的时限应尽可能短。

第二，东盟争端解决方式的传统及其发展。

CAFTA 是以东盟自由贸易区（下称 AFTA）为基础构建的，其争端解决机制也受到 AFTA 的影响。AFTA 的争端解决机制经历了三个阶段：第一阶段，从 AFTA 成立（1992 年）到 1996 年，秉承"平等、协商、和谐、合作"的"东盟方式"，纯以政治方式解决争端，在实践中迟钝乏力。[①] 第二阶段，从 1996—2003 年，以政治方式为主，引入法律方式。1996 年 11 月 20 日，东盟通过了《争端解决议定书》（简称 DSM），规定了正式的争端解决程序。[②] 第三阶段，2004 年至今，以法律方式为主，以政治方式为辅。出于推进区域经济一体化的需要，2004 年 11 月 29 日，东盟通过了《东盟促进争端解决机制议定书》（简称新 DSM），以对各种经济争端迅速做出有拘束力的裁决。新 DSM 受到 WTO 下 DSU 的影响，无论在用语上还是结构上，都呈现出明显的模仿痕迹。

第三，"中国威胁论"的阴影与睦邻友好关系的诉求。

[①] 比如，1995 年，印尼要求把几类未加工的农产品从降税表中排除，由于欠缺一个正式的争端解决机制，让各缔约方颇感尴尬。

[②] 根据《争端解决议定书》，争端解决程序分为三个步骤：第一是磋商和斡旋、调停、调解；第二是专家组、上诉程序；第三是执行程序，包括补偿和报复。

从 20 世纪 90 年代开始，即存在"中国威胁论"。在经济领域，一些东盟国家担心中国强大的制造业及巨大的国内市场，将对它们的国际贸易、利用外资等构成威胁；[①] 同为发展中国家，彼此在出口产品的结构上，竞争性多于互补性；中国与东盟国家的经济依附程度，不仅不及欧盟，比之 NAFTA 的美、加、墨三国，亦颇有不如，利益上的分歧加剧了这种忧虑。在政治、安全领域，也存在一些敏感区域，甚至领土争端。为了睦邻友好、合作发展，对于 CAFTA 的争端，最好有一套正式的解决程序，以提供有力的法律保障；而无论采用何种争端解决方式，都应以友好的方式进行，以齐心呵护来之不易的合作局面。

第四，东方文化的厌讼倾向。

文化是生产方式、生活方式的积淀，文化心理对一个社会解决争端的方式有决定性影响。内敛的东方文化以和为贵，倾向于协商解决争端，普遍存在厌讼、怕输官司心理。有学者指出，我国在 WTO 争端解决中，存在排斥国际司法程序的观念，建议转变观念，以平常心对待案件的输赢。[②] 而 AFTA 成员在 DSM 建立后，依然对以政治、外交方式解决争端情有独钟，并不热衷于援引 DSM。厌讼的文化心理对 CAFTA 争端解决机制提出了特殊的要求。

依据上述法的客观性原则，我们可以说，尽管存在一些尚待完善之处，CAFTA 基本上建立起了一个规则导向的、有拘束力的、比较严密的争端解决机制，既符合 RTA 争端解决机制的发展潮流，也切合于 CAFTA 的个性需要。

第二节　并不存在的"缺陷"

一些学者认为，CAFTA 争端解决机制在适格主体、仲裁制度及救济措施等方面存在如下"缺陷"。倘依客观性原则予以检讨，所谓"缺陷"实际上并不存在。

[①] 曹云华、唐翀：《新中国—东盟关系论》，世界知识出版社 2005 年版，第 216—217 页。

[②] 左海聪：《WTO 争端解决实践综合分析》，《南开学报》（哲学社会科学版）2008 年第 6 期，第 111 页。

一 关于适格主体的扩展

根据《争端解决机制协议》第 2 条第 4 款,原则上只有缔约国才是 CAFTA 争端解决机制的适格主体。有人提出,其适用范围应适当放宽,将成员国与私人之间的争端纳入;① 有人更是提出,将适格主体扩展到私人、企业。② 笔者认为,此种意见值得商榷。③

首先,私人之间的纠纷,一般不宜于适用该机制。该机制的首要目标,是在争端当事国之间恢复权利、义务的平衡,各程序之设置,无不以此为旨归。缔约国间的争端,乃因贸易、投资的政策或法律而生,系公法意义上之争端,其在性质上、层面上,不同于私人(法人、自然人及其他组织)之间于具体贸易、投资中所生之私法意义上的纠纷。两者在解决路径上亦相径庭,前者之解决,常涉及一国政策、法律的修改;后者之解决,乃依既定的政策、法律而为裁判。这一机制系专为解决缔约国间的争端而设,非为私人之间纠纷的解决而设,在功能上并不适于后者使用。因此,将私人之间的纠纷排除于该机制之外,确属有理。依笔者之见,这恐怕也是 WTO 的争端解决机构(DSB)不受理私人直接起诉的根本原因。

其次,私人与缔约国间的争端,是否宜于适用该机制,需要辨析。对于贸易争端,因其基本上不会在私人与缔约国之间发生,故不成问题;除非一缔约国以私人身份与其他私人从事交易,如果是这样,则此时该缔约国系以私法主体出场,勿复公法上主体,可径依私人之间纠纷之解决制度处理,也不成问题。可能成问题的是,在投资争端中,一方为私人投资者,另一方为缔约国,此时该机制应否适用?随着 2009 年《中国

---

① 黄懿妮:《中国—东盟自由贸易区的合作机制和争端解决机制》,WTO 与法治论坛,http://www.wtolaw.gov.cn/,访问时间:2014 年 3 月 16 日。

② 宋锡祥、吴鹏:《论中国—东盟自由贸易区争端解决机制及其完善》,《时代法学》2006 年第 5 期,第 95 页;杨丽艳:《试论中国—东盟自由贸易区争端解决机制》,《安徽大学学报》(哲学社会科学版)2008 年第 4 期,第 80 页。

③ 关于适格主体的扩展,已经有人提出过商榷意见,但笔者所持理由与其不同。参见周江、范毅强《也谈中国—东盟自由贸易区中仲裁机制的完善》,《仲裁研究》2008 年第 3 期,第 71—72 页;丁丽柏《论 CAFTA 争端解决机制的完善》,《现代法学》2009 年第 3 期,第 129—130 页。

政府与东盟成员国政府全面经济合作框架协议投资协议》（简称《投资协议》）的生效，这一问题在法律上得到了解决：根据第 14 条第 4 款之（五），以法定事项为限，[①] 该机制有适用余地。其实，即使在该投资协议生效之前，这一问题也不存在——《争端解决机制协议》第 2 条第 4 款已预留了制度空间：缔约方如有需要，可通过另行约定，使 CAFTA 争端解决机制适用于私人与一缔约国间的投资争端；如果确有必要，也可径将此种争端交由国际投资争端解决中心（下称 ICSID）处理。但是，在不做限制的前提下，笼统地、一般地提"拓展适格主体"，未必妥当。

二 关于仲裁制度的争议

仲裁制度中，在仲裁庭的组成上，不设常设仲裁机构，不提供备选仲裁员名册，仅对仲裁庭主席适用回避；在仲裁裁决的做出上，不设上诉程序、复核程序、撤销程序；在仲裁裁决的执行上，不设"跟随执行监督制度"[②] 等，常受到学者诟病。在一些学者看来，上述规定有的似乎不合法理，如其他仲裁员之回避；有的令人费解，如不设上诉、复核程序。其实，这些所谓"缺陷"，多属针对 CAFTA 的个性而量身定做之制度设计，虽然实践效果有待检验，但若依体系解释、目的解释，及参酌 CAFTA 的特殊需要，则它们或许不是"缺陷"，而是匠心独运的创新。

如前所述，CAFTA 主要是"南南合作"，其争端解决机制的核心任务，是处理货物贸易争端，程序的设置不需要非常正式与复杂，知识产权争端即使存在，也并不居于主导地位；而各缔约国的法律能力整体上不强，[③] 经验欠缺、人才匮乏、资金不足问题普遍存在，要求仲裁耗时尽可能短、成本尽可能低，效率价值被置于一个很高的地位。或许，这才

---

① 根据《投资协议》第 14 条第 1 款，是指因一缔约方违反国民待遇、最惠国待遇、投资待遇、征收、损失补偿、转移和利润汇回，通过对某一投资的管理、经营、运营、销售或其他处置等行为给投资者造成损失或损害的投资争端。

② 根据 WTO 的"跟随执行监督制度"，在执行程序中，建议与裁决的执行始终处于 DSB 的监督之下，如报复性措施的采取，报复的范围和水平等，既使执行有保障，又不违公平原则。

③ 即使是作为世界第二大经济体的中国，也存在缺乏处理复杂案件的能力问题，遑论东盟国家。有研究表明，能力不足成为导致中国对于 WTO DSM 使用程度有限的最为重要的原因之一，因而必须加强 WTO 诉讼能力建设。参见赵骏《"皇冠上明珠"的黯然失色——WTO 争端解决机制利用率减少的原因探究》，《中外法学》2013 年第 6 期，第 1250 页。

是不设常设仲裁机构、不设上诉程序、不设裁决复核程序的根本原因。

为了追求效率,削减了纠错程序,必然要求"一裁终局"的裁决具有很强的公正性、可接受性,这一任务达成,只能寄望于仲裁庭的特殊组成方式,于是而有如下之规定:首先,规定仲裁庭一般由3名仲裁员组成,双方各指定一名。不设备选仲裁员名册、无须回避,适可为当事方指定代表己方利益的专家留下制度空间,以保证每一方的观点、证据、利益诉求都有充分表达的机会。其次,在其他仲裁员不需回避,而裁决依多数做出的前提下,裁决之公正性,实系于仲裁庭主席一人,于其选任至关重要。根据规定,担任主席之人,或由双方共同指定,或委诸WTO总干事(或国际法院院长)指定,且设严格的回避制度,使公正性获得了较好的保障。一个能够保证双方观点、利益诉求获得充分表达机会,且公正性有较好保障的仲裁庭,其做出的裁决应具有足够的公正性、可接受性,无须过多质疑,故不设上诉程序、复核制度就在情理之中。

退一步说,如果当事方对这一套仲裁制度存有疑虑,或有特殊的需要,不在乎效率性,《争端解决机制协议》也有相应的制度安排:依其第2条第6、7款,当事方可选择适用其他协议,如WTO的DSU等,来解决争端;而且,只要明示同意,争端当事方甚至可以选择一个以上的争端解决场所。可见,尽管没有规定上诉程序、复核程序、裁决撤销程序等,使其法律程序上的正式性略显薄弱,但它使该机制的效率性大大增加,而于公正性无伤大雅,是完全可以接受的。反之,如依一些学者所言,增设上述制度,则一方面,它很可能使CAFTA的仲裁如ISCID一样,因裁决欠缺终局性,导致程序冗长、耗资巨大,此恐非各缔约国所愿;另一方面,若争端长期得不到有效解决,对于尚欠缺经济、政治互信的CAFTA必定大为不妙,不仅深化经济合作无望,自贸区的稳定运行也成问题,实际上得不偿失。

关于裁决的执行,有学者认为,《争端解决机制协议》的执行监督制度,与WTO的执行程序相比,存在明显不足,应借鉴WTO的"跟随执行监督制度",使仲裁庭的建议或裁决的执行置于原仲裁庭的监督之下,以强化执行的力度。① 执行力度的有无,系于执行期限的确定与执行内容的确定,② 前者防止败诉方无端拖延,后者避免其偷工减料。如果执行期限、执行内容都是确定的,则至少从制度设计层面说,不存在执行力度问题。

在《争端解决机制协议》中,执行程序规定于第12条,共3款。第1款为"执行意向"的通知,第2款为"合理的执行期限"的确定,第3款规定,争端双方对"合理期间内是否存在为遵守仲裁庭建议所采取的措施或此类措施是否与《框架协议》相一致的问题上存在分歧"时,应提交原仲裁庭加以决定,上述的每一程序都规定了严格的时间限制。可见,在原仲裁庭的监控下,执行力度是有保障的。现在的问题是,将执行监督交由一个临时机构——原仲裁庭,与WTO交由常设机构(DSB)相比,效果是否一定逊色?从理论上说,交由常设机构监督好处甚多,比如比较方便,也许也更为专业等;而交由原仲裁庭,可能因聚集不易而影响效率等,但后者也有自己的优势,比如对争端理解更深,对争端的执行把握更准等,两者各有千秋。至于执行的专业性,基于仲裁员的选任有专业资格限制,可以认为不存在太大问题。

三 关于救济措施的争议

关于救济措施,有学者担心,《争端解决机制协议》对补偿、反措施(或称报复措施)的规定相对简单、含糊,对是否可以实施跨协议的"交叉报复"不明确,对反措施的水平缺乏明确规定,可能导致权利被滥用,引起新的、更大范围的争端。③ 另有学者认为,就报复措施而言,担心是不必要的,因为无论是报复的水平,还是报复权的行使,协议中均有明确规定,且置于原仲裁庭的监督之下。④ 那么,情况究竟如何?

---

① 杨丽艳等:《广西在中国—东盟自由贸易区的新规则下的对策研究》,《改革与战略》2006年第2期,第12页。
② 周江、范毅强:《也谈中国—东盟自由贸易区中仲裁机制的完善》,《仲裁研究》2008年第3期,第75页。
③ 衣淑玲:《CAFTA争端解决机制的完善与发展趋势》,《西南政法大学学报》2006年第4期,第50页;杨丽艳等:《广西在中国—东盟自由贸易区的新规则下的对策研究》,《改革与战略》2006年第2期,第12页。
④ 丁丽柏:《论CAFTA争端解决机制的完善》,《现代法学》2009年第3期,第133页。

对受害方的救济措施，《争端解决机制协议》规定在第 13 条，共 6 款。首先，关于补偿。根据第 1、2、3 款，补偿是自愿的，"补偿调整协议"由双方谈判达成，且补偿的给予应与《框架协议》相一致，可谓清楚、明确。其次，关于报复措施及其水平。根据第 3 款，如果补偿协议无法达成，则起诉方可请求原仲裁庭来确定对败诉方实施报复措施——中止减让或利益，以及报复的适当水平；关于报复的水平，规定于第 4 款，即"中止减让或利益应限于在《框架协议》项下，未能使被认定与《框架协议》不一致的措施符合仲裁庭建议的争端方所享有的减让或利益"；而且，对于具体的报复措施，报复开始的时间，以及报复的水平，不仅败诉方，其他缔约方也都享有知情权。可见，报复措施不仅受到原仲裁庭的监控，而且处于败诉方以及其他缔约国的共同监督之下，考虑到 CAFTA 特别强调以"友好的方式"解决争端，① 以及东盟诸国以"东盟方式"解决争端的传统，滥用报复权并不容易。

对于能否跨协议实施"交叉报复"措施，《争端解决机制协议》的规定其实非常明确。根据第 13 条第 4、5 款，交叉报复可以实施，但"应限于在《框架协议》项下……争端方所享有的减让或利益"，意思很清楚，它只能在《框架协议》项下实施，不得跨协议实施。

第三节 应予完善的缺陷

法谚称：法律一经制定，就已千疮百孔！语虽偏激，但可促人警觉。完美无缺的争端解决机制，至今只存在于理想之中，CAFTA 争端解决机制也不例外。衡诸法的客观性原则，笔者认为，该机制在三方面存在缺陷：管辖权重叠之处理；仲裁庭的组成；仲裁裁决的作出，应予以完善。

一 管辖权重叠之处理

根据《争端解决机制协议》第 2 条，各缔约方间就其《框架协议》项下权利和义务争端的避免和解决，原则上适用 CAFTA 争端解决机制；

---

① 参见《中国与东南亚国家联盟全面经济合作框架协议》第 11 条"争端解决机制"。

如果争端双方均是其他条约的缔约方，也可诉诸该条约项下的争端解决程序。此外，对某一具体争端，如果争端当事方明示同意，也可以选择一个以上的争端解决场所。上述对管辖权重叠的处理方式，隐含着两个问题：CAFTA 机制应否优先适用；允许选择一个以上争端解决场所是否妥当。鉴于 CAFTA 的 11 个缔约国均为 WTO 成员，故 WTO 下的 DSU 最有可能与 CAFTA 机制发生重叠。以下试以此为例进行分析。

（一）CAFTA 机制应否优先适用

根据《争端解决机制协议》第 2 条的规定，当一具体争端同时属于《框架协议》与 WTO 项下时，双方有权选择 WTO 下的 DSU 或 CAFTA 的机制。在选择时，如果双方能达成一致，当然没有问题。问题是，如果一方选择 DSU，另一方选择 CAFTA 的机制时，如何处理？根据第 2 条第 8 款，起诉方实际上享有决定权。这里存在两个问题：无视被诉方的选择权，是否妥当？CAFTA 的管辖优先权，有无必要确立？两个问题其实是一个问题——当双方意见不一致时，CAFTA 的机制是否应优先适用？在程序设置上，WTO 的 DSU 与 CAFTA 的机制差异甚大，在诉讼成本、法律能力的要求上不可同日而语，适用哪一个机制来解决争端，对双方关系重大。那么，如何处理为佳？

我们知道，根据 GATT1947 第 24 条第 5 款的规定，RTA 是 WTO 允许的最惠国待遇的一种例外，它通过在区内实现贸易、投资的自由化来解决经贸关系问题，弥补 WTO 体系的不足。CAFTA 也属于这种情况。从理论上说，一个自贸区如果过多依赖外部机构来解决区内争端，是不利于自身经济一体化发展的，而且，还有可能引发新的矛盾，导致离心离德，危及自贸区的运行。[①] 比如，泰国政府就曾多次抱怨，东盟其他成员国向 WTO 的 DSU 提起针对自己的反倾销诉讼。[②] 而早在 20 世纪中叶，东南亚就流行"用亚洲的方法解决亚洲的矛盾"的观点。于是，有学者主张："在处理区内 WTO 成员方之间的争端时，允许当事方协议选择 WTO 争端

[①] 刘付斌：《中国—东盟自由贸易区争端解决机制的构建初探》，《东南亚研究》2004 年第 4 期，第 54 页。

[②] Ma. Lourdes Sereno, "Adequate Dispute Settlement Scheme Required in AFTA", *Business World*, 21 May 1999, p. 1.

解决程序或是中国—东盟自由贸易区争端解决程序,当事国未做选择或协议不成时则适用中国—东盟自由贸易区的争端解决程序。"[1] 有学者甚至主张,相对于 WTO,区域贸易协定(RTA)是一种自治性的体制安排,故在 RTA 下产生的任何争端,均应在自身的框架内来解决。[2] 也就是说,当 RTA 与 WTO 管辖权重叠时,RTA 的机制应予优先适用,甚至专属管辖。

从实践上看,NAFTA 也正是这样做的:对于特定事项,如植物、卫生检疫等涉及环境保护的争议,如果一方选择 WTO 的 DSU,另一方选择 NAFTA 机制,则 NAFTA 机制优先适用。笔者认为,NAFTA 的做法值得借鉴。

(二)允许选择一个以上争端解决场所是否妥当

根据《争端解决机制协议》第 2 条第 7 款,对于一具体争端,如果争端当事方明示同意,允许同时(包括共时与历时)提交 CAFTA 与 WTO 解决。这一规定的动机和用意令人费解。从法律上分析,如果将争端提交两个机制解决,会出现以下问题:(1)违反"一事不再理"的争端处理原则,耗时费力、徒增讼累;(2)更重要的是,两机制的裁决不一致时,如何处理其间的关系,非常棘手。依现行法,似乎全赖双方事先安排,或事后商定。但无论如何,均须以其中一个裁决丧失拘束力为代价,从而有损于做出这一裁决的机制之权威。为避免这些问题,规定排他性的选择管辖方式,才合乎事理、法理。尤其是考虑到 CAFTA 均由南方国家构成,且内部尚欠经济、政治互信,这一规定更显欠妥,应予废除。

二 在仲裁庭组成上独任仲裁员的确定与仲裁庭主席的指定

(一)独任仲裁员的确定

根据《争端解决机制协议》第 7 条第 1、2 款,独任仲裁员有两种确定方式:(1)争端当事方约定,仲裁庭由 1 人组成,并共同指定独任仲

---

[1] 慕亚平、林昊:《中国—东盟自由贸易区发展模式之探讨》,《中国法学》2002 年第 5 期,第 145 页。

[2] Maurice Oduor, "Resolving Trade Disputes in Africa: Choosing Between Multilateralism and Regionalism: The Case of COMESA and the WTO", *Journal of International and Comparative Law*, Spring, 2005: 187.

裁员；（2）争端一方未能在法定期限内指定仲裁员，另一方所指定的仲裁员成为仲裁庭的独任仲裁员。依第一种方式确定时，并无不妥；但依第二种方式确定时，将面临严重的正当程序问题。首先，CAFTA 的机制对仲裁庭主席以外的仲裁员无回避制度，换言之，任何一方均可指定本国的专家作为仲裁员，果真如此，一旦由其充当独任仲裁员，则裁决的公正性将何以保障？其次，仲裁实行"一裁终局"制，且不设上诉程序、复核程序及撤销程序，假如裁决明显背离公正，亦无法纠错。再次，裁决之执行依法由原仲裁庭监控，这无疑又是一个问题。最后，考虑到仲裁是 CAFTA 机制的核心程序，进入仲裁的争端，基本上是双方分歧较大，经磋商、调解等程序依然不能解决者，对裁决的公正性有很高的要求，这一规定就更成疑问。那么，如何解决呢？

让我们回到问题的起点——争端一方何以未能如期指定仲裁员？可能的答案是，法定期限偏短，起诉方为 20 天，被诉方为 30 天，难以完成指定；但更可能是，时间不短，但一方法律能力太欠缺，以至于难定人选。如果是前者，问题比较简单，将法定期限适当延长即可；如果是后者，则解决的途径，应是补足其法律能力：或由某一机构协助其指定，或提供一备选仲裁员名册，或将二者结合。

关于协助指定的机构，考虑到中国的法律能力相对较强，难以指定仲裁员的情况，更有可能在东盟国家尤其是其中的最不发达国家发生，因此，如果确需一个协助机构，笔者认为，东盟秘书处是一个理想的选择。东盟秘书处于 1976 年成立，是东盟的行政总部，设在印度尼西亚首都雅加达，它由东盟秘书长和必需的职员组成，是东盟的常设机构，旨在协调东盟政府间的计划与行动，以加强在各个领域的合作。从秘书处的性质、使命及地位来看，均适于充当协助指定机构，而无明显不宜之处。而且，这一做法有法律依据。根据《争端解决机制协议》第 2 条第 2 款，"经缔约方全体同意，对'框架协议'中有关争端解决的特殊和附加规则，东盟秘书处可将其列为本协议附件"，以东盟秘书处作为协助指定机构，可以作为"争端解决的特殊和附加规则"，列为《争端解决机制协议》的附件，而获得法律效力。

关于备选仲裁员名册，学界已有若干讨论。有人认为，仲裁程序中未规定"专家名册"，是其不足之处，仲裁员不受名册的人选限制，可能使选择时因人选范围太广而拖延时间，或者更加难以达成协议。[1] 另有人认为，编列"合格仲裁员名单"既不必要，也不可行，理由是：此举与临时仲裁的理念不合；CAFTA 中，适格仲裁员数量庞大，不易尽数列明，即使不辞辛劳尽数列明，其亦与由争端当事方自由选择无异，没有实际意义。[2] 笔者认为，这两种观点均有值得商榷之处。首先，名册之性质。设置备选仲裁员名册，是为协助当事方选择仲裁员，非为限制选择的范围，当事方可以选择名册中的专家，也可以选择名册之外的，如此，则何言"与临时仲裁的理念背道而驰"？但如当事方对名册外的专家欠缺认知，则此名册将有助于其于法定期限内选定仲裁员，又何言其"不具必要性"？更何况，仲裁庭主席之人选，须由双方于 30 日内达成一致，如无名册的指示，其难度之大可想而知。其次，名册之编列。对此，WTO 有现成经验，即由缔约方政府各推荐本国之适格专家若干人，还可根据需要调整、递补。以为编列名册，即为将自贸区内之适格专家尽数列出，纯属误解。最后，区域内专家之参与。有学者主张，在 CAFTA 的争端解决中，应重视区域内法律专家的参与，一者，他们熟悉有关法律文件及成员国实际，利于争端顺利解决；二者，通过争端解决的实践，可以积累经验、增强能力，为亚洲专家进入 WTO、ICSID 的争端解决机构创造更多的机会。[3] 应该说，这一见解颇有见地，值得重视。

（二）仲裁庭主席的指定

根据《争端解决机制协议》第 7 条第 3 款，双方于最后一名仲裁员被指定 30 日后，未能就仲裁庭主席人选达成一致的，如争端当事方均为 WTO 成员，应请求 WTO 总干事来指定仲裁庭主席；若任何一争端当事方并非 WTO 成员，则应请求国际法院院长来指定。自 2012 年 10 月老挝加入 WTO 以后，CAFTA 所有成员国均成为 WTO 缔约方，依《争端解决机制协议》的规定，请求国际法院院长来指定仲裁庭主席的前提条件已经

---

[1] 麻慧：《中国—东盟自由贸易区争端解决机制之探讨——以比较研究为视角》，《东南亚研究》2005 年第 4 期，第 21 页。

[2] 周江、范毅强：《也谈中国—东盟自由贸易区中仲裁机制的完善》，《仲裁研究》2008 年第 3 期，第 73 页。

[3] 衣淑玲：《CAFTA 争端解决机制的完善与发展趋势》，《西南政法大学学报》2006 年第 4 期，第 48 页。

不存在，故此处只讨论请求 WTO 总干事指定仲裁庭主席的情况。在 WTO 争端解决实践中，由总干事指定专家组成员的情况并不鲜见，① 但在一个 RTA 争端解决程序中，委托 WTO 总干事来指定仲裁庭主席，这就很有意思，但也颇存疑问。

必须肯定，《争端解决机制协议》如此安排，是为了保证仲裁庭组成的公正性，用意可嘉。但是，这在 WTO 及国际法院规则中，有没有法律依据值得研究。有学者指出，一方面，WTO 总干事、国际法院院长并无法定义务这样做；另一方面，他们是否有权这样做，也是有疑问的。② 对于"无法定义务这样做"，尚可通过协议建立"委托指定"的法律关系，问题在于，如果对方无权这样做，而让争端当事方请求其指定，就未免有点"强人所难"了。

《马拉喀什建立世界贸易组织协定》第 6 条"秘书处"之（4）规定："在履行其职责时，总干事和秘书处职员不得寻求或接受世贸组织之外任何政府或任何其他权力机关的指示。他们应避免任何可能对其国际官员身份产生不利影响的行动。"根据这一规定，我们可以做出如下推论：总干事在履行其职责时，无权参与此种指定。因为，此时他主观上"不得寻求"、客观上"不得接受"WTO 之外任何政府的指示。退一步说，即使将从事此种指定解释为不属于"在履行其职责时"，换言之，是其"业余"之举，他有权参与此种指定，也属不宜。因为，此举可能对其国际官员身份产生"不利影响"，在有报酬的情况下，就更为不宜，因为此时"不利影响"明显存在。在不支付报酬的情况下，是否可能产生"不利影响"不易判定，但依法他应避免参与此类活动。要特别指出的是，在这两句话之间，用的是"。"，这表明，它们彼此是独立的，"在履行其职责时"这一限定语，对后一句话并不适用，也就是说，无论是不是"在履行其职责时"，总干事都"应避免任何可能对其国际官员身份产生不利影响的行动"。结论是，总干事不宜于参与此种指定，也无权参

---

① 参见杨国华等《WTO 争端解决机制中的专家组程序研究（上）》，《法学评论》2004 年第 3 期，第 78—85 页。
② 龚柏华：《区域贸易安排争端解决机制比较研究》，《世界贸易组织动态与研究》2005 年第 8 期，第 38 页。

与。那么，如果 WTO 总干事婉拒此种指定之请求，则仲裁庭主席将何以产生？依《争端解决机制协议》，并无相应规定。

如何补充这一法律漏洞？我们认为，对于仲裁庭主席的选任，不宜考虑由 WTO 总干事来指定，而应借鉴 NAFTA 选任专家组成员的合理做法，并根据 CAFTA 的具体情况加以改进：首先，设立一份统一的专家名册。专家由各成员国推荐、以独立身份入册，不得代表任何政府或组织的利益，以保持独立性和公正性。[①] 其次，如果争端各方无法在规定的时间内选定仲裁庭主席，则必须在一个法定宽限期内从专家名册中选择一专家作为主席。最后，如果在法定宽限期内仍然无法选定，则可考虑委托"中国—东盟中心"秘书处负责人在双方事先同意的名单中指定或以抽签方式确定一专家作为仲裁庭主席。当然，作为仲裁庭主席的专家，必须非为争端双方国家公民。

三 仲裁裁决的作出

CAFTA 争端解决机制隐藏着仲裁裁决无法作出的逻辑缺陷。对此，已经有学者注意到，并提出了相应的解决方案。[②]

《争端解决机制协议》第 8 条第 5 款规定："仲裁庭应基于一致作出裁决；如果仲裁庭不能取得一致，则应依照多数意见作出裁决。"在仲裁实务中，如为独任仲裁，则仲裁员一人的意见即为仲裁庭的意见，上述规定不会影响裁决的作出。但如仲裁庭由三个以上的奇数仲裁员组成，在下面两种情况下，则可能存在问题：（1）有"第三方"介入仲裁程序。根据《争端解决机制协议》第 10 条关于"第三方"的规定，任何对仲裁庭裁决的事项有实质利益且已将其利益书面通知争端各方的成员（即"第三方"）应向仲裁庭递交书面陈述文件。如第三方认为已成为仲裁庭裁决主题的措施造成其根据《框架协议》下获得的利益减损或丧失，该方可以援用本协议的争端解决机制求偿。据此，如果某一争端中出现了

[①] 曹平、尹少成：《北美自由贸易区经贸争端解决机制研究——兼论对中国—东盟自贸区经贸争端解决的启示》，《广西警官高等专科学校学报》2013 年第 6 期，第 67 页。

[②] 参见宋锡祥、吴鹏《论中国—东盟自由贸易区争端解决机制及其完善》，《时代法学》2006 年第 5 期，第 95 页；周江、范毅强《也谈中国—东盟自由贸易区中仲裁机制的完善》，《仲裁研究》2008 年第 3 期，第 73—74 页。

三个以上的当事方,而仲裁员的意见又彼此不同,比如三名仲裁员甲、乙、丙分别认为应由 A、B、C 三国承担责任,而无法形成多数意见,就会发生仲裁裁决无法作出的情况。(2)即使不存在"第三方",仲裁庭组成人员也可能因为自身认识不同而各执一词,无法形成多数意见,这同样会使仲裁裁决无法作出。

对于上述仲裁裁决无法作出的逻辑缺陷,应借鉴国际仲裁实践中的通常做法,即依首席仲裁员的意见作成裁决,予以消除。

参考文献

一 著作类

［美］阿瑟·R. 米勒、迈克尔·H. 戴维斯：《知识产权法概要》，周林等译，中国社会科学出版社1998年版。

［美］保罗·萨缪尔森等：《经济学》（第16版），萧琛等译，华夏出版社1999年版。

曹云华、唐翀：《新中国—东盟关系论》，世界知识出版社2005年版。

代中现：《中国区域贸易一体化法律制度研究——以北美自由贸易区和东亚自由贸易区为视角》，北京大学出版社2008年版。

［美］道格拉斯G. 拜尔、罗伯特H. 格特纳、兰德尔C. 皮克：《法律的博弈分析》，严旭阳译，法律出版社1999年版。

丁丽瑛：《传统知识保护的权利设计与制度构建——以知识产权为中心》，法律出版社2009年版。

古祖雪：《国际知识产权法》，法律出版社2002年版。

呼书秀：《中国与东盟发展相互投资的法律机制研究》，北京大学出版社2005年版。

贾引狮、宋志国：《中国—东盟知识产权合作若干问题研究》，知识产权出版社2014年版。

［德］K. 茨威格特、H. 克茨：《比较法总论》，潘汉典等译，法律出版社2003年版。

［德］柯武刚、史漫飞：《制度经济学：社会秩序与公共政策》，韩朝华译，商务印书馆2000年版。

孔祥俊：《WTO知识产权协定及其国内适用》，法律出版社2002年版。

李琛：《论知识产权法的体系化》，北京大学出版社2005年版。

李明德：《欧盟知识产权法》，法律出版社2010年版。

[美] 理查德·A. 波斯纳：《法律的经济分析》，蒋兆康译，中国大百科全书出版社1997年版。

刘春田主编：《知识产权法》，中国人民大学出版社2002年版。

刘笋：《国际投资保护的国际法制——若干重要法律问题研究》，法律出版社2002年版。

宁立志主编：《知识产权法》，武汉大学出版社2011年版。

申华林：《中国—东盟自由贸易区知识产权法律制度研究》，广西人民出版社2011年版。

宋志国等：《中国—东盟知识产权保护与合作的法律协调研究》，知识产权出版社2014年版。

唐广良、董炳和：《知识产权的国际保护》，知识产权出版社2006年版。

吴汉东、郭寿康主编：《知识产权制度国际化问题研究》，北京大学出版社2010年版。

吴汉东主编：《知识产权法学》（第六版），北京大学出版社2014年版。

严永和：《论传统知识的知识产权保护》，法律出版社2006年版。

杨静：《自由贸易协定知识产权条款研究》，法律出版社2013年版。

杨巧主编：《知识产权国际保护》，北京大学出版社2015年版。

[美] 约瑟夫·E. 斯蒂格利茨、沙希德·尤素福编：《东亚奇迹的反思》，王玉清等译，中国人民大学出版社2003年版。

郑成思：《知识产权论》，法律出版社1998年版。

郑成思：《知识产权与国际贸易》，人民出版社1995年版。

朱继胜：《知识财产论》，广西师范大学出版社2016年版。

二　期刊论文类

曹平、尹少成：《北美自由贸易区经贸争端解决机制研究——兼论对中国—东盟自贸区经贸争端解决的启示》，《广西警官高等专科学校学报》2013年第6期。

陈安：《南南联合自强五十年的国际经济立法反思——从万隆、多哈、坎昆到香港》，《中国法学》2006年第2期。

陈彬：《试析区域性知识产权保护制度对中国—东盟知识产权协作模式的

借鉴意义》,《国际经济法学刊》2007 年第 2 期。

陈悦:《中国—东盟区域经济合作健康发展的障碍因素分析》,《商场现代化》2010 年第 8 期。

陈宗波:《东盟传统知识保护的法律政策研究》,《广西师范大学学报》(哲学社会科学版) 2006 年第 2 期。

丁丽柏:《论 CAFTA 争端解决机制的完善》,《现代法学》2009 年第 3 期。

付丽霞:《泰国版权法修订述评》,《佛山科学技术学院学报》(社会科学版) 2016 年第 2 期。

高兰英、宋志国:《〈2004—2010 年东盟知识产权行动计划〉及实施述评——兼论其对构建中国—东盟知识产权合作机制的启示》,《广西师范大学学报》(哲学社会科学版) 2012 年第 1 期。

龚柏华:《区域贸易安排争端解决机制比较研究》,《世界贸易组织动态与研究》2005 年第 8 期。

古祖雪:《TRIPS 框架下保护传统知识的制度建构》,《法学研究》2010 年第 1 期。

古祖雪:《国际造法:基本原则及其对国际法的意义》,《中国社会科学》2012 年第 2 期。

古祖雪:《后 TRIPS 时代的国际知识产权制度变革与国际关系的演变——以 WTO 多哈回合谈判为中心》,《中国社会科学》2007 年第 2 期。

古祖雪:《基于 TRIPS 框架下保护传统知识的正当性》,《现代法学》2006 年第 4 期。

古祖雪:《论传统知识的可知识产权性》,《厦门大学学报》(哲学社会科学版) 2006 年第 2 期。

管荣齐、李明德:《中国知识产权司法保护体系改革研究》,《学术论坛》2017 年第 1 期。

郭家驹:《中越将在商标及相关领域进行双边战略合作》,《中华商标》2009 年第 9 期。

何华:《越南知识产权法的新发展》,《知识产权》2007 年第 1 期。

黄璐等:《老挝知识产权保护研究》,《现代情报》2013 年第 8 期。

贾引狮:《美国与东盟部分国家就 TPP 知识产权问题谈判的博弈研究——

以 TPP 谈判进程中美国的知识产权草案为视角》,《法学杂志》2013 年第 3 期。

蒋慧:《中国与新加坡专利法之比较研究》,《改革与战略》2007 年第 5 期。

蒋琼、高兰英:《新加坡知识产权保护制度研究与启示》,《理论月刊》2011 年第 4 期。

李明德:《TRIPS 协议与〈生物多样性公约〉、传统知识和民间文学的关系》,《贵州师范大学学报》(社会科学版) 2005 年第 1 期。

李晓玲:《WTO 知识产权争端解决实践十三年: 回顾与评述》,《国际经贸探索》2009 年第 11 期。

梁薇:《柬埔寨: 2014 年回顾与 2015 年展望》,《东南亚纵横》2015 年第 2 期。

廖柏明:《中国—东盟知识产权争端解决机制探析——兼论环境知识产权纠纷的解决》,《知识产权》2010 年第 5 期。

刘付斌:《中国—东盟自由贸易区争端解决机制的构建初探》,《东南亚研究》2004 年第 4 期。

刘静:《澳大利亚、新西兰—东盟自由贸易区的背景、意义及展望》,《亚太经济》2005 年第 4 期。

刘力:《专利信息服务平台试验系统》,《中国发明与专利》2007 年第 5 期。

刘笋:《知识产权国际造法新趋势》,《法学研究》2006 年第 3 期。

柳福东:《东盟国家专利制度比较研究》,《知识产权》2005 年第 1 期。

柳福东:《柬埔寨的专利制度》,《中国发明与专利》2011 年第 3 期。

柳福东:《柬埔寨与印度尼西亚的商标制度》,《中华商标》2005 年第 2 期。

柳福东:《缅甸和菲律宾的商标制度》,《中华商标》2005 年第 4 期。

柳福东:《泰国的专利制度》,《中国发明与专利》2011 年第 1 期。

柳福东:《泰国和新加坡的商标制度》,《中华商标》2005 年第 5 期。

柳福东:《文莱的商标制度》,《中华商标》2014 年第 11 期。

柳福东、蒋慧:《中国和东盟诸国知识产权制度协调模式研究》,《广西师范大学学报》(哲学社会科学版) 2005 年第 2 期。

鲁品越:《产业结构变迁和世界秩序重建——历史唯物主义视野中的世界秩序》,《中国社会科学》2002 年第 3 期。

陆建人:《中国—东盟建立对话伙伴关系 15 年回顾与展望》,《广西大学学报》(哲学社会科学版) 2007 年第 2 期。

吕娜:《"一带一路"背景下中国和东盟知识产权保护与合作的法律协调研究》,《云南行政学院学报》2016 年第 2 期。

麻慧:《中国—东盟自由贸易区争端解决机制之探讨——以比较研究为视角》,《东南亚研究》2005 年第 4 期。

蒙启红:《论知识产权国际保护的棘齿机制》,《全国商情(经济理论研究)》2007 年第 1 期。

慕亚平、林昊:《中国—东盟自由贸易区发展模式之探讨》,《中国法学》2002 年第 5 期。

任虎:《FTA 框架下传统知识保护模式研究》,《上海大学学报》(社会科学版) 2013 年第 5 期。

任晓玲:《浅析从"共同体专利"到"欧洲单一专利"的称谓变化——欧洲单一专利制度的创建历程及实质解析之一》,《中国发明与专利》2013 年第 9 期。

佘力焓:《专利审查国际协作制度构建之探析》,《科技与法律》2014 年第 6 期。

申华林:《东盟国家知识产权保护:立法与制度的最新发展》,《东南亚纵横》2007 年第 12 期。

申华林:《东盟知识产权法律的一体化——问题与前景》,《桂海论丛》2002 年第 2 期。

宋红松:《传统知识与知识产权》,《电子知识产权》2003 年第 3 期。

宋锡祥、吴鹏:《论中国—东盟自由贸易区争端解决机制及其完善》,《时代法学》2006 年第 5 期。

宋志国、贾引狮:《中国—东盟知识产权保护与合作机制研究》,《知识产权》2012 年第 4 期。

汤跃:《〈名古屋议定书〉框架下的生物遗传资源保护》,《贵州师范大学学报》(社会科学版) 2011 年第 6 期。

唐翀:《从敌对到正常化:冷战时期中国与东盟国家的外交关系》,《东南亚南亚研究》2013 年第 2 期。

唐春：《专利审查一体化制度初探》，《电子知识产权》2010 年第 4 期。

WIPO 秘书处：《关于与遗传资源和传统知识有关的公开要求问题》，载国家知识产权局条法司编《专利法研究》（2004 年），知识产权出版社 2004 年版。

王帆乐等：《中国—东盟国家知识产权保护合作机制的构建》，《中国科技论坛》2016 年第 7 期。

王一流：《东盟知识产权保护法制一体化之思考》，《知识产权》2009 年第 4 期。

韦凤巧：《东盟知识产权保护新动向——以 AANZFTA 协定为视角》，《黑龙江政法管理干部学院学报》2010 年第 8 期。

魏艳茹：《东盟国家晚近植物品种立法价值取向研究》，《河北法学》2007 年第 6 期。

吴汉东：《知识产权国际保护制度的变革与发展》，《法学研究》2005 年第 3 期。

吴奕：《东盟知识产权一体化对中国的影响》，《东南亚纵横》2011 年第 7 期。

谢志刚：《中国与东盟经济合作的制约因素与对策》，《国际经济合作》2010 年第 4 期。

杨国华等：《WTO 争端解决机制中的专家组程序研究（上）》，《法学评论》2004 年第 3 期。

杨静：《东盟国家版权制度之比较》，《河北法学》2007 年第 7 期。

杨静：《东盟国家知识产权立法与管理的新发展》，《东南亚纵横》2008 年第 2 期。

杨静、于定明：《东盟国家商标制度之比较》，《河北法学》2007 年第 5 期。

杨丽艳：《试论中国—东盟自由贸易区争端解决机制》，《安徽大学学报》（哲学社会科学版）2008 年第 4 期。

杨丽艳等：《广西在中国—东盟自由贸易区的新规则下的对策研究》，《改革与战略》2006 年第 2 期。

衣淑玲：《CAFTA 争端解决机制的完善与发展趋势》，《西南政法大学学余俊：《CAFTA 框架下遗传资源及相关传统知识法律保护的对策建议》，《河北法学》2011 年第 2 期。

张今：《民间文学艺术保护的法律思考》，《法律适用》2003 年第 11 期。

张青：《中国与东盟外交纪实》，《东南亚纵横》2005 年第 5 期。

赵杰宏：《新加坡设计登记制度述评》，《东南亚纵横》2003 年第 9 期。

赵骏：《"皇冠上明珠"的黯然失色——WTO 争端解决机制利用率减少的原因探究》，《中外法学》2013 年第 6 期。

赵琪、曹阳：《泰国传统药物知识产权保护研究》，《现代商贸工业》2011 年第 3 期。

周江、范毅强：《也谈中国—东盟自由贸易区中仲裁机制的完善》，《仲裁研究》2008 年第 3 期。

朱洪：《自由贸易协定——中国与发展中国家南南合作的新桥梁》，《国际贸易》2009 年第 9 期。

朱继胜：《"南南联合"构建新型"TRIPS-plus"规则研究——以中国—东盟自由贸易区为例》，《环球法律评论》2016 年第 6 期。

朱继胜：《也论 CAFTA 争端解决机制的缺陷与完善》，《河北法学》2015 年第 2 期。

朱继胜、高剑平：《自然法思想与 CAFTA 争端解决机制》，《经济与社会发展》2007 年第 7 期。

朱雪忠、黄静：《试论我国知识产权行政管理机构的一体化设置》，《科技与法律》2004 年第 3 期。

朱雪忠、柳福东：《欧盟商标法律制度的协调机制及其对我国的启示》，《中国法学》2001 年第 4 期。

左海聪：《WTO 争端解决实践综合分析》，《南开学报》（哲学社会科学版）2008 年第 6 期。

三　学位论文类

林琳：《中国—东盟自由贸易区知识产权法律问题研究》，硕士学位论文，西北大学，2009 年。

潘雪娇：《中国—东盟知识产权合作法律问题研究》，硕士学位论文，大连海事大学，2016年。

万飞：《WTO TRIPS协定与老挝知识产权保护制度完善问题研究》，博士学位论文，武汉大学，2004年。

四　外文类

Chrisatoph Anton, "Intellectual Property Law in South-east Asia: Recent Legislative and Institutional Developments", *Journal of Information Law & Technology*, 2006 (1), Special Issue.

Christoph Antons, "Intellectual Property Law in ASEAN Countries: A Survey", *European Intellectual Property Review*, Vol. 13, Issue 3, March 1997.

Commission on Intellectual Property Right. Integrating Intellectual Property Rights and Development Policy, London, September, 2002, Foreword, P. iv. http://iprcommission.org/papers/pdfs/final_report/ciprfullfinal.pdf.

Ghosh, Shubha (2003), "Reflections on the Traditional Knowledge Debate", *Cardozo Journal of International and Comparative Law*, 11.

Ma. Lourdes Sereno, "Adequate Dispute Settlement Scheme Required in AFTA", *Business World*, 21 May 1999.

Maurice Oduor, "Resolving Trade Disputes in Africa: Choosing Between Multilateralism and Regionalism: The Case of COMESA and the WTO", *Journal of International and Comparative Law*, Spring, 2005: 187.

WIPO, "Intellectual Property Needs and Expectations of Traditional Knowledge Holders", *WIPO Report on Fact-Finding Missions on Intellectual Property and Traditional Knowledge* (1998-1999), Geneva, April 2001.

Susan K. Sell, *Private Power, Public Law: The Globalization of Intellectual Property*, Cambridge University Press, 2003, p. 115.